未来教育家文丛

胡爱玉 ◎ 著

HU AIYU
YU XINGFU JIAOYU

胡爱玉与幸福教育

北京师范大学出版集团
BEIJING NORMAL UNIVERSITY PUBLISHING GROUP
北京师范大学出版社

图书在版编目(CIP)数据

胡爱玉与幸福教育/胡爱玉著.—北京:北京师范大学出版社,
2014.4 (2018.6重印)
ISBN 978-7-303-16909-2

Ⅰ.①胡… Ⅱ.①胡… Ⅲ.①中小学-教学研究 Ⅳ.①
G632.0

中国版本图书馆 CIP 数据核字(2013)第 176307 号

营 销 中 心 电 话　010-58802181　58805532
北师大出版社高等教育分社网　http://gaojiao.bnup.com
电 子 信 箱　gaojiao@bnupg.com

出版发行:北京师范大学出版社　www.bnup.com
　　　　　北京新街口外大街 19 号
　　　　　邮政编码:100875
印　　刷:三河兴达印务有限公司
经　　销:全国新华书店
开　　本:710 mm×1000 mm　1/16
印　　张:17.5
字　　数:316 千字
版　　次:2014 年 4 月第 1 版
印　　次:2018 年 6 月第 2 次印刷
定　　价:35.00 元

策划编辑:李　志　　　　责任编辑:李　志　刘荣珍
美术编辑:刘松弢　　　　装帧设计:小吴设计
责任校对:李　菡　　　　责任印制:陈　涛

胡
爱
玉

胡爱玉，女，小学中学高级教师，毕业于浙江教育学院教育管理系。现任浙江省杭州市西湖区教师进修学校党总支书记兼副校长，曾任浙江省杭州市育才教育集团（总校）总校长、书记。曾获杭州市"巾帼建功"先进个人、杭州市"星星火炬"事业功臣、浙江省优秀教师、浙江省首届名校校长、全国教科研先进个人、全国五一巾帼标兵等荣誉称号，是教育部"影子工程"中小学校长培训项目导师，浙江省"领雁工程"骨干校长实践导师，浙江省"领雁工程"小学数学骨干教师实践导师。

曾任《浙江省义务教育教材教案点评集》《基础学力提高——苏教版新课程数学第三册》《为每一位孩子的幸福人生奠基》《阳光体育——学校体育新概念》等书的主编或副主编。发表《小学数学学科实施成长档案袋评定的实践研究》《让数学课堂焕发出生命活力》《观念引导：校长之首责》《有效决策：成就有效管理者》等多篇文章。

序

追求幸福的教育，享受教育的幸福！

什么是幸福？你幸福了吗？眼下成为媒体和人们日常生活中热议的一句网络流行语。幸福之所以如此地引起人们的关心和关注，我想不仅仅是因为幸福是古往今来不同种族、不同地域人们的一种共同的人生价值追求，更是因为当今中国人在物质财富获得一定丰裕之后对生命、对灵魂有了一种反思和追问。

古希腊哲学家德谟克利塔斯曾言，"幸福与否，乃灵魂之事，幸福不在于众多的家畜与黄金，而在于神明的灵魂上。"或许，正是因为幸福不在于黄金、权势和楼房，而在于灵魂，当下的中国人才能在物质生活变得越来越趋于丰富之时，发现幸福越来越稀缺，因为我们似乎走到了一个不关乎灵魂的时代。

教育是一项事关灵魂的事业。教育的价值不仅仅在于知识的传授、能力的培养，更重要的在于灵魂的唤醒与激活，要以人类福祉的抵及为目标。正如美国伦理学家内尔·诺丁斯所言，幸福和教育是密切相关的，幸福既是教育的目的，也是教育的手段。因此，以实现人类灵魂幸福为目的的教育才是真正的教育。

中国梦，现在已经变成了一个热门词汇。今日的中国似乎又进入了一个梦想的时代。有梦想就有追求，有梦想就有希望。国家应该有梦想，民族应该有梦想，人生应该有梦想，教育更应该有梦想。那么什么是教育的梦想？教育者的梦想又是什么?!

追求幸福的教育，享受教育的幸福——这是胡爱玉校长的回答。我想这不仅仅是胡爱玉校长的"教育梦"，更是教育的"梦想"，教育者的"梦想"。能够做到把二者合一者，一定是一个幸福的人。

胡爱玉，一个从山村走出来的女教师、女校长，一个幸福教育的追梦人，一路探求着幸福教育的真谛，播种着教育的幸福。她把自己对人生、对教育、对幸福的理解和追求倾注在学生、教师、学校、教室、课堂等之上，用心、用情、用智慧撰写着一种别样的教育人生，忠实地践行着一个教育"追梦人"的理想和奋斗。应该说，《胡爱玉与幸福教育》便是其追求幸福教育心路历程的真实写照。阅读此书，可以让我们和她一起分享在追求幸福教育之路上的风景与心情。

　　幸福教育之路是没有尽头的，追求幸福教育的人生是永远年轻的。愿更多的孩子能接受到幸福的教育！愿更多的教育者能享受到教育的幸福！也愿更多的教师、校长成为幸福教育的"追梦人"！

刘 力

2013 年 1 月 28 日

目 录

CONTENTS

绪 论

人类文明的进步离不开学校教育，而学校教育的价值在于"为每一位孩子的幸福人生奠基"。2005 年，我在担任杭州市育才教育集团（总校）总校长期间，提出了学校的教育理念，即"为每一位孩子的幸福人生奠基"。经过八年的践行，在学校的"十二五"规划中，我们提出了努力践行"幸福教育"的理念。

一、幸福教育的概述

"幸福"，一个让人觉得很美好的词，人人都在寻求幸福，这一点是没有例外的，无论他们所采用的手段是怎样的不同，但他们全都趋向这个目标。"幸福"是一个让人觉得很神秘的词，不同的人对幸福的理解不一样。古今中外，多少思想家为此殚精竭虑，苦苦思索、追寻它的意义。从中国历史上的道家、儒家的幸福思想，到西方历史上的感性主义、理性主义、宗教主义、功利主义的幸福思想，一直到近代的马克思主义幸福观，无一不彰显着幸福内涵的多元性和探索幸福之路的艰难性，但这并不影响人们追求幸福、探寻幸福的热情。可以说，追求幸福是人类永恒的主题。它是对人类终极价值和意义的表达，也是对人类追寻现实生活的写照。教育是培养人的活动，是以促进人的幸福作为人自己本真价值追求的活动，这也是教育无法摆脱的使命，因此，观照学生的幸福就成了教育的应有之义。从终极关怀向度上看，追求幸福是教育的终极目的；从现实关怀向度上看，教育过程本身就应该是学生体验幸福的过程，这二者是内在统一的。

戴尔·卡耐基曾说："不要忘记，幸福并不取决于你是谁或者拥有什么，而取决于你在想什么。"幸福不在于拥有金钱，而在于获得成就时的喜悦以及产生创造力的激情。大哲学家康德认为："完成一个人应尽的责任"会带来幸福，"精神分析学说"的鼻祖弗洛伊德解释"满足我们积郁已久的需要"便是幸福。

幸福的作用问题与鸡和蛋的问题很类似。到底是先有鸡，还是先有蛋呢？实践证明，幸福能够促进积极的世界观的形成；反过来，积极的世界观也会使人更幸福。

我们每个人都渴望幸福，有些人在成功的事业中得到幸福，有些人在蹦极的一刹那捕捉到幸福，有些人在宝宝临盆时体验到幸福，也有些人认为幸福顺其自然，不用费心去争取。往往是最后一类人能够体会到更为持久的幸福感。

无数研究证明，越幸福的人，越能远离情绪低落。因为幸福的人感觉敏锐，甚至细小的露珠也能带来幸福："清晨，我出来散步。我看见了美丽的露珠，在河面上一飞而过的野鸭，唱着小曲的鸟儿。慢慢的，清晨的第一束阳光照射到河面上。我的心情无比平和，我觉得自己就是大自然的一部分，我好幸福。"而抑郁的人，在情绪低落的情况下，只关注自己，无法准确把握周围的事物。

幸福的人更乐观，乐观的人更幸福。幸福的人会更积极地行动，使自己更幸福。幸福心理学家索尼亚·利乌伯米尔斯基提出了一个涵盖幸福的常量和变量的幸福公式：幸福＝幸福标准值＋生活状况值＋活动范围。

根据这个公式，幸福是可以养成的。

教育真的可以使人幸福吗？幸福真的是可以养成的吗？有的专家认为，孩子的幸福感与母亲受孕时的状态部分相关，但是我们认为幸福并非100％写在我们的基因里，其中35％是可以培养和改变的。我们对一个孩子微笑并称赞他，与板着脸瞪着他的效果肯定不同；同样，孩子们在沙滩上慢跑时的感受肯定不同于每天被父母关在家里。

教育的目标是幸福吗？

面对如此的教育现象，我们不禁要问：教育的终极目标是什么？是幸福吗？苏霍姆林斯基说："要使孩子成为有教养的人，第一要有欢乐、幸福及对世界的客观感受。教育学方面真正的人道主义精神就在于珍惜孩子有权享受的欢乐与幸福！"

我们知道，人的生理幸福、心理幸福、伦理幸福对人生的意义具有同等重要的地位，它们既互相区别、互相联系，也互相转化。幸福存在于一切人生活的一切方面、一切层次。全面的幸福观是全面性与差异性的统一，是质与量的统一。幸福是人性得到肯定时的主观感受。

儿童的幸福主要与他生理需要的满足相联系，他的情感主要是快感，他的思维方式主要是官能性的、局部的、浅层次的、孤立的、单向的直觉思维。儿童的幸福主要不是看他是否符合别人的、成熟了的、标准的、成年人的幸福标准，而是看他是否与他的发展阶段相适应，与他的生理和心理需要相联系。

我们一直认为，教育对学生的实然幸福状况给予充分的尊重，但尊重不等于保守，不等于容忍其滞留在底层水平。教育要实现学生在幸福上的实然与应然的辩证转化，应然是植根于实然的，它要在实然的范围之内，如果出于"好意"把应然定位于实然范围之外，它就没有实现的可能，只能在"为了学生的幸福"中剥夺学生的幸福，给学生造成不幸。教育要把学生的幸福生活变成一种自由的体验。

把教育过程变为学生幸福生活的一种自由体验，不是校长们没有认识到，也不是校长们不作为，实则苦于大环境的压力而不得不违心办教育。

我们育才提出"幸福教育"，并不是因为育才教育已经达到了"幸福教育"的内涵，而是意识到当前教育不得不提出"幸福教育"，不得不践行"幸福教育"。

当然，幸福教育如果坚持要用过高的社会标准去观照学生的个体感受，就往往容易把学生的正当幸福看成是"低境界的"、不值得肯定的。比如，学生们合理的活动时间、合理的交往时间、合理的玩耍时间等都会被视为"低境界的"，一味地被成人们否定。

幸福教育要使人的生理与心理、个性与社会性相互融合、相互转化和相互提升。这当中就包含着这样一个意思，即幸福是相对的、主观的。教育由于有了这种自觉，所以它对于实现人的幸福体验的提升不仅负有责任，也具有优势。我们育才人有了这种自觉，更有了这份责任，同时具有了"为每一位孩子的幸福人生奠基"的实践优势，于是，我们大胆地提出了"幸福教育"。

虽然，对"幸福教育"的内涵与外延，我们难以表述清楚，但是有一点我们非常明确，那就是"为每一位孩子的幸福人生奠基"，帮助每一位孩子提升"幸福能力"，充分地感受当下的幸福，勇敢地创造未来的幸福！

对"幸福教育"这个概念可能会产生两种理解：一是把幸福作为一种有待于教、有待于学的情感内容，这样"幸福教育"就是"教幸福、学幸福"；二是把幸福当作教育过程中师生双方的情感体验，把教育当作一件幸福的事情来做，这样"幸福教育"就是"幸福地教、幸福地学"。

这两种理解都有一定的道理，但是育才的"幸福教育"更倾向于把幸福当作教育过程中师生双方的情感体验，把教育当作一件幸福的事情来做。

我们认为，幸福既是教育的最终目的，也要贯穿于整个教育过程，目的与过程总是内在统一的。我们无法设想不幸的过程会突然推演出幸福的目的。

在教育过程中，学生的幸福主要是由教师主导的，教师如果在创造幸福、感受幸福上不比学生强，教育就没有必要存在了。教育的幸福无疑要通过师生双方共同创造和享用。

幸福能力表现为发现、创造幸福和享用幸福的能力。我相信，教师的幸福能力一定要比学生强。教育无非就是把教师的这种相对较强的幸福能力转移到学生身上，变成学生的一种内在素质。也只有当这种能力变成学生的内在素质，学生的幸福才是自由的和终身的，教育也才是成功的。幸福能力是沟通教育中的幸福与教育外的幸福的桥梁，是传达教育意义、连接教育与生活的纽带。

上海师范大学教育学院刘次林教授曾说：幸福之所以是一种能力，就在于它有包含理性和德性成分的幸福观念，所以，幸福能力的教育，从根本上说就是这种幸福观的教育。

幸福观是人们在受到一定刺激时是否产生幸福感的"标准"。无疑，这个标准本身又有一个"标准"的问题。从历史的维度来说，幸福观是人的当下幸福体验与未来幸福体验的统一；从社会维度来看，幸福观是个人幸福与社会幸福的统一。

人在幸福观中体现的理性力量与德性力量反映出了他的幸福能力的大小。一般来说，教师就是在这种理性力量与德性力量上强于学生，幸福能力的教育，就是要在学生的幸福观中增强这两种力量。而在增强这两种力量的同时，教师的幸福观就会移植到学生心中。所以，在幸福教育践行中，不可忽视教师的职业幸福感。

幸福教育就是要帮助学生实现幸福的内外两种价值的转化，把幸福的外在享受过程转化为学生的内在素质体系，又用内在的素质去反作用于学生的幸福感受。

幸福教育就是在教育中创生丰富的幸福资源，鼓励学生充分享用现有的各个方面的幸福资源，过上实实在在的当下幸福生活，也要注意在学生的幸福经验中培养他的幸福能力，那就是努力创造幸福资源、正确面对幸福资源、充分享用幸福资源的能力。

　　我们知道，学生的内在幸福素质不是在享用幸福时自发养成的，它需要自觉的教育。这种教育我们称为"幸福教育"。学生的内在幸福素质与外在幸福感受是共同生长、有机统一的。只有丰富的幸福经验才能养成深厚的幸福素质，只有利用深厚的幸福素质，才能使学生在即使没有教师帮助的情况下，走向社会，不管从事任何职业，都能对现有的幸福经验给以最大限度的积极享用。这就是"幸福教育"的价值所在，也是"幸福教育"的功能追求。

　　为什么现在的孩子感受不到幸福呢？除了学业负担确实重，造成学生活动范围受局限而感受不到幸福之外，难道就没有学生本身的因素吗？当然有！那就是学生感受幸福的能力太弱，学生的幸福观出现了问题。

　　我们的教育要正视这些问题。学生的幸福观出问题，也就是我们的教育出了问题。而且教育的问题多于孩子本身的问题，即使是孩子幸福观出了偏差的问题，也是教育的问题。

　　幸福适应论者认为，孩子们的幸福感始终保持在某一个固定水平。也就是说，孩子的幸福水平是由基因决定的。基因确实可以决定很多东西，但是根据索尼亚·利乌伯米尔斯基的幸福公式：

　　幸福值（G）＝幸福标准值（基因固定值 S 占近一半）＋生活状况值（1/10）＋活动范围（A 占三分之一）。

　　教孩子学会幸福生活其实是有现实依据的。当然，重点不是改变孩子的生活状况，而是要扩大孩子的活动范围，因为活动范围对孩子们的幸福感有重大影响，它决定幸福总值的三分之一。因为孩子们与同伴一起活动，更容易获得幸福涌流，而教育学措施虽然不能创造幸福涌流，却能促进幸福涌流的形成。幸福是可以养成的。

　　涌流是什么？"涌流"是可以产生幸福的经历。

　　"涌流"是积极心理学及幸福研究领域出现的一个全新概念。它指的是痴迷于自己的业余爱好并且每次参加活动都全身心投入的人产生的一股"涌流"。比如，忘记自己在墙壁上行走的攀岩爱好者、由于过于尽情而忘记自己是在舞台上旋转的舞者。如果我们注意观察的话，其实，小孩子身上经常也会出现"涌流"。比如，如果学生的学习生活被当作"涌流"，我们的学生就完全融入其中并忘记了时间。

　　因此"涌流"经历可以产生幸福。"涌流"本身不是幸福，但却是孩子获取幸福的最佳方法。涌流的本质在于人必须亲身经历。我们无法夺走孩子的"涌流"，但也无法给他们提供"涌流"。我们能做的是：创造"涌流"产生的情景。比如，送给孩子一根跳绳，或者让孩子在"六一"儿童节收到滑板礼物，也许不久他就会通过玩滑板获得"涌流"。当然，如果每天强迫孩子做不喜欢做的事，那他获得"涌流"状态的机会就变小了。

积极心理学告诉我们：活动，特别是成功的活动能提高学生的幸福感。我们的教育最好是设计有利于幸福涌流形成的活动，尽可能地扩大学生的活动范围。

在本书的第三章以及第五章，我特别对大型活动的策划及展开进行了真实的叙述，而这些叙述是白描式的，活动意义就在于有利于幸福涌流的形成。

是的，"教育要以人的生活为目的"。人的生活包括人类全部生活实践，既包括物质生活与精神生活，也包括个人生活与社会生活。教育就是教学生适应生活，创造生活。"学生"是什么？学生就是学会生活。"生"的意义，是生活或生存。

教育源于生活，又要促进生活的发展，以生活为目的。幸福的教育是要在真实的生活中加进理想的成分，在自发的生活上经历"涌流"的形成。育才的幸福教育就是"幸福地教，幸福地学，幸福地生活！"

我们认为：生命的存在和维持生命存在的"生活"，是得到幸福的根本条件。人的本质就是追求自我保存、自我需求、自我幸福。"生活本身就是幸福！"

生活的幸福对于人来说便是一种能力，它需要后天教育的培养。教育，从根本意义上来说，是培养人的生活能力，换言之，就是培养人的幸福能力，包括发现幸福、感受幸福、创造幸福的能力。而要达到此目的，教育过程本身也应该是幸福的。教育之幸福不是外借于它，而是教育的应有之义。因此，提出"幸福的教育"，这不是对教育提出过分的奢求，而只是还教育以本来面目。离开了教育过程本身的幸福，所谓生活能力、幸福能力就只能是一句空话。

因此，幸福教育是一种全方位教育，它所关注的不仅是在多种多样的活动中开发孩子的能力，还包括赞扬、微笑，集体对孩子的影响，甚至包括对饮食的要求。

因此，我们认为幸福教育应该要丰富学生的需要内容，使得学生能够用丰富的需要去感受。教育为学生提供活动的丰富性，在学生主体感受与教育活动客体统一的时候，或者学生的丰富需要得到满足的时候，学生就一定体验到了丰富的幸福情感。

但是我们的教育并没有很好地做到这一点，没有想到去照顾学生的丰富需要，没有用自己的教育活动去满足学生的丰富需要，而更多的是通过教育把人的需要本性片面化，使学生丧失了本该享有的很多幸福机会。目前的教育把人局限在学习活动中，使学生无暇感受校园之外精彩的、丰富的世界；

教育同时也把学习活动狭隘化为表面的知识学习、技艺学习、应试学习，学生整天围着应试而做题、考试。

幸福教育本来就是不满足于学生的生活能力、幸福能力的自发发展才产生的，但值得注意的是，现实中我们有的教育并没有在多大程度上提高学生的幸福能力，有的反而降低了学生向往生活、向生活获取幸福的能力。学生学业负担沉重，沉重到损害学生身心健康的程度；活动范围的缩小也造成教育中人际关系的严重疏远。学生不仅没有从集体中感觉到幸福归属感，反而感到了威胁与恐惧。大学毕业之后走向社会，茫然不知所措。

所以，刘次林说：教育以幸福为目的，是一种实然存在。

卢梭反对为未来幸福牺牲当前幸福的野蛮教育。他认为"教育的目的应该是培养现时的享受"，为此要遵循自然的引导，使人得到和谐的发展。斯宾塞也认为应当对人进行"完满生活"的教育，让人感受现实的幸福。

20世纪的阿德勒也宣称"通过道德和理智美德的实践去追求幸福是教育的主要目的"。总之，人的一切活动都与人自身的福利有关，教育当然也不例外。教育应该还孩子们一个当下的幸福！

教育以幸福为目的，是一种应然追求。

教育目的是一个复杂的多维度、多层次系统。而教育的幸福目的是教育其他目的的终极目的，不管教育是为了升学、就业、较高的经济收入，还是为了身心全面发展、精神世界的陶冶；不管是认知上的近期目标，还是社会发展上的长期目标。只有把教育置于"人的幸福的观照中"，它才是有意义的，这才是"幸福教育"。

从幸福教育本身来说，不排斥任何教育活动，毕竟教育能让孩子顺利升学，找个适合自己的岗位，有个满意的经济收入，又有被尊重的社会地位，这些都是幸福生活的必要内容。但是没有幸福为他们作出价值定位，我们可能会走向初衷目的的反面，在追求幸福的同时也在丧失幸福。比如，如果我们把教育的目的停留在升学上，孩子们没有了玩耍的时间，没有了探索的实践，没有了交往的空间，所有的时间被升学占满，升学便会妨碍孩子们当下的幸福生活。

教育的人文价值实际上就是教育的幸福价值，把幸福作为我们教育的根本目的，为我们在不同时期对教育人文价值做出一些具体的实践，一些积极的探索，不正是我们这些有思想的校长们应该努力的方向吗？

如果我们把教育的目的建立在幸福上，就能正确地坦然地面对教育中的种种困惑，积极地解决在为了儿童的过程中残害儿童的种种难题。

我们在幸福教育过程中，深深地感受到幸福的孩子更具有道德感，他们愿意把自己心爱的玩具与小朋友分享，喜欢与人交往，对其他人的痛苦也会产生同情感，更不会为了恶作剧去扯别人的头发。重要的是，幸福的孩子更健康，我们成人也一样，当我们身体一切正常时，会表现得更有社会责任感，如书中"爱心基金"成立等，幸福教育其实也是一种道德教育。

哪种理念能够使孩子更易得到幸福呢？当然是幸福教育！孩子是一个谜，是灵性的载体，这股灵性就闪耀在他们的眼睛里。当我们每天看到孩子们闪烁着大眼睛，阳光自信般地雀跃在校园的每一个角落时，那一定是幸福教育践行的结果。

因为孩子是天生积极的生物，他们的大脑结构促使他们不断学习，愉快地生活，使自己变得幸福，并且越来越幸福。

很多调查表明，人的幸福能力与人的个性有关系。幸福的人有四大性格特征：首先，幸福的人自尊，对自己多持肯定的态度；其次，幸福的人自制力很高，克服困境的能力也较大；再次，幸福的人很乐观，对生活所求甚少，所以常有意外的惊喜；最后，幸福的人多外向，能与他人共处，有较好的人际关系，而良好的人际关系是幸福生活的一个标志。

二、本书体系与引读

本书除绪论之外共六章，第一章"我的幸福成长故事"；第二章"幸福教育——我的思考 我的追求"；第三章"幸福学校——指向幸福教育的办学之路"；第四章"幸福教师——让教师发现幸福、播种幸福、创造幸福、品味幸福"；第五章"幸福成长——让孩子每时每刻沉浸在幸福之中"；第六章"幸福陪伴——让家庭与学校共同见证孩子的成长"。

之所以分六章成书，是因为我试图想表达幸福教育的形成以及践行是一个自然而久远的历程。第一章描述的是幸福教育培土期的点滴，第二章阐释的是幸福教育处于萌芽期的求索，第三章呈现的是幸福教育发芽期的蓝图，第四、五、六章展现的是幸福教育生长期的喜悦，因为"幸福教育"刚刚生长，它需要经历足够长时间的"蹲苗期"。所以，我只能说"幸福教育"正蹒跚而行……

第一章"我的幸福成长故事"，丰富的真实生活，促使我提出幸福教育的培土期。没有儿童时期我的幸福感受，没有儿童时期我的家庭、我的村民、我的生活培土蹲苗，没有真实而有意义的内心感受，没有实实在在的童年幸福感，我是提不出"为每一位孩子的幸福人生奠基"，也不会在践行过程中，站在儿童的角度审视与践行"幸福教育"的。"我的幸福成长故事"，还原了我童年生活，如"滑坡"的感受，劳动的欢愉……力图站在孩子的立场上解释幸福教育。幸福并非偶然，很多情况下它是儿时家庭、村民积极正面的引导以及引发孩子的想法所带来的必然结果。

第二章"幸福教育——我的思考　我的追求"，阐释的是幸福教育处于萌芽期的我的苦苦求索，主题是教育与幸福的关系，幸福教育影响孩子的一生。本章我结合自己教育实践具体事例，尤其是"一份幸福感调查问卷"，引发了许多思考。幸福何以丢失？教育的本源到底是什么？教育的终极目标究竟是什么？教育的人文价值究竟是什么？"幸福"一定要建立在"痛苦"之上吗？"成长"一定要结果吗？难道孩子健健康康成长就不是教育的成功吗？于是我苦苦地追寻教育的幸福，提出了让幸福与教育同行；提出了践行"为每一位孩子的幸福人生奠基"教育理念；提出了"幸福的孩子他应该自主的、会生活的、会创造的"一种生活状态；提出了教育的过程理应成为儿童体验幸福成长的过程。基础教育就应该是"为每一位孩子的幸福人生奠基"。如果我们的教育能做到让孩子每时每刻"沉浸在成长之中、沉浸在美好的生活之中"，让每一位孩子在育才有存在感、尊严感、安全感，有愉悦感、成长感、幸福感，那就发挥了育才幸福教育的功能，体现了育才幸福教育的价值。

所以，孩子在学校里有没有获得幸福，应该是衡量学校教育成效的根本标准之一；所以，我们的教育就应该承认孩子有在受教育的过程中获得幸福的权利；所以，一切有利于孩子精神世界成长的活动，一切与孩子的身心发展需要一致的活动都有可能给孩子带来幸福；所以，我们的教育就应该采用多元化的评价方法，多层次多领域地撞击孩子的成长；所以，我们的教育应该让孩子有被人承认、被人欣赏的满足感，克服困难实现目标的成长感，被人关爱、受人尊敬的幸福感。

第三章"幸福学校——指向幸福教育的办学之路"，呈现的是幸福教育发芽期的蓝图。我真实地回顾了幸福教育办学之路的实践历程，描述并解读了育才的办学宗旨、教育理念以及培养目标的思考过程和形成过程。特别分析了践行幸福教育的现实基础，尤其是重点策划了"初步亮剑"的大型活动，重点解读了我思考并创立的能支撑"初步亮剑"的"草根理论——字词句篇章·点线面体理论与挖井理论"。

同时我还提出了幸福教育将从三方面来牢固构建：培育幸福孩子、造就幸福教师、增加幸福家长，共同把学校打造成最具幸福感学校。据此，我们推出了幸福教育"3＋X"项目，"3"即幸福孩子——打造最具童年幸福感的学校，让孩子时刻沉浸在幸福之中；幸福教师——打造最具职业幸福感的学校，让教师播种幸福创造幸福享受幸福；幸福家长——打造最具合作力的家长学校，让家长成为孩子成长的合作者见证者。"X"即开发校本课程，建设社团活动。

第四、五、六章展现的是幸福教育生长期的喜悦，尤其是喜悦背后的我们的观点。

第四章"幸福教师——让教师发现幸福、播种幸福、创造幸福、品味幸福"。幸福是一种真诚的付出，幸福是一种真切的关怀，幸福是一种真爱的阐释。用幸福唤醒幸福，用教师的幸福唤醒孩子们的幸福；让教师持续发展，享受当下的幸福；让孩子幸福成长，追求幸福人生。在教育过程中，学生的幸福主要是由教师主导的，教师如果在创造幸福、感受幸福上不比学生强，又如何去播种幸福、品味幸福呢？我们的教育就没有必要存在，所以教育的幸福无疑要通过师生双方共同创造和享用。学生的幸福能力是在教师的作用下、在师生的相互作用中生成的。幸福教育就是将相对较高的教师的幸福能力"移植"到幸福能力相对较低的学生身上，使学生从主要由教师赋予她幸福渐渐地转变为主要由自己去创造和享受幸福。

因此，我以为教育要给人以幸福，成为幸福的教育，就必须有教师的幸福。很难想象一个内心没有职业幸福感的教师，会不断地播种幸福，传播幸福，创造幸福；会不断地探索教学改革的真谛，实现教育的价值，培育幸福的学生。

何谓教师职业幸福感？简单地说，就是教师职业的幸福感受。幸福感受是因人而异的。作为特殊职业的教师，幸福应该从何而来？只有从教育教学研究中实现自己的价值观和教育观，才能感受到职业的幸福感。在第四章，我通过具体的真实的事例，如"从新手到专家""522"工程"五项修炼""锤炼新育才人""多一次华丽转身"，表达了育才教师的幸福感来自于学生，来自于课堂，来自于点点滴滴的日常教育教学工作之中。

很多研究都证明工作对于幸福感的提升非常重要。曾有人说：

如果你想幸福一小时，就喝杯美酒吧；

如果你想幸福一天，就去钓鱼吧；

如果你想幸福一周，就杀一头猪吧；

如果你想幸福一月，就结婚吧；

如果你想幸福一生，那热爱你的工作吧。

在工作中，人们越能独立、自由地发挥自己，其幸福感就越强。多样化且富有挑战性的工作也会使人幸福。工作要么使生活更甜蜜，要么使生活更痛苦！如果工作顺心，那么我们工作时就比和家人玩游戏或者和朋友一起喝酒更快乐！相反，如果我们总是超负荷工作或者总是对工作不满意，那么就会产生恶性循环。我认为幸福教师，都是在超越了角色自我之后展示出丰富的个性自我。他们的教育活动，往往是最具有个性魅力的艺术。教师一旦把工作扎入"我的"生活之中，与"我的"个性融合起来，才会像热爱自己一样热爱教育事业，才能使角色积淀成个性，达到角色自我与个性自我相统一的境界，教师的职业幸福感也就随之而来。

在本章中，我深刻地体会到：多一个幸福公式，就多一种幸福途径；多一份心灵感动，就多一份幸福体验；多加一盎司行动，就多获取一份幸福。

教师的最高境界是把教育当作幸福的活动。教师的职业境界有四个层次：一是把教育看成是社会对教师角色的规范、要求；二是把教育看作出于职业责任的活动；三是出于职业良心；四是把教育活动当作幸福体验。育才的幸福教育就是为教师成就幸福。

第五章"幸福成长——让孩子每时每刻沉浸在幸福之中"。苏霍姆林斯基说："教学大纲和教科书规定了学生的各种知识，但却没有规定给予学生的最重要的一样东西，这就是幸福。我们的教育信念应该是：培养真正的人！让每一个从自己手里培养出来的人都能幸福地度过自己的一生。"幸福不是来源于要求的提出，而是来源于权利的实践。本章从八个方面为孩子获取幸福提供了原本属于孩子的权利实践。

我们践行"幸福教育"，就是认为孩子有权获得幸福，教育也有能力"为每一位孩子的幸福人生奠基"。

1959 年通过的联合国《儿童权利宣言》是联合国历史上加入国家最多的国际公约。大会发布这一儿童权利宣言，以期望儿童能有幸福的童年。我们认为孩子有权享受那些快乐的事儿，从而获得幸福。

幸福教育就是着眼于孩子的幸福。但是我们还要挑战另一种悲观的说法，现在还有幸福的孩子吗？我们的观点是：大多数孩子都很幸福。只要我们的教育理念正确、教育过程合适、教育实践丰富，在日常行为中孩子们就能够找到令自己快乐而幸福的元素。

我们认为学生的学习和幸福体验是密不可分的，但是学习并不等同于幸福，决定孩子在学校是否快乐幸福的因素有很多，孩子们幸福的方式和内容也是多种多样的。幸福越与人共享，它的价值就越增加。

友谊促进幸福，世间没有哪一种感觉会比被人需要更令人幸福。友谊无疑是幸福食谱的重要食材。古希腊哲学家伊壁鸠鲁就曾写过："一生永葆幸福的最大秘诀是获得友谊。"这句话也适用于孩子的世界，在他们很小的时候就有能力分辨谁是朋友，何时何地可以结识新朋友，发展出一套自己的"友谊理论"。在孩子眼中，友谊是在共同行动中建立起来的。对孩子来说，比居住环境更重要的是周围能不能找到同伴，孩子需要同伴。根据德国电视二台的儿童幸福感调查结果显示，约 20％的受访者在缺乏同伴的环境里长大，他们明显感觉自己的童年有严重缺失，非常羡慕可以与朋友们叽叽喳喳，追逐嬉戏的孩子。

学校的一个重要功能就是让孩子结识朋友，寄宿制学校更是弥补了当前结识朋友时的空白。当孩子们进入中小学，朋友变成了可以分享秘密、解决烦恼的伙伴，他们会维护和支持自己，友情不再是眼前一时的晴雨表，而发展成为更加稳定的关系。当身边时时有一位站在"我"这边的"死党"时，很容易熬过成长中的许多难关。在德国，四分之三的青少年每天都会与朋友相处一段时间。"只要我拥有朋友，就是幸福。"孩子们的友谊不仅具有巨大的幸福潜力，也具有极高的道德感。通过一起玩耍，他们能够培养团结、信任、忠诚和同情等品质，因此幸福往往具有道德感。

有感恩之心也会使人幸福。幸福的人更容易对别人说"谢谢！"那些乐于助人、懂得感恩、宽容的人也会从中获得幸福感。马特霍伊斯曾说：仁爱的人是幸福的，因为他们也获得了仁爱。仁爱的人，始终拥有积极情绪。积极情绪能使人的注意力和社会行动范围扩大。情绪良好的人注意力更集中、心胸更开阔、更灵活、更好奇且更积极。他们在其社会行动范围内认识新朋友也是幸福的来源之一，会提高自己的心理和智力能力，因为幸福的人往往更容易找到使自己更幸福的方式，幸福因此成为良性循环。"爱心基金""爱心贸易节""爱心回收站"等活动的延续，是幸福教育的实践。

灵性思维让孩子倍感幸福。近年来，全球掀起了一股有关儿童灵性的讨论。孩子并不是空洞的容器，任我们灌输正确的信仰。他们是有思想的。在很小的时候，他们就能够进行深度的思考，尽管他们无法用语言表达自己的想法，但是这不代表他们没有思想。勇于实践的孩子最有才气、最有灵性。亲近自然，孩子的各种感官变得更为敏锐，也更为幸福。幸福不仅是一种状态，更是一种感觉，所以令我们愉悦并难忘的感官记忆都可以归结为幸福感。如果想要让孩子更幸福，不妨在度假时选择海边，听着海浪声在沙滩上玩耍。如果想要让孩子更灵性，不妨在校园里放养一些小动物，种植一些花花草草，因为动物和植物能给孩子们带来极大的幸福感。如今的孩子总感叹自己远离大自然，与上几代孩子不一样，他们无法经历大自然中万物的出生、成长和死亡。所以，育才幸福教育开发了"幸福娃娃研究院"校本课程以及亲近大自然的校本课程。

体育运动使孩子们度过快乐的童年。体育是为了人的全面发展服务的，只有全面发展的人才能够有身心和谐的幸福感。喜欢运动的孩子最阳光。育才幸福教育的任务之一就是让运动成为孩子们的生活方式。我认为健康的体魄是幸福人生的前提，从某种意义上说，拥有健康就拥有幸福。

经常阅读让孩子们觉得心情愉快。要让孩子在长大后成为与众不同的人——能考虑他人的观点、心胸开阔、拥有和他人讨论伟大想法的能力——热爱阅读是一个必要的基础。乐于阅读的孩子能和身旁的世界产生联系，最后具备超越现阶段想象范围的思考能力。他们会在角色、情境和自我之间建立联系，并且把它当作决定时的参考。

我相信，热爱阅读的孩子将拥有更美好的人生。朱永新教授说过，一个人的阅读史就是一个人的精神发育史。而童年的阅读对于一个人的完美人格形成又起着非常重要的作用。儿童文学对于一个孩子来说，意味着成长的伴侣，意味着心灵的雨露，意味着精神的家园，意味着美的存在，意味着笑的源泉，意味着第二个生命。经常阅读，让孩子们觉得心情愉快。"闻着书香的孩子最幸福——让阅读像呼吸一样自然"，这是育才幸福教育提出的阅读目标。

安全感是幸福的纽带。约翰·波娃比尔研究的生活主题是母亲与孩子纽带的质量。他的研究成果对通过教育提高孩子们的幸福感发挥了重要作用。波娃比尔描述了母亲与孩子之间纽带形式，首先是安全纽带。它是最理想的，也最能保证孩子长大成为幸福的人。育才是寄宿制学校，教师与孩子之间建立起安全纽带，有利于孩子增强孩子的幸福感。育才幸福教育的特征就是让孩子拥有安全感、愉悦感、成长感和幸福感。

集体生活是幸福的港湾。幸福教育就应着力建设一个对学生"有用"的客体对象。只有集体对他有用，他才会爱这个集体。才会把自己融入集体之中，使集体变成"我的"集体。一旦集体成了我的有机构成部分，与我形成心理上的全息同构，此时，集体就成了"我的集体"。只有当集体变成了"我的集体"时，我才会像热爱自己的眼睛、自己的父母、自己的孩子一样对它充满爱心，并不惜为她奉献自己的一切，乃至生命。为"我的集体"奉献自己正是肯定自己、实现自我价值的过程，为自己所至爱者做出牺牲就是我的最大幸福。自主成长的孩子最灵气，幸福教育就是让孩子成为集体中最好的自己。

我们知道被别人需要的感觉往往非常重要，当自己用双手影响了别人时，孩子们通常变得无比幸福。在幸福教育践行过程中，我们深深感到表扬是幸福的加油站；感谢也能带来幸福；倾听和交流也会带来幸福，而且倾听和交流所带来的连接感是幸福的关键。仪式感带来的幸福让孩子们难以忘怀。育才幸福教育践行过程中举行过各种仪式，每一种仪式隆重而热烈，都给孩子们带来幸福。没有音乐就没有童年，音乐依然是幸福的来源。课外活动也会给孩子带来幸福。总之，没有什么事比在自己铺的路上行走更幸福的了，幸福教育就是创设一种教育状态，让孩子走在自己铺的道路上实现自我教育。

第六章"幸福陪伴——让家庭与学校共同见证孩子的成长"。家庭是孩子成长的幸福港湾。我一直觉得，学校教育的成败，有一半要来自于家庭教育的成功与否。家庭成员是孩子真正的偶像，据调查显示，认为爸爸是很好的典范的学生占到了总数的80%。

家庭带来的幸福，兄弟姐妹带来的幸福，家庭集体活动带来的幸福，在家里帮忙并受到表扬时所获得的幸福，参与亲子活动所拥有的幸福，参与课堂欣赏孩子的学习所带来的幸福，家长与孩子一起阅读带来的幸福，尤其是家长与孩子一起成长带来的幸福，是孩子幸福的重要根源。本章中，"教师入家，家长入校""家委会组织的'跟着课本游中国'""家长学校的四方论坛""学习型家庭中有意义的'图书漂流袋'"等活动，无一不给孩子带来巨大的幸福，同时家长也见证了孩子们的健康成长。

第一章

我的幸福成长故事

每个人的今天都带有昨天的印记，是曾经的过去成就了今天。每当回忆起那些往事，总有许多鲜活的情景浮现在眼前，萦绕在耳畔。那是无邪的童年、青涩的少年、热血的青年，一段段美好的记忆，一曲曲动人的旋律。

我的成长故事就是一段奋斗史，幸运的是，我的人生中出现了许多「贵人」「高人」，他们给我帮助、给我启迪、助我成长，并让我真真切切地感受到了——幸福。

第一节 童年的记忆

记得孙云晓曾写道：童年是心灵的故乡，是幸福的源泉。是的，幸福的童年都是相似的，都有那摇篮般的家乡和似阳春般的目光，空气里散发着自由的芬芳，回荡着纯真的笑声。提到童年，我的思绪就会悠然飘回到我儿时生活的"桃花源"——千岛湖周坑村。

千岛湖是我国第一座自行设计、自制设备的大型水力发电站——新安江水力发电站拦坝蓄水形成的人工湖。1957年发电站开始动工兴建，之后筑大坝拦截新安江，于1959年9月21日封孔蓄水，海拔108米（黄海标高）以下皆沦为水域。每一个来到浙江省淳安县千岛湖的人都会为她旖旎的湖光山色所陶醉。千岛湖烟波浩渺，晶莹碧透，群山环湖叠翠，郁郁葱葱。1078个翠岛如同玑瑶珠玑，星罗棋布，点缀倒映在明净如镜的5.73万公顷的湖中。大文豪郭沫若先生来到这里，情不自禁地发出了"西子三千个，群山已失高，峰峦成岛屿，平地卷波涛"的赞咏。

一、淳朴安宁的山村

作为一个生于淳安、长于淳安的人，我切实地感受到淳安的山村确实是名副其实——淳朴而安宁。

我世居于水域的祖辈为响应政府的号召离开家乡，有的迁往安徽，有的迁往江西，还有的移民到浙江桐庐等地，我家则移至桐庐县三合村。后因饥饿难忍，投靠亲戚倒流回到淳安——淳安县青溪乡周坑村（现为千岛湖镇周坑村），我的童年时代就是在这里度过的。与其说它是一个村，不如说是一个山谷。在两山之间一块比较宽阔的平坦地带，一条清澈的小溪在这里蜿蜒而行，村子被环抱于青山之中。自东向西，两百多户人家依山傍水似珍珠一般撒落在小溪的两边，小溪如同发亮的玉带串联起里周坑、中周坑、外周坑三个自然村。

周坑村村民们虽然离开了祖祖辈辈生活的地方，但是他们依旧很知足。因为当时有28万人迁到了外省，相比于他们，尽管我们的老家已经永远地沉在了水底，但至少现在这个地方还是属于淳安，仿佛自己的根还跟祖辈们的根紧紧地缠绕在一起——我们是多么幸运。所以在我的记忆里，村民们的表情总是那么阳光，那些阳光温暖着我清贫且单纯的童年岁月。

由于是同样的原因迁移到这里，所以大家都有一种患难与共的感觉，你帮我，我帮你，一个村就是一个大的家，一个新的家。人与人之间很真诚，和睦相处，谦恭以待。在我的印象中大家都安分守己，从来没有发生过争吵、打架之类的事情。童年的我每天行走在大山里，觉得大山是那么伟岸，那么有安全感，我想这种安全感很大一部分是来自于村民们无声的示范。

百户人家初到这里，靠自己的双手开始了艰难的日子。勤劳的人们披星戴月地在荒山上开垦出一片片田地，渐渐地，鸡犬相闻、炊烟袅袅的小山村变得热闹而又温馨。村民们虽然为了祖国的建设做出了巨大的贡献，但没有一个人觉得不公平，他们只是默默地用勤劳改变环境，用改变证实能力，用能力创造新的生活、新的世界。勤劳的力量是无穷的，这些勤劳无怨的身影在我逐渐长大的过程中仿佛知己一样，伴随着我走出了那个小山村。平静、祥和、温暖的"桃花源"是我的精神家园，我人生之树的每一根枝丫都是从这里生长出来的，都带有她的印痕。

乡村的生活是淳朴的，也是自由自在的，我乐在其中。生活在乡村的孩子无拘无束，有着许多城市孩子无法拥有的童趣和快乐。按照现在的教育观点，这可以说是一种"放养"。我可以和邻家小伙伴嬉戏，与大自然亲密接触。清晨，整个乡村笼罩在朦朦胧胧的雾气中，树木的叶儿是那种新鲜的翠绿，远处的山峰若隐若现，像是披上了一层轻纱，一切都是寂静的、神秘的。太阳慢慢地升起来，打破了清晨的宁静，人们都开始了一天的劳作。小孩子们呼朋唤友在山间穿梭，在溪边嬉闹。我们有时会结伴上山采杨梅、挖野菜；有时会倒在山坡的草地上安闲地睡午觉，与小伙伴一起玩耍而忘了回家的时间；有时会下小溪摸螺蛳、捉小鱼；有时还会走进邻居家中去玩捉迷藏的游戏，"破坏"邻居家的东西，可邻居发现后，却不打也不骂。

二、"滑坡"的感受

乡村的男孩子大多会玩很多游戏，有时候我们女孩子也会参与其中。最有趣、最刺激的就是读小学时跟着哥哥和村上的小伙伴们玩的"滑坡"。滑坡需要的玩具是一个简单的滑板车，都是男孩子们自己制作的。它由一块板、四个轮子、一个把手组成，现在想想，也不知他们是从哪儿弄来这些材料的。我家门口有一个很陡的坡，坡旁是一棵高大的镇宝松。放学后，几十个小伙伴扛着八九个滑板车聚集到坡顶。第一组开始了，一个坐着一个使劲一推，车上的人就大呼小叫地冲下了坡，与此同时，身后扬起了一道尘土，犹如一条小黄龙"唰"的一下飞上了天。坡上的人有的忙着准备，有的使劲朝冲下去的人喊，还有的兴奋得蹦跳起来。

还记得第一次看到他们这么娴熟、自如、开心的样子时，我就跃跃欲试。终于轮到我后，我小心地坐上车，哥哥在我背上使劲一推，小车便摇摇晃晃地冲了下去。"啊……"我不由得尖叫起来，这声音现在想起来颇有点鬼哭狼嚎的感觉，但是还没等我闭上嘴巴小车就已经安全到达坡底了。我下了车，学着别人的样子，拎起把手往后一甩，神气地扛起车就往坡上爬。就这样，我一次次地上来又下去，下去又上来，学会了很多玩法，比如一个坐着，另一个在用力推的一瞬间双脚也踩上了板；两个人坐着，第三个人推，这样感觉速度更快，甚至耳边都会有"呼呼"的风声；一个坐着，另一个在后面站着，有时滑到中间后面的人一手搭着前面人的肩，右脚往后抬起，右手也抬起来，就像自己的腋下突然长了翅膀似的。就这样，我们不知疲倦地玩到天黑，等到村子里"阿宝，回家吃饭了……"，"春英、荷英，吃晚饭了……"的呼唤声此起彼伏后，我们才陆陆续续离开"游乐场"。坡上留下了一条条辙痕，再看看我们，每个人都满脸是汗，和着尘土流成一道一道的"黄河"，满身都是黄土，"叽叽喳喳"往家赶。

三、劳动的欢愉

然而相比于游戏，劳动才是山村生活的主旋律。割草、割麦、插秧、耘田，种玉米、种豆子、种番薯，这些活儿我都做过。

我每天的时间都是由劳动串成的。我刚上初中时，哥哥就去当兵了。那时候我每天早上都起得很早，不是去砍一担柴，就是去小溪里洗一家人前一晚换下来的一大盆衣服，做完这些再去上学。晚上放学后，就去菜园里松土、浇水、除草。干旱时，大家一起挑水浇地，一担一担的水挑上来，眼见着池塘里的水渐渐降下去，直到最后只能舀了。一担担的水浇到菜地里，辣椒、茄子、黄瓜都精神了，卷着的辣椒叶就在眼前慢慢舒展开来，这让我很有成就感，自然也不觉得累了。做完这些我还要去摘菜回家做晚饭。

吃好晚饭我会跟着妈妈学做鞋。把一块块碎布变成一双鞋需要两个月左右的时间。碎布是妈妈从各个地方收集起来的，做鞋时要先把洗干净的碎布用麦粉浆好，再一块块铺好，这些碎布形状、大小、厚薄不一，铺的时候要把皱巴巴的碎布抹平，所有的碎布之间都要衔接好。为了做到不浪费一块碎布，我得不断地比画来比画去，好使每一块碎布都能放得恰到好处，这样做出来的鞋底才平整。等碎布铺到 2 厘米的厚度之后就要"压"了——把铺好的半成品放在一块木板上，然后在上面加板，放上几块砖，这样放置一周左右，浆过的鞋底就风干了。接下来就是纳鞋底了。第一次我怎么也不能把针顶过鞋底，只好两手握住鞋底把针尾对着木板往下压才使针穿过鞋底，连中指的皮都顶破了，后来才慢慢地学会了用顶针。由于是初学，一个晚上纳不了几针，而一双鞋底起码要纳上几千针，针与针的间距，圈与圈的间距都要靠目测。鞋底纳好后，就要做鞋面了，先照鞋样印好，剪好，再贴着鞋底缝好，镶上边线。当我穿上自己亲手做的第一双方口单布鞋时，感觉好像是童话里的公主穿上了水晶鞋，村里人打量着我的鞋问我这双鞋的鞋样从哪里来的，那时我的心里别提有多乐了！

我的四季也是由劳动串成的。

有一年的春末村里修渠沟，每户人家都分到了挑沙石的任务，沙石是定量定时的。爸爸在外地工作，这些任务自然就落到了妈妈和三个孩子身上。我们要把沙石从小溪里挑上一个很陡的坡再堆起来，妈妈说那一天我们三个孩子要完成 500 公斤的任务。我和妹妹跟着哥哥挑着箢箕干了起来，那时我的个子跟箢箕差不多，在平缓处看起来就像一样高的三个人在移动。一碰到坡就要撞，只得横过来，侧着身子一步一步往上移，挑上去以后还要称一下，会有个叔叔在本子上把重量记下来。几个来回后，我的心头产生了一串疑问：我每次能挑多少呢？肯定不会超过我的体重，如果超过体重不就把我压扁了吗？如果超过了体重，我怎么可能还挑得起来呢？带着这个问题上上下下，终于在天黑之前挑完了。我始终不知道自己到底有多重，为了解开这个谜团，在收工时我匆匆跑到磅秤上称了一下，是 60 多斤，再跑到记录本上一看我挑得最多的一次竟然有 120 多斤！于是我又奇怪起来：60 多斤的我怎么会挑起超过自己体重一倍的沙石呢？人的力气真大啊！

汗流浃背、热火朝天是夏天留给我的最深记忆。"双抢"的时候，梯田里到处是忙碌的村民，我也每天处在火热之中：戴着斗笠，全身湿透，在稻田里收割完水稻之后就要打水稻（就是给水稻脱粒）。脚踩踏板，泥浆就会溅上来，弄得衣服上斑斑点点。为了赶时间，我们一整天一整天地在田里，通常做到很晚，只听到打稻机的声音，此时，田里的人影已经模糊了。有时从别处接过来一根电线，挂一个 10 瓦的小灯泡，借着微弱的亮光继续干，那时手脚已经处于自动化的状态了。当带着清香的稻谷一袋袋运到家门口时，我的心里也装满了喜悦。

到了冬天，山里的雪会下得特别厚。受妈妈的影响，即使在寒假里我们也从来不睡懒觉。一大清早，我就踩着雪去地里挖油冬菜和萝卜了，"吱嘎吱嘎"，回头看到自己的一行脚印从山脚下清晰地印在安静、空旷的村道雪地里：啊，新的一天又开始了。

山村记忆一直是那么忙碌、充实、愉悦、幸福，怎么能让人忘怀？

四、父母的印记

周坑是一个美丽的乡村，虽没有城市的豪华，但也生机勃勃，朴实而又温馨幸福。我喜欢乡村的风景，那如诗如画的风景里珍藏着我童年的回忆，充盈着我儿时的温馨，回响着母亲温柔的叮咛。

我的母亲没有上过学，斗大的字不识一个，即使认识自己的名字，也不会写。但她却是我最初、最真的启蒙老师，她用最自然的生活教育了我，让我体验到一个人即使有经历痛苦的时刻，但只要生命的整个状态是积极向上的，那就是幸福。

无论是我的秉性还是成长的家庭环境，都决定了我是一个"认真好强"的人。我在家里排行老二，有一个哥哥，一个妹妹，父亲是民办教师，大部分时间在外地工作，母亲辛苦地操持着，支撑着整个家。当时经济条件极为落后，母亲每天清早出门劳动，天黑了才回家，来不及喝一口水就要给我们三个人烧饭、洗衣服，还要去扫地、喂猪，等忙完这一切，她就坐在暗淡的灯光下开始做女工。等我们第二天醒来的时候，母亲又早已烧好早饭，带好劳动工具准备出门了。现在想起来，感觉母亲好像从来没有睡过觉。然而，这样日复一日的劳作并没有让母亲产生过一句怨言。她认为所有的事情都是自己应该做的，为了这个家什么样的付出都是应该的。母亲的勤劳也赢得了村里人的欣赏，张家李家有什么事都喜欢找母亲来商量，村里的男女老少都很喜欢我们兄妹三人，在来来往往中，小时候的我就在内心深处隐隐约约觉得，有付出就有回报——母亲的与人为善换来了大家的尊重，尽管这种回报是无形的，但它让我的童年无忧无虑。

虽然母亲每天要忙的事情很多，但是她总能安排得井井有条。勤劳且聪慧的母亲让我知道了做事计划性一定要强，否则就会陷入忙乱之中，不仅收效甚微甚至一事无成，这不正是"凡事预则立，不预则废"所要表达的意思吗？记得上小学时，每天在放学路上我就会想好回家之后要先做什么，后做什么，每一件事该怎么做，做什么事时会遇到什么困难，如果没完成，妈妈收工回来会怎么说。我经常在妈妈收工前就已经割好菜，洗干净并且切好，等妈妈回来炒；还割好猪草，倒在猪圈里喂饱了猪。妈妈回来后一边检查一边评点，受到表扬的我越来越会安排时间。

这种好习惯还让我懂得了做事一定要讲究效率。周坑村离县城比较近，村里人把自家种得最好的菜收下来挑到城里去卖，我也经常挑着担子跟着大人去，往往是黎明的时候就出发，山路弯弯曲曲，一走就是两个小时。虽然辛辛苦苦赶到县城，但我总能在最快的时间把菜卖掉，然后急着赶回来上学。1975年哥哥去当兵了，我成了家里的老大，家务自然要多做一些。那一年家里造房子，我要在清早四点钟起去县城卖菜，然后去买肉，把肉送到家再去上学，一个来回至少四个小时。每次都是跑着去学校，有时候急得一边哭一边跑：一是怕迟到；二是想同学们都在早读了，自己又少学了很多时间。跑到教室坐下来就非常专心地开始学习。放学回家要把堆得像座小山一样的番薯藤全部切好，一边切又一边着急起来：那些在校晚自修的同学此时可在学习呢，我又比他们少了很多学习时间啊！越急越想马上切好，一分神竟然把左手食指切开了，至今左手还有一个很明显的伤疤。那段日子里我不断地告诉自己：你的学习时间比别人少，只有学习高效才能追赶上他人，更何况自己还是学习委员呢！这样的好习惯给我带来了回报：1978年，恢复高考第二年，淳安县要在全县招100个重高生，方圆几公里的整个乡镇只考上三个，唯一的女生出自周坑村，那就是我。读了重高一年，我又考上了严州师范。我是村里第一个考出来的农家子女，成了村里的榜样，到现在，村里人还在用我的故事教育孩子。

我之所以能对母亲的言传身教有所体悟，是与父亲的谆谆教诲分不开的。在印象中，父亲总是给我们兄妹三人讲家庭故事，每次都叮嘱我们一定要做一个感恩并有能力感恩的人。他的讲述让我们知道了外公外婆、爷爷奶奶那一辈人对下一辈的恩情：奶奶怀我父亲七个月时，爷爷因病去世，父亲出生后，奶奶一个人含辛茹苦地抚养他，到父亲十一岁那年奶奶积劳成疾，因病无钱治疗去世了。父亲也没有姐妹兄弟，于是成了一个孤儿。善良而贫困的外公外婆收留了我的父亲，并把大我父亲四岁的妈妈许配给了他，两家人相依为命。在那么困难的情况下，我的外公外婆宁可自己生活水准降低到最下限也要送我父亲和舅舅去读书，而且读到那么高的学历，这在当时的贫困家庭里是很少见的，这让周边的村民无法理解。

从父亲的讲述中，我们也知道了当时我们一家来到周坑村时什么也没有，没有房子，没有田地，没有亲人，是一位好心人让出了自己的一间茅草房帮助我们一家五口渡过了难关。

五、感恩的启蒙

自小，父母亲就用行动教育我们——做人要学会感恩！

记得在我家建房子的时候，我切身体会到什么是不求回报的帮助。因为是在原址上重建新房子，所以我们借住在邻居家好几个月。至今眼前仍能清晰地浮现那户人家的样子：中间一个厅堂，左边挤着他们一家五口，右边挤着我们一家五口，两家合用一个厨房。在我们最需要帮助的时候，他们爽快地让出了两个房间。他们一家本来住得很宽裕，现在却因为要帮助我们，住得这么不舒服，而我们也没有什么东西能够回报他们。当时年幼的我总在想：这个世界上怎么有这么好的人家！两家人在一起有说有笑，谁家做了好吃的总要端一碗到对方的桌上，每次想起来都有一种大家庭的温馨溢满心头。这种向善、从善的环境对我的成长很有影响。我在点点滴滴中慢慢懂得并渐渐以自己朴素的方式来感恩。

说到感恩，我还忘不掉那年我组织的"篝火晚会"。那年建房子时，我听爸爸妈妈说上梁是一个重要的仪式，一定要热闹些才好。幼小的我将此事记在心头。放学后我把全村低一届、高一届的三个年龄段的二十多个孩子召集到上好梁的新房子(只有四面墙，椽子还没有搭上)里，找来很多柴点起了一堆火，我们在里面唱啊，跳啊，累了坐一会儿后继续又唱又跳，饿了就去借住的房子里拿些食物，一直闹到晚上八九点钟，等家长来了，才陆陆续续回家。

那天躺在床上我很满足，因为我完成了大人的心愿，想到的事情竟然做成了，连我自己都感到很惊讶。

长大后我用自己的实际行动来感恩。上高二时我报考了高中中专，因为我想如果考不上大学再复读岂不是让家里的负担更重了？是啊，当时全村人的生活都很困难，一家人吃饱饭都不容易，我们家也不例外。有一次，我发现母亲把我们兄妹三人吃完后剩在锅底的少许米饭和着一些蔬菜再加一些水吃下去，这就算母亲的一顿晚饭了。我看在眼里，思忖"母亲一定没有吃饱"。于是以后吃饭前，我一定会先看一下锅里有多少饭，估计一下每人大概有多少，心想自己少吃点，多留一点给大人。而父母则想我们留多少，他们就吃多少。当时哥哥已经去当兵了，作为家里的"长女"我应该为家里多考虑才是，可怎么才能为已经辛苦半辈子的父母亲减轻一些负担呢？此时，我做什么才能让他们展颜呢？最后我决定报考高中中专，第二志愿填报了严州师范。这一次报考高中中专的决定，让我明白了减轻家里负担是感恩的另一种表达形式。

这种感恩延续到我工作以后。当年我们读重高的一百人中，考取学校的占百分之八十左右，其他同学后来通过高复陆续也都考上了大学，只有一个同学落榜。后来得知他家庭非常艰苦，我便牵头约同学们一起来帮助他。我们每人三百五百地凑钱送给他，后来他用同学们的资助买了两头牛和一些鸡做养殖行业，渐渐地基本生活有了保障。等他的孩子渐渐长大，我们接着帮助他解决孩子的读书问题。他的孩子很争气，考进了淳安中学的宏志班，现在在宁波读大学。2011年不幸传来他生胃癌的消息，真是屋漏偏逢连夜雨，我赶紧联系杭州的同学，趁国庆假期为他送去了第一笔住院费。为了更好地帮助这位同学渡过难关，同学们很自觉地讨论起怎么帮助他，后来在农行的同学为他设了一个账户，我跟同学们一起往爱心账户存钱。500元，1000元，

10000元，很快就有了继续治疗的费用。

幸福是一种体验的愉悦感，我的成长就是一段自然状态下的体验史。在这段历史中，我感恩我的父母在我年幼的时候就播下了"感恩"的种子。

第二节　求学的印象

一、教育的启蒙

我的读书生涯是从听书开始的，我读二年级之前父亲在我们村上的小学当民办老师(师范毕业后响应党的号召下放到农村，后又成为民办教师)。记得每个春夏季节的晚上，我都是在听故事中度过的。那时每天吃过晚饭、洗好脸和脚后，我们兄妹三人就搬上长条凳、小板凳来到门口的泥地上，乖乖地围坐在一起听爸爸讲《水浒传》《红楼梦》《聊斋志异》等。听着故事，看着星空，我心中浮现出一幕幕自己理解中的故事的画面，很入神，就像自己亲身经历的一样。我一会儿变成豪气冲天的鲁智深，一会儿又成了悲悲戚戚的林黛玉。最刺激的当属听《聊斋》了，每次又想听下去，又不敢想下去，奇怪的是故事里的狐仙并没有让我觉得可憎。父亲讲故事从来不拿书，也从不讲道理、提问题，纯粹是讲故事。所以在大山的怀抱中听故事的我们，从来没有任何负担。现在回过头想一想，收获还是很大的。尽管当时是无意识的，但记忆深处厚积薄发的因素潜移默化地影响了我，所以后来生活中遇到的很多事情会让我不由地对接到某个故事的人或事上。

小学我是在周坑村的村小度过的。周坑小学是一个平房，房子很小且在半山腰，像个祠堂。打开大门，跨过木头门槛，进去只有一间房子，一块黑板，后面有一个黄泥操场(还是我们挖出来的)。20多个人，两个年级，一个老师。她先给一个年级上课，然后再给另一个年级上课，一节课循环两次。当老师给高年级上课时我就会安静地偷听，听着听着就入迷了，最后竟然听懂了。

我的小学老师是位民办代课教师，本村姑娘，名叫方雪英，初中毕业，贫农出身。她虽然边教边学，但很有责任心。当时一、二、三年级在山脚下的简易教室上课，四年级后就会到半山腰的"祠堂"里读。就这样，我在家门口读完了小学。那时候师资匮乏，像我父亲这样从正规学校毕业的人才更是稀缺。因此，我小学还没毕业时，父亲就被调去另外一个地方教初中了。

二、榜样的激励

读书生涯中让我改变最大的一件事是读初二时的一次学习报告。那天校长蒋光田把全校的学生集中到操场上开大会，他先讲读书的好处，然后请学习的榜样——一位姓应的高中女生上来介绍自己的学习方法和学习效果。当时我心里就想：原来女孩子中也有成绩这么好的，女孩子也能当着这么多人站到台上去讲话，女孩子也是能学好数理化的。因为平时常听大人们说女孩子大了就读不进书了，我总想自己也快要到这个年龄了。

榜样激励的力量是无穷的。

自从听了那位女生的报告之后，我开始对人们固有的"女孩子学不好数理化"的看法产生了怀疑。高一时，我开始重视数理化，后来考上重高，当时全县只招了100位重高生。我读了理科班，而且成绩一直优秀，还参加了杭州市数学、化学竞赛获奖！原来，改变就这么简单！

我就读的淳安中学坐落在一座小山顶上，高二一共三个班。勤学的同学在寝室熄灯后还要到操场的路灯下看书，看到他们这么努力，我想，要学习总会有办法的，客观困难总是可以克服的，我也应该加入到勤学的行列中。于是，我也成了一名"路灯族"。静谧的山村被夜幕笼罩，一方操场被四边几盏路灯点缀，每一盏都有数名怀揣着青春梦想的男生女生围靠、围站或围坐着，现在一想起这动人的情景，心头还是热乎乎的！

三、舅舅的指引

舅舅是我求学路上的一盏明灯。

舅舅比父亲小一岁，出生贫苦但勤勉聪慧的他大学毕业后留在上海工作，是一位出色的高中语文老师。他令我敬佩至极，从他身上我看到了理想的迷人光芒。中学阶段，是舅舅从上海不断寄来的各类书籍为我打开了追求理想的大门。从这些书籍中我如饥似渴地吸收着各种营养，看到了五彩斑斓的世界。高一时，舅舅寄来更多有关学科的课外练习书。有一次，舅舅寄来一本化学方面的书，我一边看一边想：怎么这么多的题目我都没见过呢？大城市的同学比我学得知识多多了，也深多了，我要努力啊。之后，我一下课就做自己的练习题，虽然不知道自己究竟做得怎样，但我越做越觉得知识是无穷尽的，知识的天地也变得越来越广阔。一次偶然的机会，化学老师让我参加化学竞赛，对象是高一高二的学生，竞赛不分高一高二内容。批完试卷后老师十分惊讶，他问我："你怎么会做高二的题目？我们还没有学过呢。这些知识都是谁教你的?"当我告诉他是做了舅舅寄来的课外练习书后,他表扬我说我的自学能力非常强。老师的表扬让我的学习自信心大大增强,后来的学习经历让我逐渐体会到自信心是实现理想必备的一个条件。试想,一个连自信都没有的人怎么会接纳新事物,怎么会有追求?何谈理想!后来上了严州师范以后,舅舅更是成了我的理想样本:我将来要做一个跟舅舅一样出色的老师!

庆幸的是,我的学习生涯中遇到过许多位恩师。徐伟员,我的高中数学老师,他上课音量不高,但思路非常清楚,一上课就不得不跟着他的思维走。有一次我们做了一张杭州市数学竞赛卷,只有四个人没有交白卷(我是其中之一)。老师在班上大力鼓励我们,因为按照学习的进度和水平是不可能做出这些题目的,老师的激励让我更喜欢数学了。周训亮(后来成为杭州市教育局副局长,现已退休),我的语文老师,毕业于黑龙江师范大学,第一次上他的课就为他标准的普通话所吸引,我从来没有听到过这么美妙的声音。有一次讲一篇短小的文言文,他范读之后让我们朗读。我记得很清楚,第一个就叫到了我,我读得很不顺,心里做好了被批评的准备。出乎意料的是他竟然说:"我原来以为有一个字你们会读不出,想不到你第一遍就读对了。"老师的表扬让我体面地坐下了。但我心中却有歉意,因为我并没有他说的那么好。但同时我对自己说:以后每一篇文章都要在课前读熟。

四、从教的选择

应该说,当年选择从教,是迫于无奈,因为我的第一志愿并不是严州师范。当拿到严州师范的通知书时,我的心情非常复杂,因为内心深处似乎还有别的期盼。母亲特地为我包的馄饨一个也没吃,父亲看出了我的心思,跟我聊了很多,我记得最清楚的就是他说:"你长大了,要为这个家庭承担一些应该担负的责任。"……父亲说当老师是受人尊敬的,时间越长越受人尊重,而且工作很稳定。16岁的我很懂事,也能理解家里的难处,于是愉快地上了师范学校。

工作以后我一直为自己高中中专的学历遗憾。参加工作后的一个周末,我在文昌镇上候车准备回家,突然听到车上有人叫我的名字,一看是一位重高的同学,她说今天她要去杭州读书。原来她高复了两年,这次考上了杭州大学。看着她兴高采烈的脸,我的心底却是一阵莫名的疼痛。于是,我开始看大量的中国历史、地理等知识,恶补文科。1982年,一次偶然的机会听到了自考的消息,我毫不犹豫地报考了汉语言文学专业。刻苦学习三年后,我在1985年10月完成全部学业,而且古代文学、古代汉语的考试分数位居淳安第一。在学历上我已是大专了，一种满足感和欣慰感油然而生。

1995年担任淳安实验小学校长之后，我又产生一种"江郎才尽"的感觉。书到用时方恨少，此时，我急需管理方面的知识。次年秋天我通过考试被浙江教育学院教育管理系本科班录取，总分排名全省第九。两年的学习让我对学校管理和教育本质的理解发生了质的变化。2001年，我参加了华东师范大学教育原理研究生课程的学习。2012年我又报名参加了浙江财政学院的高级智慧国学研究班。自从选择了教育工作，我从未间断过自我学习、自我教育。

第三节 从教的"第一次"

我的"桃花源"让我的童年幸福纯净无比，我的至亲一言一行中蕴藏的人生真理使我的中学时代延续着这种幸福，并且沉淀得越来越有质感。1981年走上教师岗位以后，我的潜意识中也希望我眼前的孩子也能享受跟我当年一样的幸福。从潜意识到有意为之，再到整体观照，"行—知—行—知"的幸福教育之路行走得充实而又坚实。在这从教的岁月里，留下许多让我难以忘怀的故事和记忆；在这路上有诸多的前辈和同人给我启示与鼓励！

一、第一位师傅

1981年7月份，从师范学校一毕业，作为优秀毕业生，我同其他两位同学就被分配到了淳安文昌镇中心小学。文昌镇中心小学是青溪区教育办公室的重点小学。当时我任教的是五年制的三年级语文、数学和历史。

于是，淳安县青溪乡文昌镇中心小学就成了我工作的第一个单位。虽然学校离家不远，但是交通不便，坐车或坐船要1个半小时。当时的学校不大，坐落在镇政府后面的山头上，经过一条长长的约200米的上坡后，眼前就出现一排二层平房，一览无余。时任校长鲁炉发是一位富有思想的领导，他经常跟全体老师说理想，谈愿景，讲目标。在教师会议上我们统一了认识：学校虽小，但定位是区重点小学，我们大家都要有高度的责任感和使命感。他总是自信地告诉大家，只要带着这样的认识认真对待每一堂课，对待每一项常规，对待每一位孩子，就会有意想不到的收获。确实，除却常规，学校的教育活动是每一位教师的创造性工作，鲁校长深知这一点，所以他对学校、对所有的老师都充满期待，对大家付出等距离的关爱。渐渐地，大家都明白了教育不是一个人的战斗，我们每一个人都要为并且能够为集体做贡献。作为校长，他总是引进一些资源和有影响力的活动，没条件就创造条件，把教师一个个推出去，扩大他们的眼界和认识，使他们将自己的优秀面展示出来。

因此，这所小小的学校到处充满生机。

在这里，我遇到了我教育生涯中的第一位师傅，也是最值得感恩的袁雪儿老师。她是这所学校中的一名非常优秀、家长非常尊敬、学生非常喜欢的老教师。我很幸运，一毕业便有了这么富有人格魅力、教学水平很高的老教师作为我的师傅。师傅待我就如亲女儿一般，非常关心我的生活和工作，从教学常规、做人、婚姻等很多方面给了我很多指导。我调到杭州之后，几次回到淳安去看望她，见她身体很好，儿孙满堂，正享受天伦之乐，我感到非常高兴。

师傅是什么样的呢？她很慈祥，长得也很和蔼可亲，对学生很耐心，语音语调很动听，她就是我学习的榜样。她对我很严格，每一堂课的备课本她都要仔细查看过，每一堂课我要口述一遍讲法，她签了字，我才能去上课。以前师傅带徒弟真的是手把手教，她会连续一到两周来听我讲课，对我的每一堂课都详细地讲解和点评。所以在她的带领下，我的成长特别快。尤其是在对待一个特殊的孩子上，师傅给了我很多启迪。

二、第一次家访

这名特殊的孩子名叫刘锰锭。这位孩子真的很特殊，自卑且有暴力倾向。人家想得到的坏事，他都做过；人家想不到的，他也做过。像这种把教室里的扫把放到教室门的上面，一推门要进去的时候，扫把当头掉你头上的事情时常发生，拳打脚踢更是家常便饭，刘锰锭却屡教不改。面对这样特殊的孩子，作为新教师的我束手无策。

于是发生了一件自当老师以来对孩子最不尊重的事，也是到目前为止我最为歉疚的一件事。刘锰锭住在学校最近的地方，却经常迟到，我也找他谈了很多次，却没有什么成效。这是作为老师最不能容忍也最不能理解的一件事情。有一次他又迟到了，早读课、第一节课都已经过去了，他依然没到。我在心里暗暗地下决心，你再不到我就不让你进教室了。师傅让我宽容宽容再宽容，我却想再这样下去会害了这个孩子。所以这次我下决心不让他进教室。

农村里的小学，教室门口就是操场，操场就是天底下了，没有走廊也没有过道。就这样他在教室门口站着，我在里面上课。不知何时外面下起了雨。这个孩子居然不走进来，一直在外面淋雨。当课上完，我发现这个孩子已经成了落汤的小鸡。但他居然还站在那里！这一幕至今历历在目。那一刻对我的心灵震撼是非常大的！我感叹老师的威严太大了！下雨了他也不挪一挪自己的位置？这威严是正确的还是不正确的？是要分场合还是要分人？是我做错了还是他做错了？该怎么办？是叫他进来还是不进来？我真的不知道自己是对的还是错了。也许当时我还是觉得自己是对的，谁叫他迟到呢？可我内心一片凌乱，于是便跑去向师傅求助。

我把自己的想法都告诉了师傅。师傅语重心长地说："不管他是经常迟到还是迟到了多长时间，也不管你教育了多少次仍知错不改，他站在雨中淋雨，你不把他叫进来，这肯定是你错了。他为什么不走进来？其实这是他对老师决定的尊重和执行，说明他心里面你这个老师是有分量和威严的。这样的孩子还是能教育好的。如果说他连这一点都没有，甚至跑来跑去，跑到外面去干坏事的话，那是真的没有办法了。至少他知道坚持站在这里，说明他知道自己错了，所以他执行了你对他的决定。"这一段话对我触动很大。师傅又说："你就到他家走一走，了解了解，反正他家这么近，说不定能发现一些问题。"

当年我就住在学校里，每天24小时在校，以校为家。我的课时量非常多，一周有24节课，平时根本没有时间，只能利用休息时间去家访。想着他家离学校这么近，于是趁着空我就去了。他的家庭条件在农村也不算很差，有一幢平房。刘锰锭是家里的小儿子，还有一个姐姐，家人比较宠他。这次家访让我觉得家访真的很重要，对于教育孩子来说这是一个重大的突破口。从他父母那儿，我得知这个孩子生下来以后得了一种怪病，全身看不见的皮肤就像蛇皮一样，怎么也治不好，有时还又痒又痛。他妈妈内疚地说："我们也很可怜他，到处求医，也花了不少积蓄，听说可以治好的，但一直没找到合适的医生。"

家家有本难念的经，一个孩子的教育问题一定有他内在的根源。原来这个孩子内心是那么痛苦，那么自卑，觉得老师、同学们会看不起他，才会自尊心特别强，做出一些违背常规、让教师不可思议的事情。此外，我觉得家访真的很有必要，因为它是零距离的，在一个比较宽松的家的环境里彼此敞开心扉，家长和孩子会把很多信息毫无顾忌地告诉你，你会获得很多有利于孩子成长的信息。

家访后的星期一早晨，我在校门口微笑着迎接他。因为内心愧疚，我想重新来关心、审视他，想看看家访后他会不会不迟到。我希望他能感觉到老师非常期待他来，非常希望他有新的改变。他果然没有迟到，没有辜负我的期待！

这事对我触动非常大。有时候学生和老师之间会有一种互相期待的心灵感应。我想这可能是教育他的开始，于是把他叫到办公室里来。办公室就在教室旁边，我吃饭、睡觉、办公所有一切都在这间不足8平方米的房间里。

我特意把他的袖子都提了起来，起初他本能地反抗拒绝着。我亲切地跟他说："让我看看是怎么回事？"所见确实如他母亲所言。我就用很朴实而又充满信心的语言跟他聊了一些关于这个疾病的卫生问题、治疗的复杂性和长期性。让他觉得这个毛病确实是没有传染性的，不会传染到任何同学和老师，老师和同学们也不会因此而远离他。我就提议："干脆让同学们了解你的情况，这样不用躲躲闪闪。不说反而让同学觉得有传染性，而远离你。远离你，你又要去挑逗他们，让他们来关注你。我想这样既不利于同学间的团结友爱，也不利于你和同学们的交往。""我会利用班队课的形式，以一种自然的方式，讲给同学们听，或者你自己来讲也可以。当然，我要征得你的同意才能这么做。如果你不同意，我也不敢讲，也不能讲。你自己决定后告诉我。"后来他同意了。其实大家知道了以后，反而更爱护他了。

班队课上，我们围绕着一个主题，聊自己的身体，以及同学间应该怎么关爱等。这是一个比较好的契机，而且很奏效。师傅也指出，这种做法也不是一劳永逸的，开个班队课不可能把所有问题都解决的。他可能一时觉得这样讲后，同学和他自己对这病没有了戒备。但我们还是要理解，毕竟疾病生在他身上那么久，他已经有了条件反射。因为这个病而自卑，而产生对抗情绪。后来我不断地去关注他、消除他的顾虑，同时帮助他找了一些民间的和政府的医院、医生为他治疗。我教了他三年，虽然病仍旧没治好，但是他的整个生活、学习、交往状态越来越积极向上。

这是一个比较典型也比较成功的教育案例。三十年过去了，他与我的联系从未间断过。他会时不时地给我打个电话向我问个好，找对象了，生孩子了，搬家了都会跟我做个汇报，我们几乎成为了忘年交。其实这种情况的孩子在我们身边还是蛮多的。有时候要解开这个谜，说难也不难，不难也难，首先需要全方位地去关注他。

老师的成长感幸福感就在这里。大部分优秀的孩子都不是你教育出来的，是家长重视教育、配合学校，孩子努力的结果。如果老师面对特殊的教育对象，有陪着他一起成长的愿望与过程，就有一种成长感幸福感，我就有这种深刻的体会。

三、第一次击鼓传花

当年的教师，每时每刻与孩子们都是打成一片的，我印象最深的是跟孩子们一起做游戏。

记得那时候和孩子们做游戏是件很自然、很正常的事情。一下课就一起踢毽子、跳房子、拍皮球、击鼓传花……印象最深的是一次有意义的击鼓传花游戏。这个游戏可以融语文、数学等各科知识为一体。如围绕着某一个主题击鼓传花，花传到谁那里，谁就说一个成语，或是背一篇课文，抑或是唱一首歌，讲一个故事……现在看来这是完全综合的教育载体。

孩子们的兴致、热情都很高。他们的敏感度、接纳度也表现得淋漓尽致。当孩子们围成一圈做游戏的时候，我就在一边观察。喜欢被传到的人，会让这朵花在他手上多逗留几下，因为他想表现；不喜欢被传到的人，就会赶紧把花传出去，这样的孩子喜欢看别人展示，听别人唱歌，欣赏别人朗诵，他更多地希望从别人那里获得一些信息。这样的游戏可以观察孩子们的心理状态，也是把握孩子的教育契机。

击鼓传花游戏，需要组织前进行动员和指导，组织中激发他们的兴致，组织后进行及时的总结、评定。以此为内容，孩子们写出来的作文有血有肉，充满真情实意，他们观察到的远远比你想到的多得多。这个活动让我觉得孩子们必须深入到生活中去，让生活来支撑他们的学习，这样才能让学习更丰富，才能让他们有内容来表达自己的真情实感。这对我后来从事的语文教学和校长工作，有了更多启发。

每位参与进来的孩子收获都是不同的。孩子的收获有时候是在游戏中得到的，因为这是孩子们成长过程中的体验与感悟。击鼓传花活动让我懂得了教育生活化，教育的土壤让我们的生活和学习更丰富、更持久。

我把这批孩子从三年级一直带到了毕业，整整带了三年。当时学校一般不让年轻老师带毕业班，可因为我带的班基础比较好，校长就说："你继续带吧。我看你行！"就这样我把他们带到毕业，我人生的第一届毕业生。让我欣慰的是，毕业时这些孩子考上重点初中的比例在整个青溪区中最高，成为整个青溪区那么多小学中的第一名！这给我很大的成就感。当这一届学生成人成才之后，从全国各地、世界各国来电来信向我问候的时候，我有一种桃李满天下的教师职业幸福感。

四、第一次公开课

我第一次上大型的公开课就是市级的。1983年10月，校长鲁炉发引进一个大型的杭州市教研活动，主题是"略读教学的课堂研究"，有来自杭州地区的教研员以及骨干教师大约100余人参加。鲁校长毫不犹豫地把开课任务交给了我。我讲的是五年制的五年级略读课文《一幅壮景》。课文很长，故事情节比较复杂，中心思想比较明晰，但是教学时间只有一个课时。

从接到任务的时候开始，我就感到了压力，担心自己讲不好，无法向学校交代。学校好不容易引进一个市级教研活动，一定要成功。面对这样的压力，我开始思考：这么长一篇文章，要在一个课时内完成教学任务，如何才能将文章的脉络、教学的思路、学生的学路有机地结合起来，很好地把握这篇略读文章的精髓，引领孩子理解到位？我开始独立钻研教材，反复阅读文本，理清文章脉络，然后根据文章的脉络设计教学思路，在考虑教学思路的同时，渗透并让学生感悟略读长篇文章的阅读方法。

教学设计方案一旦确定，我就详细地在语文组谈了自己的教学设想，校长鲁炉发也参与其中。听了我的教学设想，校长很是赞赏，鼓励我大胆尝试，于是我信心百倍地投入到了详细的备课之中。

两天之后，我想试教一遍，看一下效果，但是平行班只有一个班级，无法试教，所以全校教师只好坐在一起，听我说课。但是试教效果并不理想，我紧张得语无伦次，那些美好的设计都没有实现。

学校领导和全校老师没有气馁，他们想方设法帮我分析，从教学理念到教学设计，从文本解读到问题设计，从教学环节到目标落实，从文本中心到板书设计，一次次地研讨，一次次地说课，一次次地"试教"……他们的重视与指导，给予我莫大的帮助。有时候为了完善一个环节，全语文组老师加班加点，群策群力。我深深到感觉到这不是我一个人的公开课，而是全体老师的公开课；这不是我一个人在战斗，而是全校老师在并肩作战。教研活动如期举行，意想不到的高度评价，让我们雀跃，让我们欢呼！我第一次尝到了"我们创造，我们幸福！"的内心体验。

五、第一次下乡指导

第一届学生毕业后我就被调到了区教办当语文教研员。也就是说，工作三年后我就当了教研员。1984年8月，我正式被调到青溪区教育办公室当语文教研员。这是一个全新的角色，全新的挑战！毕竟我只有三年的教龄。虽然当时是五年制，只有一、二年级的教材我不了解，但是我还是心里不踏实。于是我开始大量地阅读教材，查阅和语文有关的教学参考资料。挑战，其实是提升自我的重要方式。我要面对的是全区那么多语文教师，特别是有经验的语文骨干教师。我需要组织教研活动，点评、指导、引领全区的示范课，甚至还要面对那些杭州市下乡来指导的教研员，所以我必须不断学习，充实自己。

第一次下乡指导让我印象深刻！当时还有一个数学教研员，名叫江来洪，他是一名老教师。作为仅有的两个教研员，我们一起下乡去指导。第一次下乡指导，要把每个乡镇中心小学都跑到，此外，定点乡镇的每个完全小学也要全跑到。

后来有一次下乡调研，我只身一人来到了汪宅乡。这里有十几所小学，分布在方圆几十公里的山村。淳安是山区，每到一所小学都得爬上山、爬下山，我跟着中心小学的校长跑遍了整个乡镇大大小小十多所学校，给我的触动很大！乡下小学的条件远远不及当时我所在的区重点小学。老师的工作环境、工作条件令人咂舌：一所学校只有一名老师，甚至一个班级是两个年级、三个年级、甚至四个年级的混合。

当时教学采取的是复式教学法。什么是复式教学法？所谓复式教学法，就是几个年级混合编班，在一起学习。一节课 40 分钟，教师来回循环给每个年级上课，如此循环，学生完全是混合的自主的学习。我自己也是复式教学出来的学生，因此感触很大。复式班的学生非常自觉，安静，因为他们知道不能相互影响，我当时就知道不能影响哥哥姐姐们上课。所以现在我一直提倡合作学习、自主学习。因为自主学习确实能提升孩子的学习能力！

下乡后见到乡村教师们的工作状态，我由衷地佩服乡村教师，他们真的很了不起！他们也要抓教学质量，也要面对孩子解决各种教育问题。他们的学生也要参加全县统一考试，他们真的比我们城里的老师都能干！

经历多了，看得多了，感动和满足也就多了。乡村教师坚守在这样边远的地区，培养着一批又一批的孩子。清贫、寂寞一直伴随着他们。乡村教师把全部的爱、全部的精力放在了孩子们的身上。现在教育部在宣传最美乡村教师，真的要让大家知道这些乡村教师的无私奉献以及他们对教育事业的忠诚。这些乡村教师真的值得我们去尊重，值得我们去赞美！

这种经历对我来说是一种震撼、一种感动、同时也是一种历练。所以我特别理解流动人口子女在城里读书的感受。为什么后来我当校长时能将流动人口子女学校办得这样有品质，是因为我打心眼里从来没有觉得流动人口子女学校就可以放松管理、降低要求。我有时候这么想：我本人也是流动人口，也是从农村走出来的。我们从农村里走到城市，最大的愿望就是想接受最优质的教育，这些可能跟我当年的经历都是有关系的。

在区教办当教研员的两年，我最大的成长是看到了由点到面的教育状态和淳安县整个教育的面貌。以前只是带一个班，研究的是自己的一个小学科、小班级、小天地。到了教办，担任教研员之后面对的是整个地域的教育以及全方位覆盖的农村教育。这段经历让我对教育事业的认识和理解更深更透了。

六、第一篇获奖论文

1986 年 8 月，因为家庭的关系，我被调到淳安县实验小学。到了实验小学，我的角色重新转换为语文老师、班主任。很快，我的敬业精神、对学生负责的态度和学科质量的遥遥领先就引起了领导的注意。后来学校缺少数学老师，领导就来问我："你教数学行不行?"因为我本来就读理科的，而且很喜欢数学，化学也读得很好，所以我就爽快地答应了。之后我就开始担任两个班的数学老师兼班主任，从此与数学教育结下了不解之缘。

两个班从二年级开始由我接手，一直带到六年级。由于我独特的教育方法和教学方式，两个班的成绩一路遥遥领先。学生对我的满意度很高，也很喜欢我，"实验小学胡老师"也逐渐被大部分淳安实验小学的家长认识与欣赏。那时，我已经成为了数学教研组长。当时我就觉得：数学课难道只是教点数学知识吗? 数学教育当中有没有人格教育? 能不能渗透一些思想品德教育? 从语文老师转行到数学老师的过程中，我就在思考：语文承载着工具性和人文性，数学也应该有人文性，也应该为促进孩子的成长承载教育使命。那该怎样在数学学科教育中渗透思想品德教育的因素呢? 我很庆幸自己有既教过语文又教过数学的经历。备课、上课的过程中，我积极挖掘数学教材中思想品德的因素，并将其转化为数学的因素来教育好孩子。所以我做的不仅仅是数学教学，而是数学教育。我也经常跟数学组的老师提"数学教育"这个概念，它的涵盖面是很大的。

我把想法转换为实践，在数学教学过程中，积累了一些案例和想法，然后试着写了一篇论文——《数学课堂中渗透思想品德教育的实践和研究》，交给了校长指导。当时的校长觉得这篇文章很有新意，实践性强，又有很多成功的实例。他说这篇文章可能会获奖，便交到淳安县教育学会进行评比，果然获得了淳安县一等奖第一名。更感动的是，在召开论文颁奖会议的时候，教委副主任徐汉云老师，特意用较长时间对这篇论文进行了点评，正是这种被欣赏和被肯定的动力更加让我坚信：教育是摆在第一位的，教师承载着育人的功能，任何学科都承载着育人的功能。

这便是我教育人生中的第一次获奖。那种成长后的幸福感，由内而外，不言而喻，因为这是我实实在在的实践和思想的成果。我带的两个班的孩子都很喜欢我，也跟我很密切，回家后总对家长说"我们胡老师怎么样""我们胡老师说的"，也许这就是教师的人格魅力。

第一次论文获奖，给了我巨大的教育动力，只要努力去思考、去实践、去积累、去梳理，就一定会有收获，有成果。更重要的是，从中孩子们也会有所收获，教育也会有所收获。后来我开始做"课堂教学中有效问题设计的实践与思考"等研究，都获得了一、二等奖。我慢慢觉得，研究就来自身边，它也会让自己轻松起来，智慧起来。这个班我带到六年级后，学生们良好的学习习惯已经自然养成了。也因为如此，学校把我从普通老师直接提到了教导主任岗位。

七、第一次当教导主任

1991年夏天，书记凌一萍约我谈话，当时的情景还历历在目。暑假学校组织教师去黄山度假，在黄山山顶的旅馆里，凌书记把我叫到她房间对我说："你很优秀，也很努力，学校研究决定任命你为教导主任。"

"让我当教导主任？"我感到很惊讶。

她听得出来我不是推辞，而是觉得自己还没有这样的能力，没有这样的经验。我说："不是有很合适的人选吗？郑老师很优秀啊！最合适不过了。而且我真不知道教导主任怎么当，也没关注过怎么当。"

她说："我们就看中你这点。"

"为什么？"我再一次惊讶。

"你做每件事，从来没有功利性和目的性，你平时流露出来的责任心、对学生的热爱，对教学业务的钻研，以及公开课的优秀表现，都是出于你发自内心对这份职业的喜欢，对学生的喜爱，对家长的责任。你也没有想过要得到什么，或冲着什么目的，做给别人看的。我们看中的就是你的那种纯真。"

从她的话中我听出了前辈对年轻人真真切切的关爱，于是我告诉自己：我要将她对我的这份信任转化为实干，只有做好这份工作，才对得起这份信任。就这样，跳过副教导主任，我直接做了教导主任。

暑假，我开始寻求大量资料，找各种书籍，希望从书中找到答案。教导主任应该做什么？教导主任的职责是什么？书店里有没有这方面的书？带着这些疑问，我翻遍了书店，但书店里确实没有。我就问书记："教导主任到底要怎么当？"她给我一张《教导主任的职责》：严格执行教育政策、教育方针、严格执行教学计划等，非常笼统。我看了之后，还是不知道教导主任到底要做哪些事，做到什么程度。

我想作为教导主任，至少该去摸索对课堂的把握和教材的驾驭吧？于是我看了些书，做了些记录。开学第一次教师会，教导主任要布置教学工作。我做了充分的准备，会上教师们听得鸦雀无声，我不知道他们是赞成还是反对，但从脸部表情以及微微点头的肢体语言来看他们是赞同和欣赏的。当时我也顾不及那么多，只是全身心地投入进去，争取把每一件事都说到点子上去。自己怎么想的，大概要做哪些事情，为什么要做这些事情，分哪几步来做，我把教导处计划解读得十分清楚。

会议结束后，凌一萍书记一脸惊讶地说："想不到你讲得那么专业，而且讲的全是教导主任的行话。""是吗？谢谢！"我谦虚地说。

八、第一次评课

千岛湖镇上五所学校联合组织了一次教研活动，当时我已是实验小学的教导主任，是参加活动的对象，也是点评的代表之一。我认为自己最大的特点就是好学，虽然当时我改教数学没几年，但我大量地阅读数学教学方面的书籍。到底数学课堂是怎样的？我自己应该怎么来上？作为教导主任的我该怎么指导别人来上课？在那次大型的教研会上，针对这些问题，我忍不住很直接地表达了自己的观点和想法。没想到的是，我的这些做法改变了当时的教研点评风格，产生了划时代的意义！

那次有两堂数学课，上完以后，我想作为实验小学的教导主任，我理应点评。所以我就稍微梳理了一下，第一个站起来点评。我这人敢说，也能说到点子上。我说的是关于课堂教学的效率问题，即老师的提问和作业的设计，而且提出了问题所对应的相应措施。比如针对不那么科学合理的作业，我点评时会附上相应的作业设计。不是泛泛而谈，而是实实在在的点评。我的点评虽然很犀利，听的人可能接受不了，但是却得到了教育局吴建淳科长的欣赏与肯定。他着重强调了以后千岛湖镇上开教研活动必须保持和发扬这样的点评风格，因为这才是最有效的教研会。这次点评让千岛湖镇上的教研活动有了重大突破，也改变了教研点评的风格。从今以后，他们觉得听课点评就应该有浓厚的学术氛围，这毕竟是我们内部开诚布公、真心实意的教研活动，目的是提高课堂的实效性，让教师更快地成长，所以不必太客气、太中庸。

当时由于评课太投入，我忽视了别人的感觉。事后，我也反思自己是不是太犀利太锋芒了。尽管得到了教育局科长的肯定，但私下里我还是找了这两位上课老师来沟通。其中一位是我所在的学校的，另一位是镇三小的。我重点与镇三小的老师进行了沟通。她说："我真的没听过这样雷雨般的点评！虽然当时受不了，但事后想想真的收获颇多。"后来那位老师也成了优秀教师，遇见我还说起评课之事。

这次活动让我觉得真心实意地对待一位老师并没有错，但老师需要一个消化、理解、接受的过程。纵然自己有很多观点，纵然自己的观点也许是非常正确的，但也要注意说话的对象和场合，给双方一些交流的时机，给对方一些消化的时间。

第四节　管理之路的探索

我对学校的管理也是在没有任何想准备情况下开始的。现在回想起来，那真是一段奋斗史。正是这段奋斗史，让我明白了奋斗与挑战是什么，奋斗与挑战会带来什么。它给我带来了对人生幸福的感悟：幸福不是从天上落下来的，而是奋斗来的。因为害怕失败，而拒绝奋斗与挑战，就从根本上拒绝了幸福。那一年，我被迫走上了学校的管理岗位，从此走上了学校管理的探索之路。

一、合二为一

1995年淳安县实验小学正处在一个更替的关键时期。前任校长因工作需要被调走，临时让我主持工作。此时，正好又是教师福利房分配的时候，房子少，有需求的老师多。在这样的矛盾冲突下由我接手学校的管理，我真是茫然无措！尽管我此前是副校长兼教导主任，但分管的是教育教学工作，其他事情从未涉及过，所以根本不知道是怎么一回事。当所有的担子突然压在我身上时，我真的不知道该怎么办。

当时福利房还没建好。我在想，房子怎么继续建下去？建好了该怎么分？怎样分才能让所有教师满意呢？面对这样的事情，我做了一个重大的决定，现在想来当时的决定还是比较智慧的。我把实验小学的两位老同志（一位是书记，一位是工会主席）的办公室和校长室进行了合并。原来书记和工会主席以及校长办公室是分设的，我作为副校长兼教导主任在另一个办公室。

我想如果老同志和校长间互相信任、沟通良好的话，工作是没有问题的。当时因为他们之间有一些误解，相互之间缺乏信任，中间产生了一些矛盾，所以原任校长就无缘无故被调走了。当时我想的是：首先，老同志我要尊重；其次，老同志的建议我要虚心采纳；最后，他们头脑里想的、嘴巴里说的我也要听得到。所以我就有了将办公室合二为一的想法：我把两位老同志请进了校长办公室。从此，我们在工作上相互提醒、相互关心、相互监督，也相互肯定、相互欣赏。

与老同志和睦共处、共谋学校发展的这段经历让我成长很多。因为这段历练、成长和考验十分严峻。我所有的话都是在这两位老同志的关怀、指导和监督下说的。而他们和老师们的沟通也是在我的视线中进行的。这样相互间也会约束，相互间也会信任，相互间的沟通也会快捷。我抱着这样的理念：我所做的事情都必须对这所学校和师生发展有利，既然如此，就没必要遮遮掩掩，就公开嘛，你看得见，我看得见。如果此事是有利于推动学校事业发展的，我就把这事摊到桌面上和大家一起商量。如果反对，那么请老同志提出更好的建议。

我经常说："心底无私天地宽""敞开心扉给人看，一片冰心在玉壶"。虽然前任校长已经被调走，但实验小学总要发展，这里的孩子总要成长，必须要有个领头的人在这里引领。既然教育局信任我，让我主持工作，我自己首先要把整颗心剖开来给大家看，我没有任何私心，只有一个原则，所以我不怕你们的监督，而且希望老同志监督。在同一个办公室工作，我每时每刻说什么、做什么，比如找老师谈话、打电话汇报工作……所有的一切是为学校还是为个人，老同志都听得见、看得见，明明白白。

我诚心诚意地请老同志过来，起初他们不同意："我们两个老同志，旁边办公室坐坐就可以了。"我诚恳地说："王书记，方老师！我确实年轻，更没有经验，你们有丰富的管理经验。想把学校办好，肯定是你们退休前的愿望之一。如果前任校长离任是因为他工作没有做到位，你们给予的建议他没有采纳。那现在我怎么办？老师们怎么办？这所学校怎么办？你们肯定是希望这所学校越办越好。我们大家都不是为了自己，而是为了这所学校的健康发展。"

这个决定对我人生起了巨大的约束和考验。我必须一心为公，这个词真的不是喊口号，毕竟实验小学需要发展。我便对这两位老同志立下誓言："如果你们跟我一样希望这所学校办好，请你们相信我。我肯定不会乱用学校一分钱。如果我乱用学校一分钱，我整个人就不值一分钱了。分房子的话，我自己不要（当时我是无房户，寄住在公婆家里，也是有理由分房的），完全用公平、公正、公开的原则进行。"就这样，书记、工会主席和我待在了同一个办公室，并肩战斗。现在想来高尚的品质不是天生的，是靠后天修炼而成的。既然有了承诺，我就应该去遵守。因为他们时刻在监督我，时刻在关注我。

在这样的环境中，我一方面提醒自己要兑现承诺；另一方面，要提高老师们的精神状态和战斗士气。面对老同志，我想最重要的是尊重他们，只有这样他们才会信任你、支持你。

最棘手的福利分房最终方案由工会委员充分酝酿制定。框架定好，细则出台，上下讨论几遍之后，按分数分配，该是谁的就是谁的。就这样，总算在这一年的寒假里，将房子分下去了，也没有告状的现象，大家相安无事。

二、课改实验

因为顺利地将分房子的事情解决了，教育局就正式任命我为校长。我就开始思考：淳安县实验小学，这所学校的性质和定位是什么？既然任命我为校长，只要不犯错误，三年五年任期是很正常的事情。想把这所学校带到哪里去？想做些什么事情？这是我思考最多的，也是和老师们探讨最多的话题。当时每个县就一所实验小学，并且实验学校有一定的自主权，可以自己搞实验。所以正式担任实验小学校长后，我就开始思考课改实验。在这六年多时间里，我们所做的一些大事，使实验小学迈上了跨越式发展的道路。

实验一：直呼音节

我大胆地从黑龙江引进了"直呼音节，提前阅读"的教学实验，其间还不断派老师出去学习。"直呼音节"就是看到一个音节不经过拼读，而直接呼出音节的方法。孩子一旦掌握了直呼的技能，就能借助拼音，提前进入大量阅读的阶段，可以为孩子们积累语言、发展思维打下良好的基础。同时，使用直呼音节法能减少拼读时间，提高阅读纯拼音读物或注音读物的速度，为孩子大量阅读提供有利条件。

一年级时学生的学习量很大，有四百多个音节需要识记。"ba pa ma fa, da ta na la ……"这些都是直呼，而非拼读。到了后期，学生就能大量地阅读，一目二行，一行拼音，一行汉字，阅读的速度跟成人速度是一样的。到了三年级，实验班的成效就出来了，在县里各种抽测中，语文水平远远高出其他平行班，并且包揽了当时所有的阅读竞赛奖项。

这个实验振奋了实验小学的老师们，他们对办好这所学校重新拾起了信心。因为是实验，必定会打开大门，有请进来，也有走出去。由此学校便不是一潭死水，而成为了一潭活水！实验班的老师们也成为淳安县优秀老师、杭州市教坛新秀。

实验二：珠心算

珠心算是浙江省在全省范围内推广的一个实验，也是浙江省当时在国内比较有名的一个实验。珠心算需要学生有一定的心理基础，在头脑里打算盘。学生记忆的宽度和容量的确被培养起来了。珠心算实验班里的孩子的记忆宽度和容量要比一般同学要宽得多、多得多，尤其对于初中和高中的英语学习有很大的帮助。我们还跟踪了一对曾获得过省里的珠心算比赛一、二等奖的双胞胎，他们的学习成绩一直遥遥领先。他们曾告诉我："英语单词就像一把算盘，记忆起来特别简单。"这是珠心算的一个好处。

珠心算实验取得了相当大的成功。杭州市珠心算研讨会、浙江省珠心算研讨会均放到了淳安县实验小学召开。所有的竞赛获奖我们包揽了，我成为了浙江省珠心算优秀校长。1997 年 7 月 11 日，浙江省教育厅、省珠心算协会派我到西安，为西安珠心算骨干教师队伍做一星期的培训讲座。这是我的第一次外出讲座。这一星期的讲座内容，我得根据自己学校的实验，老师们的实践，还有我自己的认识和体会全部整理好。西安珠心算协会为此还写了一篇题为《浙江珠心算飘香西安》的报道。

实验三：写字教学

写字教学实验是中央教科所立项的《小学高段学生练写硬笔行书的实践研

究》课题。如今在育才工作、写得一手好字的金苇老师就是实验的受益者。当时做这个实验是因为高段的学生写字速度太慢且没有规范。如果我们给孩子们一些基本的规范，让孩子们有规律地写行书，既加快了写字速度，又增强了美观性。我一直认为小学生写一手好字也是一项基本素质。有了这样的想法，我开始寻找这方面的讯息，联系这方面的人物，取得理论上的支持。后来，在浙江教育学院教育管理系汪潮教授的引荐下，与中央教科所进行了对接，一直合作了八年。八年行书教学的实践研究，获得了很多科研成果。最后课题成果分不同阶段三次获得了中央教科所论文一等奖，浙江省基础教育科研成果二等奖。获奖是次要的，重要的是让我这个校长懂得了，做任何事情贵在坚持。教育更甚！坚持才能有所收获。坚持让实验小学的孩子们终身受益，写得一手好字！最后我们将八年的实验成果编成了高段行书教材和教学计划。

这是我在淳安实验小学担任校长期间关于课改的思考和实践。我为孩子们带来什么？为这所学校带来什么？这些都与我现在在育才所做的教育教学实践遥相呼应。如"直呼音节，提前阅读"和育才现在在做的"儿童阅读、经典诵读"的内涵是一致的。

这三个实验一做，整个学校就活了，老师们感到了一种前所未有的学术氛围，每天都有一种期盼，一种期望。我把所有老师的心思都引导到工作上，课堂上，研究孩子、研究教材上，注意力转换了，大家也就无暇去制造矛盾，制造是非了。自然而然，大家就和睦起来；不知不觉，我们的成绩就成为全县第一，遥遥领先；不知不觉，整个淳安县都觉得实验小学是示范。如今我能够在育才当校长，在浙江省、在全国有一定的知名度，跟我当年在淳安县实验小学的学校管理经历是分不开的。

三、文明学校

在淳安实验小学工作期间，还有一件大事，一件淳安县教育史上的大事，我不得不回忆，那就是创建浙江省文明学校。创建文明学校让实验小学列入了省名校行列，也让我站在了更高的层面思考学校发展。浙江省文明学校，往往是青睐重点高中的。此时正逢实验小学蓬勃发展、积极向上的时候，再加上我积极争取，所以教育局同意实验小学申报浙江省文明学校。学生的文明程度、和谐度、知名度、发展状态等软性条件已达到标准，但学生的活动面积、校舍面积等硬件条件却不符合。淳安县教育局觉得创建浙江省文明学校，最大的问题便是征地。其实这不属于校长分内的事情。不具备条件应该由政府创建条件，划一块地。而政府并不这么想，他们想着给你这么个目标，那要看你愿不愿意去创建条件达到目标。面对硬件条件达不到而要去创建浙江省文明学校的问题，我该怎么办？

淳安县有两个池塘，俗称龙眼，说是风水宝地。其中一颗龙眼就在学校南边。创建省文明学校，学生人均活动面积必须达标，我只能瞄准这颗龙眼。虽说是龙眼，其实就是两个臭水塘。我跑去跟教育局领导们说明了我的想法。他们说，"你想都不要想，这是不可能的事情。征地本来就很困难，你征的地还是风水宝地。"我就不放弃，询问道"困难在哪？关键人物是谁？"他们告诉我是县委书记翁立章，如果他不同意，你想也不用想了。

我找到时任县委办公室主任，即学校家委会主任王晓白，问他："我要征得这块地的途径是什么？"

他告诉我了一个方法，"人大代表提案"。这给了我一个新的思路。

"人大代表又怎么去找呢？"

"最好你们学校可以推荐一个。"

"无缘无故怎么可能推荐人大代表呢？你们该有指标吧？"

……

我想，一定得争取教育局给实验小学一个推荐人大代表的名额，此事才有可能开始。通过沟通，果然争取到了一个指标，由实验小学推荐一位女性人大代表。我们推荐了一名人品好，水平高，希望把学校办好的群众代表。我就去找她："这不是为了个人，而是为了学校。"她很乐意。我告诉她："你就为学校做一件事情，并且必须马上要做的，就是征地！理由是评浙江省文明学校，为了这所学校的进一步发展。"县委书记最后被我们感动，同意把池塘一角填为平地，作为学生的活动场所。

征地的事，让我明白了怎么跟政府打交道。起初我也不知道怎么去做这样的事情，可这事情居然成功了，实验小学达到了浙江省文明学校学生平均活动场地的标准，最后顺利通过浙江省文明学校的考核验收。当时来验收的考核组，听了我的汇报，包括征地的故事很是感动。

创建浙江省文明学校最终是为了教育事业的发展。有了浙江省文明学校的定位，整个学校的档次就提升了。在实验小学工作的老师们也更自信了，都觉得从实验小学出来有一种自豪感、成就感，社会的认可度也越来越高，孩子们认为能来实验小学上学是一件光荣的事情。

征地的故事是我在校长的成长过程中全新的体验。学校，也是一个社会组织，在社会体系当中，跟街道、政府有着千丝万缕的联系，如果这种联系是和谐的，那么将推动整个学校的发展。这件事情一直让我回味无穷，同时也受益匪浅。2009年育才接管新校区需要投入大量经费，经费从哪里来？我第一个想到的不是伸手向教育局讨，而是到街道去传播我的教育思想、教育理念，让街道的领导明白引进育才优质教育，是为当地老百姓提供多样化的优质教育选择，是一件双赢的大事。最后，把教育发展放在战略地位的文新街道党委书记邵国健同志居然决定投入 400 万元用于育才的新校园文化建设。

四、业余学校

有关提升学校品牌的事情有计划地进行着，我又迫不及待地思考，怎样让孩子的综合素质得到进一步的提升。文明学校也创建了，各种教学实验也做了，怎样才能让孩子们在各种各样活动中，展示自己的个性特长，提升自己的综合素质呢？

睦剧是淳安文化融合外地文化的特产，是全国 315 个地方剧种之一，唯淳安独有，是中国剧种里必须保留的一个小剧种。这个小剧种面临着失传、缺少继承载体和人员的危险。我就在想，既然剧种需要保护，我们淳安的孩子，实验小学的孩子，能不能唱睦剧，表演睦剧呢？他们会不会起到传承作用呢？这个事情怎么来做？通过什么渠道来做呢？怎样才能把孩子们多才多艺的潜质挖掘出来呢？

思考的人，往往会发现并捕捉到很多对教育发展、对孩子成长有用的信息。

有一次开会，我碰到了淳安县宣传部的徐平部长，会议主题已经忘却了。但为了学校、为了孩子们，我的胆子就变得很大。我就跑去问宣传部长："部长，听说你想把睦剧传承下去。我有个想法，能不能在我们学校挂一个'淳安县睦剧业余学校'的牌子。你们派一些老师来学校指导，我们提供学生资源，利用业余时间，排演睦剧剧目，以此传承淳安睦剧文化。"部长当时就拍板："你这个点子真好！我正愁这事该怎么做！你主动想做，太好了！"很快，业余学校便成立起来了，部长派人请来了感兴趣的文艺骨干指导学校，还给了学校一些经费。学校轰轰烈烈地举行了挂牌仪式，部长亲自到场揭牌。

睦剧学校一旦成立，排练睦剧曲目就有计划地开始进行了。淳安县每年的春节联欢晚会，实验小学必有节目。在全县电视直播面前展示才艺，是一件多么幸福的事，孩子们的自豪感和成长感又一次得到升华。

五、与鞠萍合影

我的学生们因为学习了睦剧，而显得多才多艺。1998 年元旦，全国"十佳金嗓子"主持人颁奖仪式在千岛湖假日酒店举行。我记得鞠萍姐姐、刘忠虎是

"十佳金嗓子"主持人获奖者。淳安实验小学的孩子们在颁奖仪式上与鞠萍姐姐一起表演了睦剧《喜游千岛湖》，博得现场观众的阵阵掌声。表演结束后，她走过来非常亲切地与孩子们一起聊天，孩子们兴奋地围坐在鞠萍姐姐身边，问这问那，这一刻，我和孩子们沉浸在幸福之中，刘忠虎拿起自己的相机"咔咔"几下，把我们与鞠萍姐姐的合影永远定格在相片中，她灿烂的笑容一直留在孩子们心中。之后，每每在电视屏幕上见到鞠萍姐姐，都有一种慕名的激动与幸福，这一张照片，我们一直珍藏着。

这件事情做成之后，大家都觉得我这个校长不光在课堂上抓教学，还为淳安睦剧文化的传承作出了自己的贡献，并且通过这个载体，发展了孩子们戏剧方面的艺术潜质。

有了睦剧业余学校的载体，我们又成立了各种兴趣小组。这是实验小学有史以来规模最大、兴趣小组最多、参与面最广的一次发展学生多元智能的活动，我是淳安县城第一个"砍掉周六上课、组建兴趣小组"的校长。以往周六上午学校都是用来上课的，现在我却用全部时间来开展兴趣小组。家长怀疑："星期六不上课，到时候学生考试能行吗？"我的想法却是："课堂 40 分钟，效率高的话，足够了。其他时间就是要让孩子做自己喜欢做的事情。参与兴趣活动，挖掘学生潜能，同样能提高教学质量，提高综合素质。"

我确定了方向，让教导主任去制订方案，全员参与。当时就组建了五六十个兴趣小组，我们聘请了社会上的老师，再借助睦剧业余学校的老师，足以支撑起兴趣小组辅导老师所需。当时的老师都是免费聘请的，这才是真正的义务教育啊！

如此，家长的满意度更高了，孩子们更喜欢学校了，因为他们参与的都是自己喜欢的兴趣小组，是自己喜欢的业余爱好，这能让他们健康成长、自我愉悦。不知不觉淳安县所有的艺术节、科技节、体育运动会等比赛项目，都成了实验小学的天下，这就是孩子们成长的回报！

六、筹款建楼

组建兴趣小组，需要大量的教室来支撑，这时学校出现了教室不够的情况。我就提出来建房子。现在学校建房子都是由教育局规划好，经费到位；以前建房子是需要校长自己提出来，经费需要自筹。怎么办呢？实验小学要发展，必须要有硬件来保障，这样我们的素质教育思想才能继续推进。正好校园边上还有一块地，我想把它造成房子，作为专用教室。我们商量决策后，就开始打报告给教育局。最后，教育局同意了，但是经费需要自己解决。

那时候造个房子大约八、九十万元，后来教育局同意拨给 30 万元，剩下的 50 万元自行解决。我到哪里去弄钱啊？有没有哪个企业愿意赞助或者哪个老板想为教育事业做贡献的？我大量地翻阅查找家长的资料，想看看有没家长资源，却发现淳安的企业自身发展都很困难，哪有资助教育的可能。有人建议，可以去找香港或其他地方的一些大企业；还有人建议：可以去统战部咨询。

为了学校，我找到了统战部俞部长："听说统战部有很多归国或大企业愿意支持教育的。你这有没这类信息？"他说："我们淳安是小地方，没有呢，要不，我帮你到杭州统战部问问。"俞部长很热心，马上打电话给市统战部，然后说："下次有时间我陪你去。"果然，俞部长陪着我去见杭州市统战部部长，我汇报了自己的设想与困难。市统战部部长说："你慢慢来，我会帮你找。"我说："我很着急，造房子项目局里已经批准了。如果有什么信息，能不能马上联系我们？"很快，从市统战部来了消息：有一位香港老板陈经纶先生，想在内地出资建一所希望小学。如果陈经纶有这个项目，他们会马上把它引进到淳安。

半月之久，果真有好消息。陈经纶非常愿意资助贫困地区建造希望小学。学校马上开始撰写可行性报告，寄往香港，审批同意后，这经费被指定只能用来建造"陈经纶教学楼"。经费如期到位，教学楼如期完工。

"陈经纶教学楼"落成典礼上，我把陈经纶一家人从香港请过来参加典礼。陈经纶先生和他夫人，还有他们九岁活泼、灵气的儿子，都到了现场，教育局、县里的领导也都应邀来到现场。这是一场很有意义的落成典礼。我到育才来策划了那么多的大型活动，都跟当时的成长经历有关。

为了筹得这笔善款，统战部帮了很大忙。这一路走来，我碰到了很多贵人。领导们觉得你愿意做事，就会愿意帮你。我始终有一个想法：我是为学校做事情，为孩子做教育，没有什么不好意思的，更没有必要畏畏缩缩的。

因为有了这栋教学大楼，便有了专用教室，也就有了下面去财政局讨钱的故事。

教学楼是造起来了，但是专用教室的设施设备空空如也。也就是说：万事俱备，只欠东风。

记得那年的三月份我参加了浙江省信息技术推广会议，会议在杭州市学军小学召开，主题是"信息"，这次会议令我印象深刻！1996 年的时候学军小学已经有了电脑，学军小学杨一青校长也是走在前列的校长。会场设在之江饭店，结束以后我们去参观学军小学的机房去，其实，当时仅仅是一个电脑房而已，并没有像现在这样全部联网。

会议结束后，我的内心触动很大："为什么我们淳安的孩子不能享受有电脑房的优质教育？为什么我们淳安的孩子不能用电脑上信息课？为什么我们淳安因为财政的困难就要穷教育？再穷不能穷教育，再苦不能苦孩子。"我们学校身处贫困县，怎样让我们的孩子享受到杭州孩子的优质教育？怎样让我们的孩子拥有应该拥有的硬件设备？

我又开始动脑筋，钱从哪里来？

有人说："财政局啊。"

"怎样才能让他们给学校拨钱？"

"要有项目。"又有人出点子。

"有项目才可以拨款？"

我想：学校不是在进行珠心算教学吗？实验成果这么有影响力。财政局有专门培训财务人员的部门，每年对财务人员要进行珠心算培训。我经人介绍去见了童成林科长。我开门见山地说："听说你们珠心算培训是有任务的，我们学校的珠心算搞得很好了。孩子们不用算盘就能计算，头脑里打算盘，不相信你们去看看。"

"真有此事？"带着怀疑，童科长问道。

我说："当然了。现在又不需要算盘了，头脑里打打算盘就可以了。又快又准！"我就把他们请到了学校观看了珠心算表演。童科长说："下次我们财政局要开展珠心算培训活动，就请你们去指导，去表演。"

就这样我认识了童科长。我就问："你们财政有没有额外的钱可以拨给学校，拨给教育局？"

他说："没有特别的项目是没有钱的。从市里讨来的钱，也是要有项目的。"

我说："你们局长能不能介绍我认识？"

"局长很忙的，不一定有空。"

"你们财政局有没有想要读书的？"

"那当然有了，我们想读你们学校还进不了。"因为他们孩子的学区不在实验小学范围内。

"那单位跟单位之间可以聊一聊，如果你们的子女很想读我们学校，我们也可以资源共享。"

这句话童科长听进去了，马上回去跟局长汇报。局长一听，对这事情很感兴趣，居然主动来找我："我快退休了，正想为局里的同事们做些好事。如果我们的子女可以读你们实验小学，这不是最好的事情吗？"

我说："我想做点事情。"

"你想做什么？"

"你看，我们专用教室有个电脑房，万事俱备，只欠东风了，这么好的专用教室，就是缺少设施设备。我最近去杭州参加一个信息技术推广会议，真为淳安的孩子抱不平。凭什么人家在杭州读书现在就拥有电脑？而我们却没有现代化的设施设备。"

"你想给电脑房配置电脑？"局长若有所悟。

"是啊，你有没什么办法？"

"我给你想办法。"之后不久，局长就从杭州市财政局申请了一笔经费。

1997年暑假，终于在电脑房里配置了486的苹果机。这种电脑在当时是最好的！孩子们在电脑房不光上信息课、语文课、数学课，还可以上美术课。这一下，实验小学的现代化气息就遍布了整个校园。财政局第一年帮学校把电脑房装修好、电脑配齐；第二年帮学校把双向闭路电视配好；第三年帮学校把煤渣操场改造成塑胶跑道。那时候我们学校也是淳安县第一个有塑胶跑道的学校。这三年，学校整个硬件条件有了很大的提升，与实验小学的软件匹配了。

那时候我真的全身心投入，因为我在老师们面前承诺了。在危难之际接受校长职务，也是一种考验，是上级对我的一种信任和肯定。正因为如此，我病倒了，也就是1998年暑假即将结束的时候，我记得非常清楚那是8月29日下午，我因劳累过度晕倒在学校的走廊里，住进了医院。

我记得前一天去桐庐汾水参观了一所学校的食堂，打算学校自己办食堂提供学生营养午餐。第二天在学校正与老师们部署工作的时候，我突然就晕倒了！处于昏迷状态的我被同事们送往医院，诊断结果是急性心肌炎，住院将近一个月。出院的时候，脚都拖不动，一点力气也没有。所以现在我常年吃药是因为那时候落下的心肌炎。但我仍然觉得这样的付出是值得的，因为我得到了太多的成长和幸福体验。

此时，镇一小的一位年轻校长，也是我当年主持校长期间教育局临时派给我的教导主任钱晓华说："实验小学的胡爱玉真了不得！我要贷款100万元，赶上和超过实验小学！"我很能理解这位年轻人（现为下沙教育局副局长）。那时候小小的镇上，实验小学充分发挥了它的示范性作用。实验小学、镇一小、镇三小、镇四小、镇五小……整个教育被带动起来了。

七、八十大寿

实验小学是老牌学校，有近一百年的历史，自然退休教师会很多，大约有五、六十位。担任校长期间，我走访了每位退休教师。走访中我了解到一位金影老师，已年高八十，她也曾是在这所学校中留下过精彩一页的人，为学校做出了自己的贡献。我想我们每个人以后都是要退休的，退休的人都有一种归属感：我曾经在这里工作过，我曾经在这里战斗过，我曾经在这里奉献过，这里的老师是否还记得我。

出于这样的想法，我们开始着手策划教师节活动，请来了所有的退休教师为金影老师度过了一个八十岁的生日。这件事情打动了所有退休和没有退休的教师，我甚至也被自己的做法感动。现场为她点燃蜡烛，由音乐老师徐爱莲为她唱了一首《牵手》，这首歌诠释得特别深情、感人，场面感人至深。其实学校的凝聚力、战斗力不需要你去强调，你所做的事情老师们都有感觉，都有判断，他会感悟到这之中的深意。只有这样他们才会觉得在这样的学校工作是幸福的。自从我立下这样的规矩以后，接任我的校长，只要有退休到了八十岁的，都要为他们过生日。这成为一种传承的文化。

我也不记得当时是出于怎样的想法，或许是一个最朴实的出发点：尊重退休教师、关爱退休教师，其实也是关爱自己。

八、干部竞聘

在淳安管理学校期间，我始终坚守一个原则，那就是学校原有人才一律信任、重用。当时只有我一个副校长主持工作，剩下的全是中层干部。作为我来说，教育局在那种状态下让我接手管理学校，在内心，我也愿意干，愿意挑战自己，所以我并不觉得累，也不觉得苦，反而乐在其中。

"要我干"和"我要干"是两种完全不同的状态。中层干部是不是也应该把"要我干"变为"我要干"，而且当时正好有一些老同志要退下来了。怎样让那些我要干、能力强的同志脱颖而出呢？于是，我在淳安县率先开展了中层干部竞聘活动。

在动员阶段，我要讲清楚为什么要做这件事情、岗位的设置是什么、有些什么要求。竞聘的过程，完全由个人申请，完全就是一种自然愿意状态。如果我们觉得一个人有能力，但他自己并没有这个愿望，那么我们请他来竞聘，他会私下里觉得是我们让他来竞聘的，结果就是即使他竞聘上了也完全没有"我要干"的那种劲头。

当时做这件事情也是对我的历练。我想：竞聘中层干部的火候、条件具不具备？万一竞聘上来的干部没有干劲，那这条路就走歪了。但我相信老师们有是非判断能力，也会希望把有能力的教师推荐出来。如果我们的判断和老师们对他们判断是一致的，说明这个人完全是真实的，没有在老师面前一套，领导面前一套。这是最重要的一点。那老师有没有达到这个境界？有没有小团体来推荐自己的成员？我想我已经做了三年的校长，这种小团体已经没有了，我相信老师们有这种觉悟与境界。

果然，述职报告结束后，最后票数相对比较集中，跟我们预料的一致，最优秀的、愿意干的人被推举出来了。他们现在都成为了淳安县的优秀校长，并从实验小学出来，去支援其他学校。这让我感到很欣慰：实验小学培养了很多优秀的校长。

中层干部，竞聘得好，是一件推动学校发展、让管理走上更高层次的事；竞聘不好，也会产生很多负面影响。这个活动结束后，我写了一篇题为《竞争是一种精神》的文章刊登在校报上，被淳安县分管教育的方建平副县长看到后，他批示："竞争是一个过程，更是一种精神。请教育局组织全县师生学习《竞争是一种精神》这篇文章。"

竞争是一个学习的过程、展示的过程，当你把自己的优势通过述职报告展示出来的时候，它也成为一个让人欣赏的过程。这件事情当时在淳安县还是很有影响力的。

九、走向杭州

2000 年 3 月的某一天，我被一个电话打乱了思绪，而正是这个电话改变了我的教育生涯，丰富了我的教育生涯。出生在淳安，生活在淳安，工作在淳安的我，从来没有想过要离开淳安。但是电话那头的真诚邀请，让我陷入了无限的矛盾之中……打电话的人就是当年求是教育集团的总校长黄建明。他是杭州第一位"连锁办学"的倡导者、实践者，也是中国第一位创办"公办教育集团"的倡导者、实践者。西湖区当时有大量商品房开发，大量人口涌入，商品房配套学校因此应运而生。新造学校非常漂亮，校园面积大，硬件设施先进，但是老百姓却不愿意就近读书，而是舍近求远择名校而入。求是教育集团黄建明总校长，敢为天下先，以名校"连锁办学"的模式率先接管了一所商品房配套学校。他输出名校的教育思想、教育理念、人力资源、教育资源，复制一整套管理制度、管理方式，派出一大批管理人员践行"连锁办学"的模式。2000 年是求是教育集团"连锁办学"的第二年，这时求是教育集团已经"1＋2"了。第二所学校刚刚接管，第三所正在建设的学校已经宣布归属于求是接管。

我就是此时被这个电话召唤到杭州并加入到求是教育集团管理队伍中来的。

来到求是，我便加入到热火朝天、高效运行的学校建设之中。当时我是集团下属一所学校的行政主管，负责集团线上三所学校的基建、财务、党务、工会等的统筹规划，还要任教一年级中一个班的数学。其中老牌学校（浙大求是小学)在翻建改造,已接学校(竞舟小学)在进行基建扫尾工作,新接学校(星洲小学)刚地基打桩新建。大量的基建事务以及教学教务,让我忙得不可开交。

怎么办?只能完善制度,明确责任。从哪里开始明确责任呢?我们苦苦思索:大家都知道有一个"沟通漏斗"原理,即一个人通常只能说出心中所想的80%,但对方听到的最多只能是60%,听懂的却只有40%,结果执行时,只有20%了。你心中的想法也许很完美,但下属执行起来却差之千里,这就是"沟通的漏斗",因此你必须采取适当的方法,去克服这一"漏斗"现象。

克服这一现象,就要让每一个岗位明确责任,明确自己部门在大局中的地位和作用。必须要做哪些事、做到什么程度,必须明明白白、清清楚楚地一一罗列出来,让从事这个岗位的管理者拿到这个"文本"后,一目了然地知道自己要做什么事,要承担什么责任。这样就没有必要事事请示,日日汇报,才能克服口头沟通的"漏斗"现象。于是我们就制定了各部门目标管理责任书,用制度管理学校,比如《教导主任目标管理责任书》,它包含了教师管理、德育管理、教学管理、教务管理、学籍管理、艺术体卫管理、其他管理等七大块共108条。其中第105条是团结和谐即部门团结合作,工作作风民主;第106条是临时任务即认真完成校长室交给的临时性工作;第107条是服务评价即教职工岗位服务评价称职率90%以上;第108条是分管校长即评价比较好。教导主任的目标管理责任书与分管教学校长签约。

在求是集团的这段经历,让我明白了"管理",即又管又理的丰富内涵。"管"与"理"这两种力量的有机整合构成了管理中的动态平衡机制,它们的和谐互动,实现了管理的科学境界,这意味着要把管与理、控制与协调有机结合起来,以理施管,以管助理;管而有度,理而有节;相互促进,相得益彰。

2001年8月我被调到杭州市学军小学工作,这是一所百年老校,文化底蕴深厚,校长杨一青是当代教育家。杨一青对我的影响就是学校要有核心文化。他在担任学军小学校长期间同时兼任很多社会职务,平时工作十分繁忙,然而他不在学校的时间里却总让人感觉到他的"精神"一直在学校,这个"精神"就是学校的核心文化——和谐教育。他对核心文化的梳理、提升、表达与传播对我影响很大,学校一定要有统领的,可以辐射到全方位,辐射到学校教育教学任何角落的东西,此外,还要会解读,要让老师知道挂在墙上的话并不是一句口号,而是与自己每时每刻教育教学行为遥相呼应的。

2001年8月至2004年7月我在学军小学工作,那时杨一青校长对学校文化进行了全方位的梳理,他1992年提出的16字教改纲要——"整体观念、主体思想、个性发展、和谐关系",是和谐管理的基础。通过思考与实践,学军小学确立了和谐管理的方向：个性化、现代化、国际化，使"学校是教师发展的沃土、学生成长的乐园"的共同愿景成为和谐管理的目标和追求。我在学军工作了三年，深深感受到渗透到学校任何一个角落的核心文化已经成为了每个老师的行动纲领。每个老师都会感觉到自己的举动与自己的教育教学行为密切相关，每个人都在自己的岗位上体现出高效的执行力。

后来通过不断深入地学习，我对学校文化的理解越来越深刻。我知道文化是学校的核心竞争力。它具有如下特征：一是战略性，会为学校带来长远的发展空间；二是延展性，它是一种基础性的能力，是其他各种能力的统领，可使学校向更有生命力的方向发展；三是独特性，它是本学校独有的，不易被模仿的；四是集合性，它虽然具有局部性，但绝不是单一的，而是学校经过整合的能力，也正是由于它的集合性，核心竞争力才具有独特性；五是时间性，它虽然具有不易模仿的独特性，但并不表示它永远不能被模仿和超越，学校必须对核心竞争力进行持续不断的创新、发展和培育，才能维持或扩大领先的差距。

学校的本质就在于"文化育人"。通过文化的传承和创新，实现个体的个性化与社会化的完美统一。教育部部长袁贵仁说"所谓教书育人、管理育人、服务育人、环境育人，说到底，都是文化育人。"文化育人的关键是学校自身的文化建设和文化力的形成。

学校文化力是学校在发展过程中形成的独具特色的意识形态和文化观念，是学校文化的内核。一个组织，需要有一种精神；一个集体，需要一种默契；一所名校，需要有丰厚的文化底蕴。这种底蕴是无形的，但它的力量是无限的。它是一种舆论，是相互的理解，是相互间的默契。文化的形成不是一朝一夕的，是需要经过多年的努力才能形成的。在这个过程中，需要全体教师的付出，也需要领导的积极引导。

十、几本好书

身边的榜样让我对教育的认识越来越丰富，越来越深刻。与此同时，我还阅读各类教育专业书籍，在各种能启发教育思想与教育行为的书海里遨游。书籍为我打开了一扇扇窗户，读书让我时时刻刻被教育前辈的奉献与执着感动着，被他们的探索与创新精神激励着。解放，慢教育，创造力，忠诚度，教育智慧……这些词语一次次地敲打着我的心，堆砌成幸福教育大厦的一块块基石。

刚参加工作的几年时间里，我将《陶行知教育全集》放在案头、床头，时时看，日日想，尤其是"解放儿童"的主张让我愈读愈新。曾看过一个漫画：

孩子在刚入学时，有的脑袋是方的，有的是圆的，有的是三角形的，有的是四边形的，还有的是不规则图形。可上了几年学之后，所有学生的脑袋都变得像老师一样方了。这确实是对教育的警示。如今的儿童被各种辅导班、兴趣班、特长班占据，失去了观察社会、走进自然界的时间，没有了与社会对话的机会，动手动口能力越来越差。解放儿童，就是尊重他们成长的节奏和成长的规律，让儿童的世界色彩斑斓，不被教育异化；解放儿童，就是打开束缚儿童成长的枷锁，杜绝揠苗助长，以学生为本，培养具有良好个性、自信健康、富有创造力的儿童。

孙云晓对我的影响也是非常深刻的。记得在淳安实验小学担任校长期间，我特别重视家庭教育。我与镇一小钱晓华校长一起邀请了中国青少年研究中心副主任、研究员，中国青少年研究会副会长孙云晓来校给家长、教师作讲座。他的讲座主题就是"解放儿童"。讲座结束他送给我一本书黄痊愈的《素质教育在美国》，在扉页上赠言就是：解放儿童。

2011年5月我从美国考察回来后，想起自己曾经研读过《素质教育在美国》。当把以前读到的和现在看到的联系在一起思考的时候，我的感触更深了。我再次把这本书细读了一遍，我认为我们的教育确实应该慢下来，要实施慢生活教育，对教育要有清醒的认识，教育是在尊重孩子内在规律的前提下给他的成长给予帮助、促进、引领和完善的一个因素。这个因素如果是在恰当的时候渗透，就能及时促进孩子成长；如果不恰当，就会阻碍孩子的成长。等待也是一种教育，在期待中等待孩子成长，但这不是失去信心，不是自生自灭，因为教育本身就是孩子生活的一部分。同样，家长对孩子，老师对学生，校长对老师都是应该在期待中等待，这样的教育环境才是真实的、和谐的。

我们的教育过于控制人的个性发展，过于鼓励"角色行为"，而抑制"独立行为"，过于重视角色教育而忽略对人自身的教育，过于重共性而轻个性，过于重义务而轻权利，过于重服从而轻自主，过于重外在纪律而轻内在能动等。在我们身边到处都有"不要让孩子输在起跑线""三天让你拥有一口流利的英语"之类的口号，恨不得一夜之间造就一个个神童。老祖宗早就告诉过我们"欲速则不达"，讲的就是凡事都要讲究循序渐进。有了量变才会有质变，万不可焦躁，如果快速完成某件事，其效果未必会好，有时甚至大失所望，所以万不可急于求成。老祖宗还告诉过我们揠苗助长的后果，但是在知识爆炸、信息爆炸的时代，中国人显得那么急切，以至于中国教育也失去了方向。

让教育慢下来的观点之所以深入我的教育观，还取决于我对《教育哲学导论》的全面阅读与思考。

2008 年，我从事教育工作整整 28 年，我常问自己：我有没有深入地思考过什么是教育？什么是真正的教育？教育哲学是什么？于是，我萌发了要精读石钟英的《教育哲学导论》的欲望。并且建议我的同事一起阅读，这样大家可以交流观点，碰撞思想，获得顿悟。

《教育哲学导论》这本书，我在暑假花了比较多的时间，静下心来慢慢理解。有些观点，需要反反复复体悟，有时候，看到后面就不知所云了，必须回到前面再看作者阐述的观点，一次次，一遍遍，细嚼慢咽，有时有一种回到本源的感觉。教育工作者确实需要读教育哲学，哲学的知识和哲学的思考对于教育工作者来说，不是可有可无，而是必不可少的。

《教育哲学导论》，内容都极为思辨，基本上用哲学的话语方式表达了作者的基本观点。最精彩、最引人入胜的篇章，就是第三章"人生与教育"。看到"人生与教育"，我就想到了育才的教育理念，想到了"为每一位孩子的幸福人生奠基"。石钟英究竟是如何阐述他的"人生与教育"的？我们提出"为每一位孩子的幸福人生奠基"教育理念，究竟有没有深厚的理论依据？

我重新调整好阅读的心态，平静地默默地开始阅读第三章"人生与教育"。这一章主要分三节来阐述，分别是第一节"人的存在与教育"，第二节"人的形象与教育"，第三节"人的境界与教育"。

"人的存在与教育"这一节，让我明白了存在的绝对性、存在的意向性、存在的文化性、存在的时间性、存在的语言性、存在的独特性等几个人作为人的存在特征。

所以，作为教育工作者，我们不能仅停留在"生存的教育"，而应该要上升为"存在的教育"。这种生存的教育给予人们以生存的意识和能力，却没有给予人们以生存的理由和根据。因此，"以人为本"的幸福教育不能只考虑作为"工具的人"，也应该考虑作为"目的的人"；不能只考虑如何提高人的生存能力，也应该考虑如何增加人的存在的意义。

联系到育才的教育理念"为每一位孩子的幸福人生奠基"，从某种意义上说，也是理解了"人生与教育"中的"人的存在与教育"的核心思想。当我们的教育让孩子每时每刻沉浸在被人承认、被人欣赏的满足感中，克服困难实现目标的成长感中，被人关爱、受人尊敬的幸福感中，那就发挥了教育的功能，体现了教育的价值。

第二章

幸福教育

——我的思考　我的追求

安妮·弗兰克说：「生活本身的目的就是获得幸福，追求幸福让众生殊途同归。」幸福是一门学问，值得我们每一个追求者好好推敲。我吃过苦，受过累，也开心过，幸福过。我认为，我的人生就是这样一种幸福的存在。我希望，也愿意把这种幸福带给我身边的每一个人，特别是我的学生。作为育才的校长，我希望与学生在一起，不说教，不批评，只与他们交流、聊天。这是我的幸福，我想也是孩子们的幸福。

第一节　叩问教育——幸福何时失落？

一切健全的追求都是对于幸福的追求。

——费尔巴哈

美国斯坦福大学荣誉教授内尔·诺丁斯也认为，幸福是教育的核心目的。① 教育是培养人的过程，更是体验幸福的过程。那么作为教育主阵地的学校，就必须思考如何教会学生追求幸福，并使学生在此过程中体验幸福。然而，事实与此相去太远了。不可否认也不容我们忽视的是，我们今天的教育中，背离幸福的现象越来越多，学生的幸福感在悄悄地溜走。

一、一份幸福感调查问卷②

我曾经听到过一对母女的对话。

"幸福到底是什么？"一个小孩子天真地问妈妈。

妈妈指着路边的花说："这些花儿很美，是园丁伯伯的功劳。他们为城市的魅力努力工作，他们觉得见到自己培育的花儿很好看，这就是幸福。"

"那你星期天不在家休息非得陪我去读书，让我学不喜欢的奥数，你觉得幸不幸福？"孩子的眼睛里流露出不高兴的样子。

"孩子啊，你还小，你不懂，现在我辛苦点没关系，你学得好，进了一个好中学，就能上好大学，将来工作就好找。"母亲语重心长地说。

"我好不容易盼到星期六，你又逼我学这学那，真没劲！这可并不幸福啊！"

孩子们眼中的幸福到底是什么？怎样的状态才会令他们感到幸福？基于此，2005 年我们曾在育才两个校区——翠苑校区和高新校区做了一份幸福感调查。问卷内容为：

1. 你在班级里有几个好伙伴？

5 个以上（　） 3 到 5 个（　） 1 到 3 个（　） 一个都没有（　）

2. 你喜欢你的班主任老师吗？

很喜欢（　） 比较喜欢（　） 没感觉（　） 不喜欢（　）

3. 你喜欢假日小队活动吗？

---

① 却咏梅. 把阅读还给儿童把幸福还给教育. 中国教育报，2011-12-08(5)

② 胡爱玉. 为每一位孩子的幸福人生奠基. 北京：北京教育出版社，2005(10)

很喜欢（　）　比较喜欢（　）　没感觉（　）　不喜欢（　）

4. 你每天用来做作业的时间一般为多少？

2 小时以上（　）　1 到 2 小时（　）　半小时到 1 小时（　）　半小时以内（　）

5. 在家里，爸爸妈妈会经常问你在学校的情况吗？

经常（　）　有时会问（　）　很少（　）　从来不问（　）

6. 你愿意把自己的烦恼说给爸爸妈妈听吗？

愿意（　）　看情况，一般会（　）　很少（　）　不愿意（　）

7. 你觉得社会上适合自己活动的地方多吗？

很多（　）　比较多（　）　一般（　）　太少（　）

8. 你觉得你的生活过得幸福吗？

很幸福（　）　比较幸福（　）　不够幸福（　）　不幸福（　）

9. 你觉得过得幸福的原因是什么？（上一问中选择前两项的填写）

10. 你觉得过得不幸福的原因是什么？（上一问中选择后两项的填写）

11. 你理想中的幸福生活应该是怎样的？

本次调查主要在四到六年级学生中进行，共发放 199 张问卷，回收 199 张问卷。其中翠苑校区（寄宿制）在四到六年级的一班进行调查，共发放了 123 张问卷，全部回收。高新校区（流动人口子女）在四、五两个年级的二班进行调查，共发放了 76 张问卷，全部回收。对于问卷中第八问的具体统计情况见下表：

数据 对象　内容		很幸福		比较幸福		不够幸福		不幸福	
翠苑 校区	四(1)班 36 人	10	28%	11	30%	11	30%	4	12%
	五(1)班 43 人	8	19%	13	32%	19	44%	3	6%
	六(1)班 44 人	7	16%	12	27%	20	45%	5	12%
高新 校区	四(2)班 46 人	20	43%	13	29%	13	28%		
	五(2)班 30 人	14	47%	6	20%	10	33%		

我们从调查中得出，在翠苑校区的三个班级中，学生中不具有幸福感的人数基本上占到总人数的一半左右，而且学生的幸福感明显随着年级的增高而递减，特别是六年级，学生中觉得不够幸福的比例竟然达到了百分之五十

七，这是一个十分惊人的数字。而在高新校区，这样的情况也基本存在，只是两个年级之间的差异相对小一些。总体来说，学生的幸福感与年级之间有着显著相关。具体分析其他数据可以发现，学生在班级中有好伙伴的人数随着年级的增加而减少，拥有5个以上好伙伴的人数从四年级的百分之七十下降到百分之十二，到了六年级时只有1到3个好伙伴的人数达到了百分之三十五，喜欢班主任的比例也从最高的百分之七十九下降到百分之三十七，在家里能和父母进行良好沟通的情况也随年级的增高而越来越不尽如人意，这说明孩子的人际交往随着年龄的增加出现了更多的问题，对幸福感的获得产生了消极的影响。另外，学生的课业负担越来越重，对学校组织的活动越来越不感兴趣，社会上能够进行活动的场所不够多等因素也是影响幸福感的重要原因。

此外，令人意外的是，高新校区的学生的幸福感要高于翠苑校区的学生，数据所反映的事实与我们的主观感觉并不相符。高新校区作为一所流动人口子女的学校，学生的家庭经济情况一般都比较差，学生往往随家长的工作及生活环境的变动在不同的城市之间流动，学习及生活都处在一种不稳定状态中，但孩子的幸福感却比较强。翠苑校区的学生家庭情况都比较好，无论是富裕程度还是家长的文化程度都远远强于高新校区的学生，然而幸福感却低于高新校区的学生，并且随着年级的增高，这种差距有拉大的趋势，这究竟是怎么回事呢？

通过对其他问题的分析，我们不难得出答案。在回答"你觉得过得幸福的原因是什么？"时，翠苑校区的孩子基本上都回答：爸爸妈妈都很爱我，还有很多人关心我，我能够有自己选择的权力等；少数人说到学校里的老师对我们很好。而高新校区的孩子中更是有43个孩子说到爸爸妈妈辛苦地抚养我，给了我一个温暖的家，他们都很爱我，我要报答他们等；还有部分孩子特别提到家庭环境的和睦和快乐。有21个孩子说到能够在杭州生活，能够在这样的学校读书，能够有很多朋友，感到很幸福。在回答"你觉得过得不幸福的原因是什么？"时，翠苑校区的孩子有63个说到父母太忙，没时间陪自己，或是很少来接自己回家，感觉很孤独；也有的说到父母关系不好，自己很不高兴。有64个孩子说到感觉太不自由，不能做自己想做的事情；还有不少孩子说作业太多，没有时间玩。而高新校区的孩子则回答的多是父母亲有时要打我，当然这样的比例很小。在回答"你理想中的幸福生活应该是怎样的？"时，翠苑校区的孩子更强调的是能够有自己支配的时间和空间，作业比较少等。而高新校区的孩子更多的是说希望一家人开心地生活在一起，能够有好的成绩报答父母，让大家都高兴快乐。

2012 年我们又在 2005 年的基础上，对育才孩子的幸福感进行调查。在这期间，我们一直在教育教学过程中秉持"幸福教育"的理念，因此，这次调查也更加具有针对性。在调查问卷第 9 条：你觉得你的生活过得幸福吗？调查情况统计如下，从调查统计表中，我们可以看出，所调查的班级，在各项指标中，学生整体反应良好，情况喜人。

9. 你觉得你的生活过得幸福吗？								
班级	班级总人数	参与调查人数	很幸福	百分比	比较幸福	百分比	不够幸福	百分比
二(4)班	39	39	36	92.3%	2	5.1%	1	2.56%
三(2)班	40	36	33	91.7%	2	5.6%	1	2.8%
四(4)班	39	35	31	88.6%	4	11.4%	0	0
五(1)班	40	39	34	87.2%	4	10.3%	1	2.6%

从调查统计表中可以看出，目前我校的学生幸福感，从总体上来说，处在较高水平。虽然仍然出现随着年级的增加，学生幸福感下降的趋势，但相比于 2005 年的调查结果，已经有了很大的提升。这足以说明我们的幸福教育起到了真正的作用。

为什么我们育才要坚持幸福教育的理念？为什么我们要为每一位孩子的幸福人生奠基？正是因为我们看到了幸福的失落，看到了孩子们身上贫乏的幸福感。也只有看清问题所在，我们的幸福教育才能发挥相应的效果。随着现代社会的高速运转，重物质轻感受、重结果轻过程的思想不仅没有令人们感觉到幸福，反而使人越来越远离幸福。教育作为社会的反映，也同样出现了这种状况。孩子们要学的课程越来越多，可是自由却越来越少；所受的教育越来越现代，可是真知却越来越少；认识的人越来越多，可是知心的朋友却越来越少。"幸福"越来越多，可是感受却越来越浅。

一、幸福何以丢失

教育原是使人向善的活动，"善"这个字在柏拉图看来是有着至高无上的意义的。教育不仅是要使结果达到最高境界，而且过程也必须是善的。但是，当代教育很多为了追求结果，而扭曲了过程，使整个教育活动在幸福路上越走越远，与真理和快乐南辕北辙。

（一）幸福，被丢弃在应试之路上

在应试教育的影响下，升学率成了学校、家长和社会关注的重点。于是为了升学率，不正确的教育思想和不正当的教育手段开始在学校里横行。其中非常典型的就是教育手段目的化。教育的目的本应该是使学生幸福，这是以人为本的思想的完美体现。然而，很多教育活动中，手段超越了目的，教师们不断在教育手段上做文章，逐渐忘记了教育的终极目的。

于是，教材成了目的。本来作为教学参考的教材成了学生必须死记硬背的教条，是非对错都必须以教材为准。我想这一现象是极其普遍的，我们常常能够听到教师对学生说："考试试题是根据教材出的，所以教材怎么说就怎么来"；教学方法成了目的，现代教育技术的辅助原本是促进教学效率的提高的，但一些教育工作者画蛇添足或为现代而现代，最终忘了教学的重点，受制于所谓的先进方法。比如计算机教育在最近十几年相当流行，但我们也必须看到计算机在课堂里喧宾夺主的现象，这就是我们部分教育工作者没有把教学方法目的化的结果；分数成了目的，本来标志学生进步的量度变成了素质的代言；作业成了目的，为了让孩子乖乖坐在书桌边不淘气不给教师惹麻烦而布置超额的作业，使学生和家长忙于应付。在这样的状况下，学生如何有时间感受幸福？

（二）社会和家庭的不和谐造成了幸福的丢失

正如本章开头母女对话中所呈现的那样，很多家长会把自己所无法实现的人生理想和愿望寄托在子女身上，往往认为自己辛苦点没关系，只要孩子将来能够有出息，就能"光耀门楣"。家长这种心态使得孩子从小就处在高期望的束缚之下，只能按照父母给定的路走下去。而从小养成的这种习惯也令孩子们意识不到要自己决定自己的人生之路。优秀毕竟是少数的，大多数孩子无法达到家长的高期望，令家长失望。究其原因，家长们往往没有从孩子的个性培养出发，忽视孩子的主体性，把孩子当作自己人生的附属品来看待，这种做法严重地损害孩子创造性的发挥。而结果是孩子们往往觉得家长给自己的自由太少、理解太少，自己不能按照自己的意愿来选择学些什么或者做些什么，而且随着年龄的增长，这种困惑会越来越大，幸福感也会越来越少。曾经听到一个大学毕业生在 QQ 状态中写道："过去这 24 年，似乎从来没有自己做主的时候，以后大概也不会有吧……"这是多么令人心痛的现象。

现在这样一个多元化、开放的世界，人们的人生观、世界观和价值观也发生了很大的变化，信息的更新周期也越来越短，孩子所处的环境越来越不确定，威胁家庭和谐的因素越来越多。这些都使孩子出现难以适应的感觉，幸福感自然也会有所下降。

（三）幸福，消失在教育结果中

其实，过程决定结果。有什么样的教育过程，就会有什么样的教育结果。

没有幸福可言的教育过程，必然使教育结果与幸福背道而驰。以我从事教育的几十年经验来看，我以为教育结果中最可怕的是学生人际关系的疏远和生存能力的丧失。

应试教育导致学生埋头于书堆中，无暇与人交往。教师也没有多余时间与学生谈心，争分夺秒地交代知识点，生怕漏了哪一点，而很多家长也认为学习比交朋友重要。但事实是，人际交往是幸福感来源之一，没有良好人际交往的人，很少能感受到快乐，总是郁郁寡欢，孤单寂寞，更甚者会造成心理偏激。人区别于动物的一个根本属性就是社会性，人离不开集体，离不开他人。人际关系疏远的学生无法从集体中感受到幸福的归属感，同伴或老师的存在也会使他感到恐惧和威胁。我真的很难想象，这是多么可怕！

我们也经常能够接触一些中外孩子对比的事例，如中国孩子和日本孩子一起参加夏令营的事例。再比如就发生在我们身边的事例，常州市教育局局长丁伟曾经写过一篇文章，讲述他接待一位来自美国私立高中女孩的故事。故事中他毫不吝啬地用了六个"被惊到了"，包括美国孩子的尊重他人的礼貌行为、丰富的经历、家庭责任和义务、生活规划等。相比之下，我们中国孩子的生存能力叫人担忧。归根结底是教育观念错误导致的。目前的学校教育、家庭教育都有这样的误区：学生只要认真学习，其他的都不用操心，因为只要学习好了，其他东西将来肯定都会有的。特别是父母，如果孩子学习用功，恨不得什么都替孩子包办得妥妥帖帖。21世纪为新一代人带来很多机遇，但是机遇是偏爱有准备的人的。如果我们不更新教育观念，并付诸实践，提高孩子的思想道德、心理素质、生存技能，他们将如何应对未来的世界？又如何有幸福感呢？

二、幸福的追寻

那么，作为育才的校长，如何追寻育才的"幸福"呢？教育家苏霍姆林斯基说："学校的任务，不仅在于传授学生必备的知识，而且在于个人精神生活的幸福。"[①]所以说，学校始终要以使人幸福为终极目的，幸福的遗失只是教育路上的一个岔路，终究是要走回幸福之路上来的。越来越多的人意识到幸福教育的重要性，越来越多的人思考：幸福为何？教育为何？幸福教育又为何？

2011年"六一"国际儿童节前夕，胡锦涛总书记到幼儿园看望小朋友和幼儿教师，亲切勉励小朋友们快乐生活、健康成长，他强调要让所有的孩子都

---

① 石城客. 开学第一课中的"幸福"是什么. 中国教育新闻网，2011-09-01 http://www.jyb.cn/opinion/jcjy/201109/t20110901_451572.html

能拥有幸福的童年，这也是我们全社会的一个共同心愿。① 9月1日上午，中国2亿中小学生共同上了《开学第一课》，主题是"幸福"。课上杨利伟、邓亚萍等知名人士共同宣读了中国首个儿童宣言——《中国少年儿童幸福成长宣言》，强调快乐健康成长比成绩更重要。②《中国少年儿童幸福成长宣言》首次向社会发布。③

　　成长我要成长，快乐健康成长比成绩更重要。
　　乐观我要乐观，每天发现一件新的美好事情，学会对压力说没关系。
　　自信我要自信，相信并发现自己独特的价值。
　　超越我要超越，只跟自己比，超越自己就是赢。
　　感恩我要感恩，珍惜身边人、身边事，每天想三个值得感激的理由。
　　分享我要分享，就像生日蛋糕，和你一起分享的人越多，快乐越多。
　　宽容我要宽容，原谅别人的无心之过。
　　沟通我要沟通，把自己的心事说出来，也做别人的开心果。
　　关爱我要关爱，和长辈交朋友，和同伴交朋友，和动物交朋友，和自然交朋友。
　　赞美我要赞美，帮助别人发现优点，也通过别人发现自己的优点。
　　努力我要努力，付出的汗水越多，得到的幸福越多。
　　奉献我要奉献，帮助别人能让自己更快乐。

　　教育部办公厅也发文表示，教育的理想就是让所有学生成为幸福的人。教育部频频提到幸福教育，足以说明中国教育的未来方向已经离不开幸福这一话题。
　　2011年12月份在深圳举行的第五届"二十一世纪中国儿童阅读推广人"论坛上，关于什么是幸福以及如何培养孩子的幸福也成为重要话题之一。④
　　阅读是现代孩子生活构成之一，越来越多的孩子离不开阅读。我们现在提倡孩子阅读，并不是为了能够获得更高的分数，而是借助阅读来帮助孩子

　　① 陈晓宇. "让每个孩子都拥有幸福的童年"——记胡锦涛总书记"六一"前夕在湖北省十堰市看望幼儿园小朋友和幼儿教师，2011-06-01　http://news. xinhuanet. com/edu/2011−06/01/c_121480141. htm
　　② 杨明方. 开学第一课讲"幸福". 人民日报，2011-09-01(4)
　　③ 龚萍.《中国少年儿童幸福成长宣言》首次向社会发布. 中国教育新闻网，2011-09-01　http://www.jyb.cn/china/gnxw/201109/t20110901_451507.html
　　④ 却咏梅. 把阅读还给儿童把幸福还给教育. 中国教育报，2011-12-08(5)

构筑一个幸福美好的童年。我以为阅读是可以移情的，孩子通过阅读，能够与书中的人物、情境做一个深入交流，这无疑丰富了他们的童年生活。所以，深圳的这次论坛与我们育才的"经典诵读""儿童阅读"真的有异曲同工之妙，我们都希望能够通过鼓励孩子读书，把幸福还给他们。

重庆田家炳中学就是这样孜孜不倦地追求着幸福教育。田中校园有着得天独厚的"幸福泉"，学校里每一个人心中都有这样一股泉水，熠熠生辉。2006 年来，田家炳中学确立了"以幸福的教育培养幸福的人"的办学理念，这一理念含有四层意思：第一，教育本身就是传递幸福、创造幸福的事业；第二，学生在教育中体会学习和求知的幸福，并通过学习获得对幸福的认知和幸福的能力，最终得到人生的幸福；第三，教师在教育的过程中感受工作成就感、价值感带来的幸福感；第四，全社会不同的人在教育发展中得到创造幸福能力的极大提升。他们还破译了幸福教育的密码——136。"1"就是学校始终坚持一个理念——以幸福的教育培养幸福的人；"3"就是确立了幸福教育的三个目标——益物、益人、益己；"6"就是实施幸福教育的六种途径——构建幸福校园、彰显幸福文化、成就幸福教师、培养幸福学生、打造幸福课堂、实施幸福体艺。[①]

第二节 追问幸福——关于教育本质的思考

对幸福的寻思和追求值得每一个教育工作者时刻反思。对幸福的追寻不是某一个机构或某一个部门特有的权利，每一个想搞好教育的人和学校都有这个权利和责任追寻幸福。作为西子湖畔的育才人，更是作为育才的掌舵者，我不禁深思，育才的"幸福教育"从哪里来？又要走向何方？

一、"快乐"与"痛苦"

我在 2011 年 12 月 8 日的《中国教育报》第 5 版上看到一段关于幸福的解读，现摘录如下：

一堂儿童哲学课上的思考

"幸福的获得并非一帆风顺，追求幸福是一个过程。"

"幸福原是一个希腊词，最初的含义是'有一个好的神灵在照顾'，和中国

---

① 郭华，段立珠，杨莉曼. 以幸福的教育培养幸福的人. 中国教育报，2011-11-26
(4)

古代'吉星高照'的意思差不多。那么，幸福对于今天的我们，究竟意味着什么？我先讲一个绵羊赛尔玛的故事吧。"这是一堂儿童哲学课，中央教育科学研究所南山附属学校校长李庆明正在给学生讲德国作家尤塔·鲍尔创作的图画书故事——《幸福》，该书曾荣获 2010 年安徒生奖插画大奖，它对幸福做了最好的注脚。

什么是幸福？大公羊讲了一只绵羊赛尔玛的故事。赛尔玛喜欢每天在太阳升起的时候吃草，每天上午教孩子们说话，下午锻炼身体，然后再吃草，晚上和玛雅大婶聊会儿天，夜里睡个又香又甜的好觉。一天，有人问它，如果有更多的时间打算做些什么？它说，我想在早上太阳升起的时候吃草，然后和孩子们交谈，到中午再锻炼一会儿身体，然后吃草，晚上我喜欢和玛雅大婶聊会儿天，当然不会忘记美美地睡一觉。"假如有一天你中了大奖呢？""嗯，那我就会在早上多吃一点儿草，最好是在太阳升起的时候，和孩子们多说些话，好好锻炼一下身体。下午，接着吃草，晚上和玛雅大婶聊天，然后再做个又香又甜的美梦。"

讲完故事，李庆明问学生："赛尔玛的幸福是什么？"

学生七嘴八舌："吃草"、"聊天"、"睡觉"……

"幸福真的那么简单吗？"李庆明在黑板上画了一个圆，说："这样一个代表幸福的'圆'，是不是有点太单调乏味、太平淡无奇了？"一个学生说："幸福就是一种满足。"另一个学生说："每个人的想法都不同，对于一只羊来说，它不觉得单调乏味，平平淡淡才是真。"

李庆明并没有马上评判谁对谁错，而是通过几段名人对幸福看法的文字来启发孩子。李庆明说：其实，幸福并不是那么简单，它不仅仅是快乐和愉悦，更不会蜕变为单纯的追逐名利或感官享受，它会使生命更加丰富、完整和健全。

李庆明接着追问："如果此'圆'仅一圈，即代表只有一天或一次，再无重复，还有幸福可言吗？"这下引起了不小的争论，一个学生说："我觉得他是幸福的，因为他至少拥有一次了。"另一个学生提出不同意见："我觉得持续的才幸福。"

亚里士多德曾说过："一天或短促的时间并不能使人幸福，幸福涉及人的整个一生。大家都知道，苜蓿草一般只有 3 片小叶子，所以也称三叶草。但在 10 万株苜蓿草中，你也许会发现有一株是 4 片叶子的，那该是多么幸运的事！于是，四叶草被称作幸运草，成为幸福的象征。"李庆明暗示道："幸福是需要通过艰苦的努力一点点积累的，在这个过程中，苦恼、挫折、失落可能如影随形。怀揣希望与执着前行，我们就能从苦恼中发现快乐。"

是什么让赛尔玛认为，每天重复这样的生活是幸福的？这又引出了另一个著名的哲学问题："苦苦思考的苏格拉底和吃饱的猪谁更幸福？"还有，"这个代表幸福的'圆'意味着绝对的圆满吗？"……

在一个又一个由浅入深的问题引导下，学生们经过讨论逐步认识到："幸福是一个又一个小小的圆满，是一次又一次从起点出发又返回新的起点的心灵轮回，是在一遍又一遍地追求一生的永恒。"①

——载 2011 年 12 月 8 日 5 版《中国教育报》
详文参见《把阅读还给儿童把幸福还给教育》

"幸福"是什么？"幸福"是一个让人看了会微笑的词，我一直以为幸福是埋藏在每个人心目中的希望和目标，不论是男人还是女人，年逾花甲的老人还是天真烂漫的孩童，辛勤劳作的体力劳动者还是清高的高级知识分子，都拥有一幅幸福愿景。那么到底什么才能称作幸福？我在教育岗位上工作了 30 年，倒是有自己的一些理解。

幸福是什么？"幸福，是人所追求的生存状态与存在方式，是人的物质需求与精神需要得到统一满足时的和谐感，是人的身心健康和谐与人格充盈的完美状态。"

要理解什么是幸福，首先就要有一种幸福观。我比较喜欢读些关于哲学心理学的书，因为哲学能够让我变得更思辨，做事更智慧。而心理学则能够让我更了解我们所处的对象，让教育更有针对性。所以，我更愿意从马克思主义的"人的全面发展"哲学和马斯洛的需要层次理论来阐述我对幸福的理解。

恩格斯也指出："全面发展的人必须是体力和智力获得充分自由的发展和运用的人。"马克思主义极其注重人的主体地位，肯定人的价值、人的个性、人的尊严和人的全面发展，每个人的自由幸福的发展才是一切人幸福的条件。而马斯洛的需要层次理论则更注重人类五大需求的满足。从最低到最高的五种需求分别为：生理需求、安全需求、社会需求、尊重需求和自我实现需求。这五种需求对于人类健康幸福的生活都是必不可少的。马斯洛的需要层次理论强调一个"层次"性，也即是这五个需求的顺序性，每一种需求满足都是以比它低一层的需求的满足为前提条件的。所以人要获得自我实现的快感，必须以健康的体魄、良好的人际交往等为条件。

是的，幸福存在于一切个人的生活的一切方面、一切层次。正如上海师范大学刘次林所说："幸福是人性得到肯定时的主观感受，由于对人性做了全

①　却咏梅. 把阅读还给儿童把幸福还给教育. 中国教育报，2011-12-08(5)

面的规定，所以幸福的主观感受也就要受到客观伦理的规定。幸福是集生理
性、心理性感受于一体，集个体性、社会性感受于一体的，所以它有更丰富
的内涵。"①我们对于幸福内涵只是基于现实的状况作出冰山一角的解释。但是
有一点是肯定的：幸福不同于简单的快乐，幸福是一种生命体验。

我们认为：真正的幸福，不仅仅指的是人生活中的每一个时刻都是快乐
的，而是指人的生命整个状态是积极向上的。我们可以经历痛苦，但要明白
这些痛苦的真实意义，并且知道这些痛苦之后，依然指向幸福。甚至可以说，
这些痛苦也是幸福的一部分，所以总体上仍然是幸福的。

幸福是什么呢？幸福是一种对生活的肯定和享受，感到人生充满着希望
和快乐，并愿意长期维持这种状态的心情。从我自己的亲身经历出发，我有
理由相信，幸福感不是某种外在的标签或是技术手段可以到达的状态，而是
一种精神世界的内在把握和感知。

其实我们生活中不缺少幸福，只是缺少发现幸福的眼睛。现在的孩子很
多都是是幸福盲，他们"身在福中不知福"。2005 年我们育才提出的教育理念
"为每一位孩子的幸福人生奠基"的出发点与归宿就是学生的幸福，就是要有
欢乐、幸福及对世界的乐观感受，每时每刻沉浸在快乐幸福之中。当我一大
早站在大厅迎接我的学生们，他们一拥而来，抱住我的腿，拉住我的手，亲
住我的脸的时候，我快乐幸福的一天就开始了，所有安全的压力、经费的压
力、发展的压力都化作一股力量，让我精神抖擞地投入工作。天天如此，这
就是幸福。幸福是一种发自内心的愉悦，幸福是一种自我接纳的内心体验。

二、"成长"与"成功"

我以为义务教育阶段成长比成功更重要。我们知道"成长"是一个关乎教
育、人才乃至整个社会的话题。每位学生都渴望知道自己该如何走向成功，
每位家长都希望自己的孩子尽快成才，每位教师都期盼自己教出来的学生早
日取得喜人的成绩。但是，成功并不能等同于成长。成功是你的目标，成长
是你达到目标的道路。这条道路并非一帆风顺，有的人没能坚持到终点，有
的人在挫折面前选择了软弱和妥协，也有的人用正确的方法和坚定的信念取
得了令人瞩目的成功。

我思考的幸福教育定位就是关注孩子成长路上的"成长"状态，而非成功
的结果。如果把整个人生当作一次长跑的话，在长跑的过程中，你遇到了高
手，被人家甩得很远，不能着急，不能乱了自己的方寸，该怎么跑还是怎

---

① 刘次林. 幸福教育论[M]. 北京：人民教育出版社，2003

跑。记住，不要在乎中途的快慢，最后胜出的人才是真正得胜者，这才是真正的成功。

教育的本质是生成，是使人自由地生成。雅斯贝尔斯在他的《什么是教育》一书中也说："所谓教育，不过是人对人的主体间灵肉交流活动，它包括知识内容的传授、生命内涵的领悟、意志行为的规范，并通过文化传递功能，将文化遗产交给新一代，使他们自由地生成，并启迪其自由天性。而教育的目的就是使受教育者达成自我生成，创造自己，最终成为自己。"①我以为教育的最高境界是帮助受教育者在成长的道路上自我实现，充分挖掘自己的潜能，走向成功。

成长就是"做最好的自己！"如同《中国少年儿童幸福成长宣言》所说，"自信我要自信，相信并发现自己独特的价值。超越我要超越，只跟自己比，超越自己就是赢。"

有时候我们即使优秀了还是不快乐，那是因为我们对"最好"的含义理解就是战胜别人，而没有想到真正的最好是"成为最好的我自己"。比优秀更重要的，那就是"我自己"。我们没有能够更优秀起来，往往不是因为我们天生不够聪明，而是因为我们失去了"我自己"。不是按照自己的想法去使用聪明，而是按照别人的标准使用自己的聪明。

凌志军曾经研究过在微软亚洲研究院里一群中国人的故事，得出十条在成长道路上最终走向成功的结论。其中五条是：他们全都有一个充分发展独立意志的过程；他们在中学和大学时期拥有广泛的兴趣；他们无一例外地在自己想要做和适合自己做的事情上投入更多的精力；情商都显示出比智商更重要，他们拥有健康的性格、良好的学习态度和学习习惯；他们都经历一个"开窍时期"，而这一时期几乎全都发生在大学二年级到三年级；他们全都在关键时期遇到了优秀教师。

于是，我们必须意识到孩子是发展中的个人，他们虽然现在还未完全成熟，但是他们是具有潜力的，他们的发展是超出我们想象的。所以我总是在想儿童不仅是一个"儿童"，而是一个真真实实的"人"；儿童的活动不仅是"儿童"的活动，还是"人的"活动。看不到"儿童"与"成人"之间的差别是错误的，但是看不到"儿童"与"成人"之间作为"人"而存在的共同性也是不对的。正如石钟英《教育哲学导论》中说到"人的存在与教育的关系"时指出：作为人，他是有存在的意向性、存在的文化性、存在的时间性、存在的语言性、存在的独特性等几个方面作为人的存在特征的。

---

① （德）雅斯贝尔斯. 什么是教育[M]. 邹进，译. 北京：三联书店，1991(03)

　　我认为作为教育工作者，尤其是作为育才人，我们不能仅停留在"生存的教育"，而应该要上升为"存在的教育"。让学生每时每刻沉浸在幸福之中。

　　所以，我认为教育的过程理应成为儿童体验幸福成长的过程。基础教育就应该是"为每一位孩子的幸福人生奠基"。我们的教育让孩子每时每刻"沉浸在成长之中、沉浸在美好的生活之中"，让每一位孩子在育才有存在感、尊严感、成长感、成功感，如果能做到这一点，那就发挥了育才教育的功能，体现了育才教育的价值。

　　所以我说，学生在学校里有没有获得幸福，应该是衡量学校教育成效的根本标准之一。所以，我们的教育就应该承认孩子有在受教育的过程中获得幸福的权利；所以，一切有利于孩子精神世界成长的活动，一切与孩子的身心发展需要一致的活动都有可能给孩子带来幸福；我们的教育就应该采用多元化的评价方法，多层次多领域地撞击孩子的成长；我们的教育应该让孩子有被人承认、被人欣赏的满足感，克服困难实现目标的成功感，被人关爱、受人尊敬的幸福感。

三、"当下"与"未来"

　　以上所说的幸福侧重于情感体验，强调幸福是多方面的，涉及生理幸福、心理幸福和伦理道德幸福等，这些都是横向解释。但从时间纵向来说，我们必须承认，每时每刻都会有令我们感到幸福的事出现，我们是及时抓住"当下"的幸福还是关注"未来"的幸福？幸福有未来和当下之分，如何处理当下的幸福与未来的幸福之间的关系，是对我们人生的拷问。当下的幸福更多的是指我们近期能感受到的情绪体验，一种积极向上的情感体验，如果我们的生活能够令自己舒坦，令自己所在乎的事物走上正常的轨道，那就意味着我们的生活是令人满意的，就能说我们生活在幸福中，在体验着幸福。而未来的幸福，对于当下来说，是一个虚无的存在，它更多地存在于我们的脑海中，是我们对于幸福生活的强烈预期和美好愿景。它是我们当下生活的动力和源泉。我们目前的努力奋斗，很大一部分是因为想要获得未来的幸福。当下与未来的幸福都是我们要把握的。没有当下幸福，我们的人生就是一种虚无缥缈的存在，对未来幸福的追求也没有了立足之地。而如果没有对未来幸福的追求，我们体验当下幸福的能力和动力也会大幅度降低。

　　但是，往往现代人追求未来的幸福更胜于对当下幸福的关注。人的内心都有对成功的无限渴望，追求卓越，似乎是一种本能。所以很多人心甘情愿为了未来的成功，吃苦耐劳，坚毅隐忍。

　　家长教育孩子，"只要你好好学习，将来有一天你就知道学习的价值了，那时候你就幸福了，现在苦点算什么？"同时他们还自我安慰着，"为了孩子的明天，我吃点苦算什么？"。甚至在学校里，班主任、任课老师会对学生许下类似的诺言，"考前这几天你们认真复习，多做题，只要这次考试考得好，我就答应你们……"

于是，学生在这样的环境熏陶中，认为学习理所当然是苦的，不辛苦就不叫学习，对学习的排斥感自然而然爬上了心头，学习过程中就很难体验到快乐。却不知，世上还有一种"快乐学习"存在。这是对当下和未来幸福关系的扭曲。在浮躁功利的社会中，名、利、钱堪称是衡量成功的标准，很多人不择手段，就是为了有一天能够获得"成功"，那么他就满足了、幸福了。这是对未来幸福的扭曲。

除此之外，还有一种心理使人容易忽视当下幸福。人们往往认为未来的幸福是一种不确定的存在，却又对当下的幸福，熟视无睹。我们总在寻觅幸福、渴望幸福，殊不知，幸福其实很简单，关注当下，活在当下就能体验幸福。人生的美好，并不在于生命的长度，而在于真实地体验当下。

然而，关注当下幸福并不等同于享乐主义。享乐主义最早由哲学家伊壁鸠鲁提出，他认为人活着就是要追求快乐，不仅是短暂的快乐，而且是持续的快乐。享乐主义不断演变，演变到现在已经成为一种把自己的快乐建立在别人的痛苦之上的错误价值观。享乐主义也追求当下的快乐，但更强调不顾一切追求的当下快乐，即使它会造成社会财富的巨大浪费，危害他人造成人际关系紧张。享乐主义关注的是自我的快乐，与他人无关，以自我为出发点。关注当下的幸福虽然也包含追求当下快乐的含义，但幸福不是简单地等同于快乐，追求当下的幸福也不能以危害他人，牺牲其他为代价。追求当下的幸福是一种追求快乐与意义相结合的方式，是一种合理健康的生活方式和价值观。

哈佛大学泰勒·本教授在他的《幸福的方法》中对幸福做了相当彻底的解释，其中有一个观点我非常认同："幸福是快乐与意义的结合，真正快乐的人，会在自己觉得有意义的生活方式里享受它的点点滴滴"。① 这与我所说的当下与未来的幸福可以进行对接。"快乐"其实强调的是眼前、当下的利益，我们需要有一种情感来表达事物带来的满足感，一旦得到满足，我们就会觉得快乐。而"意义"则强调未来的利益。意义是对人自我实现的肯定，也是一个人对于自己为社会、为他人所做贡献的肯定，对自己存在价值的呼唤。如

---

① 泰勒·本-沙哈尔. 幸福的方法. 汪冰，刘骏杰，译. 北京：当代中国出版社，2009

果能够达到这一层，那么生活就是有意义的，也是幸福的。

因此，站在教师这一岗位上，我们既要关注孩子们"当下"的幸福，更要关注孩子们"未来"的幸福。波兰伟大教育家亚努斯茨·科尔克扎科在他的著作《如何爱孩子》一书中强调，孩子应享有三种基本权利，即展现自我的权利、享受今天的权利、决定自己生命终结的权利。

科尔克扎科之所以强调孩子有享受今天这项权利，是因为如今很多孩子必须从小学很多东西以保证自己有个美好的未来，这导致他们失去了真正的童年。教育学中的一个重要问题在于：如何既让孩子们做好迎接未来的准备，又保证他们现实的幸福感受，解决这两者之间的"矛盾"，是值得我们深深思考的问题。

第三节　培育幸福——让幸福与教育同行

一、幸福的教育

教育和幸福有着怎样千丝万缕的关系？苏霍姆林斯基说过："教育学方面真正的人道主义精神就在于珍惜孩子享受欢乐和幸福的权利。教育必须保护孩子心灵中巨大的、无可比拟的精神财产和精神财富——欢乐和幸福"。① 在义务教育阶段，应该让孩子们真正感受到自主是幸福，实践是幸福，分享他人成果同样是幸福；应该让孩子们真正感受到成长是幸福，不断超越自我是幸福，克服困难实现一个个小目标同样是幸福。

自从有教育以来，人们就一直孜孜不倦地探索着什么是完美的教育。在各种探索记载中，有一种说法非常诱人，那就是教育要以幸福为目的。那么幸福与教育有着怎样的关系？什么是幸福教育？

（一）幸福与教育

在教育学领域的幸福既有哲学观上的幸福意义，又有自己的倾向性。教育学领域的幸福是首先关注个体的，个人的幸福是所有孩子幸福的前提；教育学领域的幸福标准是相对的，是能够被学生理解的群体标准，而不是以成人世界的幸福来评判的；教育学领域的幸福具有自身发展性，我们绝对不能"为了学生的幸福"而滑向"剥夺学生的幸福"的危险边缘。

正如刘次林所说，教育以幸福为目的是一种实然存在，教育以幸福为目

———————————

① 苏霍姆林斯基. 苏霍姆林斯基选集(第二卷). 北京：教育科学出版社，2001：183，186

的是一种应然追求。教育，从其目的意义上来说，就是培养人的生活能力、幸福能力；就其过程来说，它本身就应该是一种生活、一种幸福。"教育以人的生活为目的"①，教育尊重人性，以完善人生为目的。而幸福是人生的主题，人生的追求。所以，教育和幸福的关系就是：教育的主要目的在于使孩子获得幸福。要使孩子成为有教养的人，有欢乐、幸福及对世界的乐观感受。教育学方面真正的人道主义精神就在于珍惜孩子享受欢乐和幸福的权利，这是为了促进人的终身发展和终身幸福。

（二）幸福教育——培育幸福品质②

其实，每个人都是根据自己真心认同的幸福观来真实地感受幸福的。孩子没有幸福感，或者说身在福中不知福，都是因为孩子缺少正确的幸福观、幸福品质和感受幸福的能力。

幸福能力是指人的发现幸福、创造幸福和享受幸福的能力。幸福教育如若不能最终落到幸福能力的培养上，将会变成一场走秀。

学生的幸福能力是在教师的作用下、在师生的相互作用中生成的。幸福教育就是将相对较高的教师的幸福能力"移植"到幸福能力相对较低的学生身上，使学生从主要由教师赋予幸福渐次转变为主要由自己去创造和享受幸福。

幸福之所以是一种能力，就在于它有包含理性与德性成分的幸福观念。所以，幸福能力的教育，从根本上说就是这种幸福观的教育。幸福观是人在受到一定刺激时是否产生幸福感的"标准"。从历史的维度来看，幸福观是人的当下幸福体验与未来幸福体验的统一；从社会的维度来看，幸福观是个人幸福与社会幸福的统一。

> 幸福教育就是通过教育实现人的幸福并在过程中体验幸福。在这里我们强调的就是要帮助学生养成幸福品质。幸福品质是指人发现、创造并享受幸福的能力，存在有意识与无意识两种层面。

这种幸福品质的教育就是幸福观的教育，作为教师，要在发现、创造并享受幸福的能力上强于学生，才能帮助学生培养幸福品质。这种幸福品质分为有意识和无意识两种层面。有意识的幸福品质主要靠一个人的理性来控制，比较容易受个人知识、外界条件影响；而无意识层面的幸福品质主要靠一个

---

① 刘次林. 幸福教育论. 北京：人民教育出版社，2003
② 关于"幸福品质"，刘次林在他的《幸福教育论》里面有明确的概念和详细的阐述，即儿童发现、创造并享受幸福的能力，本书中引用这一概念进行论述。

人的价值观来主导，是比较深层和固定的，要通过影响孩子有意识层面的幸福品质进行完善；深层的幸福品质的养成主要靠生命体验的教育方式。

之所以觉得生命体验的教育方式在幸福教育中最为合适，主要是因为受了陶行知先生的影响。他的"教育为公，爱满天下"的教育理想观一直是我做教师这么多年的动力。而他的"五大解放"理论更是我推崇生命体验的幸福教育方式的思想源泉。反思我国的基础教育，有太多禁锢学生行为、思想的做法，所以学生得不到自由空间，力量无法释放，感受不到幸福。而陶行知先生的"五大解放"理论正可以为我们现今的教育所借鉴。

正如张文华等人所解读的那样，陶行知先生指出：要解放儿童的头脑，要把儿童从迷信、成见、曲解、幻想中解放出来；要解放儿童的双手，双手不仅可以用来写字，还可以做其他很多有意义的事，应该让他们做愿意做的事，使他们的双手发挥真正的作用；要解放儿童的嘴，让他们多开口问、开口表达意见；要解放儿童的空间，让他们接触丰富多彩的世界，使触觉变得灵敏，而不是麻木不仁；要解放儿童的时间，给他们更多的自由支配的时间，去延伸有限的生命，实现真正的价值。①

这"五大解放"理论对我触动很大。我们要培养学生发现美、发现幸福的能力，就必须给孩子自我发现的机会，让他们能够在头脑中天马行空，用他们的双手或嘴把他们的发现淋漓尽致地展现出来；我们要培养学生创造幸福的能力，就必须给予其更多思考的空间，让他敢于向权威挑战，敢于向常规发难；我们要培养学生享受幸福的能力，就要给予他更多的时间做自己喜欢做的事，享受它独有的快乐。说到底，如果教育、学习是千篇一律地被动模仿，到时候学校就是一个大工厂，出产同样的学生，那么作为学生，看到身边到处是与自己一模一样的人；作为老师，看到毫无生气的学生，有何幸福感可言？所以，我们要培养学生独特的创造能力，让其在接受教育的过程中，亲自体验幸福。

二、幸福的孩子

（一）幸福的孩子是自主的

亚里士多德认为，幸福的人就是将人的功能发挥至完善境界者，幸福即"优秀地"实现人的功能，就是要达人之性。自然赋予了我们诸种感官，我们就得让它们发挥其功能，各得其所。有眼就要看，有口就得吃、就得说，有

---

① 张文华，谷峪. 解读"五大解放"理论，反思我国基础教育[J]. 教学与管理，2002
(5)：3～5

手脚就得动，有头脑就得想，有社会关系就得交往，让诸器官和谐地"自我实现"，就会使人体验到幸福。

使教育充满幸福的关键在于在教育中运用隐藏在学生内心深处的那些力量，朝着儿童生命潜能成长的方向努力，使儿童更好地拥有幸福。用"内心的满足感"使孩子产生幸福，以调动孩子的积极性。只有在内在精神的满足下，一个人才能发挥出最大的、最持久的潜力，这种"内在精神的满足"是幸福的最高境界。

当前，学生在教育过程中的不幸福，不仅来自于过重的课业负担，更可怕的是，学校、教育成为心灵的"屠宰场"，生命失去了灵动，失去了自由的放飞。幸福的教育呼唤把自由还给学生，把精神发展的主动权还给学生，努力为学生创设一种"海阔凭鱼跃，天高任鸟飞"的环境和机制，让他们自主地自由地翱翔！在义务教育阶段，我认为我们能有所作为的就是让孩子自主地设计策划自己喜欢的活动，让学生自主地参与到活动中来，一个都不能少，人人都能体验活动带来的愉悦，体验活动感悟的幸福。

(二)幸福的孩子是会生活的

幸福是一种能够按照自己的意愿去生活的心灵自由。在我们学校，像穿脱衣服、洗脸洗澡、学具整理这些简单的自我劳动全由孩子独立完成。回家后，他们还会承担必要的家务、参与家庭劳动，这不仅培养了孩子的生活能力，更重要的是培养了孩子吃苦耐劳的品质、勤劳的性格和对家庭的责任感。

"生活的满足感"使孩子产生幸福感，教师在孩子理解的范围内，讲一些伟人的故事，指导孩子看一些有意义的书或电视剧，让他们从中领悟什么是人生的真正价值，可以调动孩子对精神方面的幸福追求，引导学生在精神生活的其他领域表现自己，树立自己的自尊感和自豪感。

一些家长对孩子百依百顺，不让孩子做任何事情，舒适、平静、安稳的生活，剥夺了孩子自我能力表现的机会；衣来伸手、饭来张口的生活方式，导致了孩子独立生活能力的萎缩，一旦走上社会他们便会无所适从。因此，要让孩子幸福，首先要鼓励孩子做力所能及的事情，学会生活。寄宿制学校，就是一个小社会，会生活是必需的，也是幸福的。

(三)幸福的孩子是会创造的

幸福是一种过程，也是一种状态，同时也是一种能力。学生除了要具备感知幸福的能力外，还应具备创造幸福的能力。感知幸福的能力和创造幸福的能力，是构成幸福能力的两个重要方面。学生只有在创造的过程中，才能感知到真正的幸福；也只有在感知到真正的幸福时，才能体会到创造幸福的价值所在。

在结果上，幸福教育来自于生命的超越性和对可能生活的追求；在行动上，幸福教育来自于自由、自主的创造性活动。一个人只有在自由自在的创造性活动中实现自己的生命追求，他才是一个幸福的人。

幸福是一种追求状态，是心灵不断成长、发展、完善的过程。教育应该成为幸福的理由。我们的幸福教育就是使学生的智慧和人格同步发展，在育才的所有学生都有理解幸福的思维、创造幸福的能力、奉献幸福的风格、体验幸福的境界。只有拥有提高生命质量的高素质，才能成就高品位人才，促进个人与社会的和谐发展。幸福教育是为了改善人的生存状态，提高生命质量，是为了学生更幸福地活着。说到底，育才学校的幸福教育就是要为每一位孩子的幸福人生奠基！

第四节 幸福教育——用教育成就人的价值

一、人文关怀——幸福教育的价值所在

综观中国的教育发展过程，我们可以看到教育从来都强调对人性的培养，从诸子百家到近代的教育先驱，最终都在一定的程度上针对人性提出自己的教育主张，荀子的"性恶论"、董仲舒的"性三品论"、王充的"人性渐染"观、朱熹的"存天理、灭人欲"等，一直到现代陶行知的"教人求真、学做真人"的教育观，都十分重视教育人的精神世界。教育发展到 21 世纪，教育的对象陷入物质丰富、精神贫瘠的现状中，孩子们幸福感的缺失，我们的教育也有责任。

（一）以人为本

幸福教育必须树立以人为本的教育理念。人类教育活动经历了从"神化"教育、"物化"教育向"人化"教育转变的历史进程。中世纪以前，神性统治一切，表现为"崇拜的教育"。文艺复兴后，尽管破除了神性对人性的压抑，人类又把自身"外化"为"物"，教育表现为"物化"。近代以来，随着现代科技发展和人性觉醒，"人化"教育成为必然。

人的发展是最根本的。现代教育不是管理人、约束人、控制人，而是创造条件发展人。现代教育的核心是不断提升人自身建设的水准。以人为本是现代教育的价值理想和思维原点。它是对人主体作用的一种尊重和肯定，人是最大资源，最大财富，最高价值；它是一种价值取向，尊重人、理解人、

为了人、解放人；它是一种思维方式，不仅要把握规律性，还要符合人性发展要求。以人为本教育理念的核心在于对人性的充分肯定，对人的潜能智慧的信任，对人的自由和民主的追求。坚持以人为本教育理念，根本目的在于对人性的唤醒和尊重，最广泛调动人的积极因素，最充分地激发人的创造活力，最大限度地发挥人的主观能动性。当一个人最大限度地发挥主观能动性的时候，是最幸福的。幸福教育追求的就是这种状态！

（二）人文关怀

以人为本的教育理念，就是要体现人文关怀和道德情感。仁爱思想有着深厚的历史渊源。孔子提出"老有所终，壮有所用，幼有所长，鳏寡孤独废疾者，皆有所养"；孟子大力提倡"出入相友，守望相助，疾病相扶持，则百姓亲睦"；墨子劝人"有力者疾以助人，有财者勉以分人，有道者劝以教人。若此，则饥者得食，寒者得衣，乱者得治"。这些仁爱思想几千年在中华大地延续发展，促成中华民族淳朴善良、忠信豪爽、扶危济困、乐善好施的传统美德。有一种爱是人间之爱，有一种情是手足之情，有一种力量是意志的力量，有一种精神是伟大的民族精神，要把这种爱与情，力量与精神深深熔铸在以人为本的教育理念之中。

从根本上讲，教育不仅是文化的传递，更是人格的塑造。唤醒人类良知，这是教育工作的全部含义。教育是做人的工作，人是有理性的，也是有感情的，感情决定着思考的方向，理性决定着思考的结果，只有以情感人，才能以理服人。人的情感是丰富多彩的。健康的情感以提升现代人格为目的，以弘扬民族精神，培养学生热爱生命、热爱生活、热爱自然、追求高尚情操为己任。从主体需要出发得到的人文关怀，能够产生道德情感、道德意志、道德信念、道德理想。

人文关怀就是要使人的精神支柱、人的意义追求、人的终极理想植根于现实生活。人文关怀是人性不断升华的依靠。瑞士著名教育家裴斯泰洛齐说："从早到晚我一直生活在他们中间，我的手牵着他们的手，我的眼睛注视着他们的眼睛。我随他们流泪而流泪，我随他们微笑而微笑。"从这一角度讲，学生幸福的人生是由爱唤起的，学生美好的人生一开始应当掌握在教师手中。师爱和母爱同样伟大。母爱给学生以成长的生命，师爱给学生以发展的生命。教育要用伟大的爱心融化学生心中的冰层，开启学生尘封的心智，拓展学生美好的人生。爱是教育的核心，情是教育的生命。教育需要爱，更需要情。没有爱的教育是死亡的教育，不能培养情的教育是失败的教育。只有既有爱又有情的教育才会给孩子带来幸福感并伴随孩子的一生。"爱满天下"是育才幸福教育的根基。

（三）发展个性

个性即禀赋，一般表现为兴趣、爱好、特长。幸福教育应该为具有不同禀赋和不同潜能的学生创造一个发展的空间，提供一个开发潜能、勇于创新的机会。基础教育如何做到这一点？我们始终认为，基础教育应培养学生兴趣爱好，发展学生个性特长，尤其不要抑制学生的好奇心。有人说得好："好奇心可以害死一只猫，但可能造就一个科学家。"创造个性是教育的灵魂。没有个性就没有人才，没有创造性。创造个性的特征有：高度的自主性和独立性、强烈的好奇心、旺盛的求知欲、丰富的想象力和直觉力、广泛的兴趣和良好的心理。人无个性必平庸。个性愈强，愈可能出类拔萃，取得成功。一个拔尖人才不是样样都强，只是在某一个方面或某几个方面有独到之处。古人讲，有高山才会有深谷。人把聪明智慧用在这几方面，另外方面往往容易出现缺陷。如果求全，只能助长平庸，抹杀卓越，埋没人才。

我们认为：个性发展是全面发展的核心，没有个性发展的全面发展很难说是全面发展；全面发展是个性发展的基础，没有全面发展的个性发展可能是一种畸形发展。现在我们往往把全面发展误解为全科发展，要求学生样样都学，样样都精，样样都行，事事都成，结果将来可能一事无成。

（四）有幸福感

为什么繁荣、富裕、便捷的现代生活有时候不能带给我们所期盼的幸福生活？答案就在于现代社会越来越远离一种人文关怀，这种人文关怀的缺失使我们对这个现实世界越来越陌生，人们正越来越多地失去自己的精神家园。

幸福教育应该丰富学生的需要，使得他们能够用丰富的需要去感受客观世界的丰富属性，使他们在学生主体的感受与客体的统一或丰富需要的满足中体验到丰富的幸福情感。但是我们的教育并没有很好地做到这一点：没有想到去照顾学生的丰富需要，没有用自己的教育活动去满足学生的丰富需要，更多的是通过教育把人的需要本性片面化，使学生丧失了本该享有的很多幸福机会。教育把人局限在学习活动中，教育又把学习活动狭隘化。造成这种危机的原因很多，审视今日教育，其价值取向之偏颇，在于过度的实用主义和功利化。学校偏重于科学教育，疏忽人文精神的培养和关怀；重视教会学生生存的手段，疏忽引导学生懂得生活的意义。

幸福教育应该更多地考虑人的自身发展。换言之，就是要将教育的目的还原为让学生拥有幸福感。时代呼唤着幸福教育，要变人为的教育为为人的教育，要变生存的教育为存在的教育。从这个角度来说，人文关怀的最终归宿就是让人体会到幸福并拥有幸福。

二、为孩子的未来奠基

人是社会性动物，除了有自然人的特点外还有社会人的特点。孩子也一样，从一出生就作为一个社会人与外界不断地接触。我们无法找出自己有什么时候是不与社会接触的。随着年龄的增长，孩子的社会化会越来越明显，教育就是在这一过程中帮助孩子顺利地接触社会、适应社会和改造社会。很多现行的教育其实是不利于个体社会化的。把孩子培养成高分低能、内心冷漠、自我中心的教育，试问孩子如何在社会中立足？不适应社会而强行把孩子置于社会中，给他们带来的只会是痛苦。只有幸福教育，它关注孩子的各方面需要、帮助孩子找到兴趣所在，并鼓励孩子朝着自己的幸福持续地努力；它让孩子学会亲身体验生活，接触周围的自然和人文环境；它让孩子学会与人沟通，学会爱自己，进而学会尊重他人，关爱他人。这样的教育才能够帮助孩子将来顺利承担社会责任，扮演社会角色，并在社会化过程中享受这一过程。

育才传统的六大节日（读书节——让读书成为孩子的一种享受；数学节——让数学深入生活解决问题；科技节——让创造成为孩子的思维方式；体育节——让运动成为孩子的生活方式；艺术节——让美常驻孩子的心灵世界；英语节——让孩子拥有通向世界的通行证），都是为了让孩子体验自我实现的快乐和幸福而设立的。教育由于有了这种自觉，所以对实现人的幸福体验的提升不仅负有责任，也有优势。教育就是要帮助学生实现幸福的内外两种价值的转化，把幸福的外在享用过程转化为学生的内在素质体系，又用内在的素质去反作用于学生的幸福感受。幸福教育就是在教育中创生出丰富的幸福资源，鼓励学生充分享用现有的各方面的幸福资源，过上实实在在的幸福生活，在学生的幸福体验中注意培养幸福能力——努力创造幸福资源、正确面对幸福资源、充分享用幸福资源的能力。

教育是要帮助人成为他自己，只有充分挖掘个体的潜能，充分张扬个性，才能使这个世界显现它的本来面目，缤纷多彩。教育学领域的幸福是针对个人的。对于各个年龄阶段的孩子我们都要予以尊重，而且个体的幸福不是外界给予的，是个体自我感受体验到的。我们所说的幸福教育，也主要是针对每一个个体。育才的幸福教育是"为每一位孩子的幸福人生奠基"，从这里就可以看出我们关注的是一个点，关注的是个体的差异。孩子来自不同的家庭，有不同的背景，特别是育才的孩子，来自世界各地，大家的风俗、生活习惯都有差异，我们的幸福教育是要促进孩子的个性化，而不是一体化。幸福教育为个体化创造条件，因材施教，鼓励创新，鼓励坚持，鼓励实践，帮助孩子不断发展自身，彰显自我，过自己的生活。幸福教育为孩子的个性发展提供宽松自由的环境，让孩子插着渴望幸福的梦想高飞。育才的孩子将来走向社会，都会有各自的领域，都会有值得骄傲的特长，都会有值得回味的幸福。

幸福本身是用来细细品味的。我们的幸福教育是要培育孩子的幸福品质，幸福品质包括发现、创造和享用幸福的能力。全面幸福观指导下的幸福教育中，孩子的需求得到满足，包括生理的需求、安全需求、社会需求、尊重需求和自我实现需求，精神世界得到充实，自然而然会感到幸福快乐，这就是一种享受。而且，在以幸福教育为理念的校园里，到处弥漫着幸福的味道，这是一种怎样的享受？"教育的理想，就是让所有的学生成为幸福的人"，为孩子的未来奠基。

三、为教师成就幸福

当时讨论本书书稿如何定位时，有一点非常关键：我既然写"幸福教育"，那就必须在写的时候享受幸福，让读者在读的时候也感觉到幸福，那样才是真正的幸福教育。同样，教师在进行幸福教育的同时，也能从中感受到幸福。

教师的最高境界是把教育当作幸福的活动。教师的职业境界有四个层次：一是把教育看成是社会对教师角色的规范、要求；二是把教育看作出于职业责任的活动；三是出于职业良心；四是把教育活动当作幸福体验。前两个境界是一种"他律"的取向，后两者是一种"自律"的取向。幸福教育就是为教师成就幸福，就是实现从"他律"到"自律"的转变。

我的幸福生活是从每一个早晨开始的，当我一大早站在大厅迎接我的学生们，孩子们一拥而来，抱住我的腿，拉住我的手，亲住我的脸的时候，我幸福的"24小时"就开始了。我的所有压力都化作动力，无私地投入到紧张而又愉快的学校工作之中。几十年如一日。我始终认为，能够把工作当成幸福的人并不从奉献中感到有什么损失，实际上，她甚至不会意识到自己是在奉献，她只从工作中感到生命的充实和生活的幸福。相反，那种口头上总是说自己在奉献的人，奉献精神反而最差，因为他总是感到自己吃亏，所以他是不幸福的。

生活中的许多不幸源于不能在奉献与索取之间保持平衡。有幸福能力的人不是消极地把幸福看成是结果的、静态的、有限的东西，而是把享受用创造的形式体现出来，将创造幸福的过程当作享受幸福的过程，所以，他的享受是积极的。如果幸福只是一种结果，它将在人的享受过程中逐渐减少；如果幸福是一种过程，享受的过程就与创造的过程融为一体，这样，幸福便越享受越丰富、越生长。对于教育中的教师来说，教育的过程既是创造幸福、也是享受幸福的过程。

不仅是我，我们育才的每一个老师在幸福教育过程中都体验着生活的幸福。1995年，育才实验学校从无到有，9个老师、1个厨师、1个生活老师和1个校医，12个人就这么撑起了两个班36个学生。那一年，刚刚师专毕业未满20岁的体育老师郭立勇来到育才成为最有勇气的老师之一。这所小学的性质是国有民办，是当时的西湖区教育局主力打造的，希望将其建成一所代表西湖区教育品牌的一流寄宿制学校。学校配有钢琴教室、电脑教室等专用教室，一年级的孩子进校就开始必修英语、钢琴……也许，正是基于这样一种与众不同的思想，育才才能发展成现在的规模。

还没结婚，郭立勇就当了"爸爸"，那一年，他才19岁。

"我自己还什么都不懂的时候，就要开始管一群小孩子的饮食起居，真的跟当爹没两样。不喜欢吃饭的要哄着喂，不好好睡觉的要陪着睡，半夜还会突然惊醒，看有没有孩子踢被子，还要定时叫一些孩子半夜起来上厕所。"郭立勇的这段话也同时印证着育才创业的艰苦和幸福教育起步的快乐。

那时候，每一个生活老师和值班老师手上都有一个小本子，上面记满了每个学生不同的生活习惯：最爱吃什么，半夜几点要上厕所，有没有什么药物过敏等。"把每个学生就当作自己的孩子，必须要把他们照顾好，不能有丝毫的闪失。"

郭立勇自己都说不出，当时怎么会有这样的耐心和细心，一个毛手毛脚的大小伙就这么陪护着学校里的孩子，从三十六个到七八十个，再到现在几千人。

"现在自己有小孩了，还没有像以前照顾学生那样照顾过自己的孩子呢。"郭立勇说这话的时候，微微带着笑，有那么一点无奈，有那么一点自愧，但谁都无法忽略，他在回忆过去时，眉眼间流淌的是细细的幸福和快乐。"也许是因为希望吧！总相信，这些孩子很快就会懂事的！而且，学校经历了两次搬家，育才从无到有、从小到大，从弱到强，从无名到知名。我们创业过，还将一直创业着，而我们的事业，就是这里所有的孩子。"

像郭立勇这样没有结婚，就被孩子们称呼为"老师爸爸""老师妈妈"的老师，还有一大批……他们都有共同的愿望，也都有着满满的幸福体验。看着越来越多的育才孩子走向世界各地，就是育才人的幸福。

为了落实幸福教育理念，就必须对教师进行幸福教育的培训。使教师接触幸福教育理念，阅读更多书籍，接受幸福熏陶，从中体验幸福。当这些理念内化为教师的自身信念时，教师又会有一种满足感。当教师把这一理念通过自己摸索，转化为教育教学实践时，他感受到的是一种成就感。而当教师看到幸福教育过程中孩子们一张张快乐幸福的笑脸时，他能感受到一种巨大的安慰。这些无一不是幸福的体验。

我们知道，只有教师把工作扎入"我的"生活之中，与"我的"价值观、教育观、个性融合起来，才会像热爱自己一样热爱教育事业，才能使角色积淀成个性，达到角色自我与个性自我相统一的境界，才会越来越感到教师既是幸福的创造者，也是幸福的享受着。对于幸福教育的教师来说，教育不是牺牲，而是享受；不是重复，而是创造；不是谋生手段，而是生活本身。

教育是我生活的全部，幸福教育成就了我享受教育的过程。我在教师职业生涯中越来越热爱自己的工作。所以，在学校做的每一件事情，如果能够让我觉得满足、开心，得到积极的情感体验，而又让我意识到自己对于学生和教师有一种被需要的存在感，那么我就从这件事情中体会到了可贵的幸福。幸福不是快乐，而是快乐与意义的结合。幸福更是一种生命体验，即使短暂的痛苦，只要"痛并快乐着"那也是幸福，因为有体验的自由。在追求幸福过程中，如果能够正确把握当下与未来的关系，那就能时刻享受幸福了，人生幸福也就不远了。

四、为社会促进和谐

提倡让孩子"幸福地生活"的幸福教育有利于构建社会主义和谐社会。社会主义和谐社会就是全体人民各尽其能、各得其所而又和谐相处的社会，用社会学的术语来表达就是良性运行和协调发展的社会。我以为要做到如此，最主要的原则是要坚持以人为本。而幸福教育对"以人为本"的理念做了完整的诠释。

如果个体感受到了幸福，那么社会也就有幸福可言了。全民族的和谐人际关系是以个体的和谐为前提的。"和谐"是育才的学校文化关键词之一。我们要在力所能及范围内构建和谐的师生关系、和谐的生生关系、和谐的同事关系、和谐的校际关系、和谐的家校关系、和谐的周边关系、和谐的国际关系。只有教育系统能够做到和谐统一，各司其职，各得其所，那么整个社会才有可能和谐。

社会主义和谐社会关系到社会的方方面面。但是，目前教育领域还有很多不和谐因素存在。如以升学率来评价一所学校好坏，使得学校不顾学生个人幸福，以"短平快"的方式提升升学率；如师资缺乏，越来越多不合格的人混入教师队伍，用不恰当的教育方式教育学生，使学生感受不到学习的幸福等。在现行的教育体系中，很多时候身处其中的孩子感受不到其中的快乐和幸福，教师也压力重重，家长们都焦头烂额，社会埋怨教育……这样的不和谐因素存在，着实影响整个社会的健康发展。虽然不和谐因素不能完全消除，但是幸福教育理念的实施，有利于减少不和谐。如果不能惠及整个教育系统、惠及全社会，至少能够以"点"的形式，为部分学校、部分学生谋得幸福和谐。

五、幸福教育：艰巨而漫长

较长时期以来，社会对少年儿童的期望往往把砝码压在学业上，甚至出现了学业好就代替一切的现象，使得不少孩子学业上是一个佼佼者，而在生活上却是一个失败者：拼命学习，却不懂得生活，或根本不懂得怎样生活。提倡让孩子"幸福地生活"具有开创性的意义，这不仅对当今的少儿是一大福音，也是构建和谐社会的一大指标。它对"以人为本"的理念作了完整的诠释；深刻揭示了教育价值的内涵；尊重了生命存在的方式。要让孩子幸福地生活，教育的担子并不轻。因为，这不是放任自流，也不是姑息迁就。不是欣赏孩子懒惰，也不是培养孩子个人第一，更不是不管他人想当然，享受至上。相反，要进行科学的引导和健康的指引。目前城市大多数孩子缺少的不是物质的满足，而是精神上的快乐，即生活带给他们的幸福。"知心姐姐"卢勤在上海进行中国平和知心家庭全国巡回演讲时曾说，现在的孩子缺什么呀？成人得出的答案往往是"缺钙"、"缺钱"。但她认为，最大的缺失是"缺笑容"。缘何？她进一步分析说："在中国许多大城市，孩子们的物质生活相当优越，却难得看见他们发自内心的真诚的微笑。拍集体照时，如果不喊'茄子'，就会一脸苦相。"

对少年儿童来说，学习是成长的要素，是伴其终身的事业，因此勤奋学习是成长之源。然而，这种学习，也必须架构在生活的范畴里，学习生活是所有生活的一部分，离开了生活，就没有学习的物质基础。另外，学习本身也是一个涉及情感的高级活动，与生活幸福指数是相关的。现在的孩子不快乐，在很多时候是以过分、过重的知识学习"剥夺"了他们正常生活的权利。一些家长过高的期望值，将学习成绩放到至高无上的地位，成为束缚孩子心灵和手脚的绳索，使一些孩子一进校门就永远失去了生活的快乐。当一些孩子不堪重负，以命相争，甚至出现悲剧时，家长才认识到生活的意义，可那已为时过晚。

幸福地生活，尊重了生命存在的方式。生活，是孩子学会成长的天地，人为地拔高，非但不快乐，而且会产生逆反情绪。根据国际儿童游戏权协会（IPA）近日发表的研究报告，一个由专家和名人组成的委员会推荐了32件在10岁前应做的事，希望孩子们每完成一项"任务"就自行从这个"大名单"中勾除一项。在10岁前应做的32件事中，在河边草地上打滚、捏泥团、用面粉捏小玩意儿、采集青蛙卵、用花瓣制作香水、在窗台上种水芹、用硬纸板做面具、用沙子堆城堡、爬树等均在其中，也许这在不少成人看来，很低级，但这恰是孩子应有的生活。我们不能用成人的眼光评判孩子的生活，也不能用成人的生活代替孩子的生活，更不能用成人的观念抹杀孩子的生活。生活，人人有份，但并非人人一样。

幸福地生活，正是勤奋学习的基础，也是全面发展的前提。说到底，要培养孩子生活的勇气、生活的技能、生活的胆略、生活的智慧；要培养孩子生活的底气、生活的文化、生活的品位、生活的意义；要培养孩子生活的爱心、生活的义务、生活的责任、生活的使命。善待生命，热爱生活，具有责任，孩子拥有了这些，才会明白幸福的真谛，这才是"幸福地生活"的真正意义所在。

教育的对象是人，基础教育的对象是孩子，孩子作为还未成年的人同样拥有人的各种需要，包括受尊重的需要、自由选择的需要、享受愉悦生活的需要等。所以说教育的问题很大程度上是如何看待孩子的问题。我们希望孩子成长为一个对整个社会有用的人，但首先他要成为一个在各方面都合格，身心都很健康的人。我们的着眼点不应放在我们所仅仅能够触及的教育时段中，而要着眼于学生的整个生命过程；我们不应该仅仅关注孩子在学校中的学习和生活，还要关心他们在整个学习与生活的时空中的表现；我们不应仅仅注重学生的学科成绩，还要注意培养能够让孩子受用一生的能力以及影响孩子一生的观念。

所幸的是在十多年的教育实践中，我们越来越明晰这样的观念，于是在很多方面都强调对孩子的理解以及对教育本原的回归，始终要求要把孩子的需要放在重要的位置。在学校一直十分重视的小班化教育改革中，我们力求挖掘小班中孩子所享受到的单位教育资源较大班有所增加这一优势，让孩子能够在主动探索与快乐交往中实现更为个性化的创造性发展；结合学校实际以及新课程改革的大背景下进行的校本课程实践，我们始终落实以孩子的实践为主线，以孩子的需要为课程内容选择的要求，实现让孩子"短处不短、长处更长"的教育目标；在课堂教学的大环境中，我们以灵活的教学策略来激发孩子的学习兴趣，以激励性的评价来引导孩子主动求知，让孩子在课堂中获得成长的满足。此外，在班级文化建设中，在少先队的活动中，在节日特色文化中，在系列德育教育活动中，我们将孩子真正放在主体的地位，以实现孩子的自主教育和主动发展，这为培养孩子全面的素质和健全的人格奠定了坚实的基础。在以往我们认为比较难介入的家庭教育方面，由于学校推出的创建学习型家庭活动使学校与家庭之间实现了互相影响协同发展，这很好地为孩子的幸福成长搭建了桥梁。

但是我们也深刻地认识到，这些初步的探索还不足以解决长期遗留下来的教育痼疾，还不能说我们的孩子就真的完全找回了本该属于他们的幸福。我们只是踏出了探索的第一步，这一步从战战兢兢到越来越坚实，凝聚了很多人的心血。我们希望在"为每一位孩子的幸福人生奠基"这一理念的指导下，能够解决更多关于孩子教育的问题，让基础教育真正成为孩子幸福人生的起点。

说到底，人生为什么？——为了追求幸福！教育干什么？尤其是学校教育干什么？——为每一位孩子的幸福人生奠基。为让他们求学时感到幸福，走上社会依然追求幸福，"育才人"愿贡献此生。这是我们的夙愿，也是我们的办学宗旨。

> 教育以幸福为目的，是指以个人的幸福为目的。幸福教育始终要立于人的生命基础之上，理解孩子的苦衷，同情孩子的处境，宽容孩子的过失，保护孩子的天性，鼓励孩子的进步，撞击孩子的成长，关注孩子的幸福。幸福教育不是放任孩子享乐，而是指在教育过程中尽可能满足孩子需求，同时又提升孩子感受幸福的能力。

第三章

幸福学校
——指向幸福教育的办学之路

苏联教育家别林斯基说过：「教育者是多么伟大、多么重要、多么神圣，因为人的一生幸福都操纵在他的手中。」

「一生幸福」，多么沉甸甸的一个词，作为以幸福教育为追求的校长，我需要怎样的努力才能撑起这一份愿望？我只有在不断仰望星空的同时，在办学之路上脚踏实地地走下去。而不管这条道路中途有多么艰辛、困难，我作为育才的领头雁都会坚持，因为我们指向的是孩子的幸福，我们享受的也是幸福。

幸福并不是爬到了山顶的那一刻，而是贯穿于攀登全过程。幸福教育也是如此。

幸福从来就不是奢侈品，也不是必须在我们个人及社会的问题都解决之后才能追求的东西。提升幸福感不仅能改善个人的生活质量，也能让世界成为一个更和平更美好的地方。幸福教育更是如此，并不是等到所有社会问题都解决了，才可以实施幸福教育。

幸福不是从天上落下来的，是奋斗来的。因为害怕失败，就拒绝了奋斗与挑战，那也就从根本上拒绝了幸福。我不想拒绝幸福！

世界上最有力的东西，就是"此时此刻"，做一个幸福的人，就是要学会欣赏生命进行时的风景。我很享受幸福教育过程中的"此时此刻"。

第一节 幸福愿景，从模糊到清晰的文化与理念

自 2004 年 8 月担任育才校长以来，我一直思索着学校发展朝向何方才会有广阔而顺利的出路。经过几年的摸索，现在终于有了头绪，才能够在这里写点文字。学校在逐渐规范化办学的同时，必须走内涵和特色发展的道路。学校最终把"让更多的人在更优越的环境中享受更全面的教育"作为办学宗旨，以"为每一位孩子的幸福人生奠基"为教育理念，以培养"会生活、会学习、会创造的可爱的世界人和永远的中国人"为培养目标。最终与经营管理理念一起构成了育才特有的幸福文化。

图 1 杭州·育才

一、初识育才，暖暖的幸福感涌上心头

我与育才产生联系的缘由是再也普通不过的"一纸任命"。2004 年的 8 月 2 日，教育局打电话给杨一青校长让我们去教育局谈话，当时我们还在安吉参

加三长会议。局里决定要将我调到育才来。"育才在哪里？我不知道呀。"听到这一决定的瞬间，我起身便扭头走了。哪有一个校长谈话没有结束就走掉的？这个人怎么那么有个性？后来，冷静下来以后，局里的一位领导还是找了我谈话："这是已经决定的事情，改变不了了，你是必须得去的。另外还得跟局长去道歉！"我说："道歉就不用了，去育才我是肯定会去的，我把后面的事情做出来就是了。"

于是从 2004 年 8 月 3 号接到教育局调令后，我就从学军小学分管德育的副校长变成了育才实验学校的校长。在"一纸任命"之前，我对于育才可以用一个词形容，那就是"一无所知"。我甚至没有听说过她，对于她是怎样一个存在，我非常茫然。上网查找资料，知道了她是国有民办体制。在西湖区翠苑五区，还有一个校区是流动人口子女学校。除此之外没找到非常具有针对性的信息。由于我是个随性的人，一得知这个信息后，我便骑着电瓶车独自去找育才这个"存在"了。这算是我初识育才，她给我的感觉非常温暖，而这一温暖是育才的老师带给我的，这位老师是我在育才认识的第一位老师——周杭芳老师。当时她给我一种柔和亲切的感觉。

暑假的育才非常冷清，只有一位老师在传达室值班，我径直朝她走过去，问：

"请问这里是育才实验学校吗"？

"是的，请问您找谁?"这位老师站起身笑着问道。

"我不找谁，我只是想进去看看。"我有点不好意思地回应道。

本想她对于我这样一个"不知所谓"的理由肯定会拒绝，但出乎意料的是她带点尴尬但还是微笑着说："暑假里老师都放假了，而且里面在装修不是很整洁，如果你一定要进来看的话，就进来吧。"她有礼有节地把我引进学校。

自然，进入学校后校园给我的感觉正如周老师所说，不仅不算整洁，甚至是凌乱拥堵的。因为周老师已经给我留下了非常美好的印象，所以这并不影响我对于育才的看法。当她刚看到我的时候就站起了身，这一细节是对人的尊重和礼貌。育才人有素质，当我作为访客来访的时候，就被非常礼貌地接待了，她是以主人的身份来迎接客人的。当时我就觉得特别感动，育才人把育才当作了自己的家，总觉得家里没整理好，迎接客人有些不尊重。所以，这次经历给我的感觉是温暖幸福的，育才与幸福似乎也开始有了微妙的联系。我一直认为教师是一个学校存在的根本，有什么样素质的教师，就会有什么样的学生和校园文化，你甚至可以从教师的一言一行中窥见学校的全貌。

二、我人生幸福的意义：能为育才留下些什么？

在周老师那里我还获得信息，育才的老师 8 月 15 号要组团旅游，我当然愿意在那时与老师们见面。于是当天早晨我为他们送行，前任校长也在团里，那天我与大部分的育才老师见了面。他们旅行回来，我也去接了他们，与他们建立了初步的感情。而第三次与育才老师们有交集是在我正式上任后的教师会上。在教师会上我把与周老师的见面情境跟大家分享了，在这之后，我觉得自己与育才的距离又近了一点。

有了这一层感情基础后，我看待育才也不会像一开始那样茫然不知所措，我开始从心底接受育才。我也开始思索，一个校长对于一所学校究竟是怎样一种存在。是跟在前任校长后面继续原先的传统，脚踏实地做好我分内之事？是上传下达，做教师与上级的桥梁？是监督管理学校教师和学生？……这样的校长固然是勤奋的，但却少了点生命活力，他自身也不会在校长岗位上获得些许幸福和满足。校长必须具有自我独立的思想，有审时度势的判断能力，用自己特有的创造力为学校的发展带来浓墨重彩的一笔。而作为一个人的存在，最大的价值莫过于能够在他所在的身份岗位上留下点什么，而非雁过无痕。

我曾在淳安县实验小学、求是小学、学军小学等比较大规模的知名学校担任过管理岗位，我似乎也没有静下心来认真想过我在这些学校留下了什么。但我想这次调来育才担任校长，总有某些内在的理由。况且我当时真的就想过，自己四十多岁来到育才，也许真的是"命"，要我在育才干到老。那么，到我老眼昏花回到育才看看的时候，能够回忆起什么？我能够为育才留下点什么？这应该就是我之前所说的人生意义，我存在的价值。当我体味到这份价值的时候，我是满足的、幸福的。这样一种心理暗示，让我有那份决心，更有那份责任在育才这样一个小校园里做出大的成绩，我要在十年左右时间里，让育才焕发出新的面貌，让育才因我而新，因优秀的育才学子而源远流长。我明白一个具有理性的校长，必定是站在现实基础上对学校进行具有开创性的改革的校长。虽然育才实验学校只有短短的 9 年的历史，但每一个事物都有其独特的存在史。育才有着自身的传统文化，我必须对其有一个全面而深入的理解，在现实基础上对传统进行扬弃。而且校长要做有效的决策，必须遵循"要事第一"的原则，学会取舍。我到育才首先面临的问题就是如何找到育才的"要事"，特别是找到"要事中的第一"。从了解、分析学校的现实起点开始，逐渐剥离出带有本质性的要素与逻辑，进而找到继续前行所必须关注的"要事"。所以，我主要做了两件事。

我初来育才的几个月时间里，只要有时间就钻进档案室，成了常驻资料室的校长。我进档案室查找资料，有关育才办学 9 年来的任何细小资料我都不放过，因为我想，这些资料，肯定能让我对育才更加了解，让我的办学思路更加明确。我希望从这些有价值的档案中得到些许启示，为学校的发展做出合理的定位。对于档案，我主要看前两任校长，他们在育才做了哪些有利于学生成长和学校发展的事，这些事所承载的教育意义是什么，有何社会影响。而最关键的是问一问自己，我有没有那个需要再做下去？如果有，我如何挖掘更深层次的意义为学生谋得更好的人生幸福。查资料的结果是，在这 9 年里，两位校长及老师们做了很多事情，但育才毕竟是才创办 9 年的学校，所以几乎没有形成任何比较有代表性的学校文化或特色，这一点是我感受最深的。

除了查找档案，我做的第二件事就是面向教师访谈、发放问卷。我还依然清楚地记得大致内容是以下几个问题：

1. 学校开办 9 年了，你能用哪几个词概括这所学校的核心文化？

2. 你认为学校有没有特色？主要特色是什么？说说你对学校特色的理解与创建特色的建议。

3. 你认为目前学校发展的困难与问题是什么？你有哪些建议？

4. 学校已经创办 9 年了，要不要做 10 周年校庆？如有必要，从哪些方面来做？

我调查问卷的目的是：如果收上来的问卷中，概括学校文化的核心词比较集中，那么说明学校已经初步形成了为大部分教师所认同的文化。但问卷收上来一统计，却令人大失所望，除却业已成文的校风学风，其他问题的答案五花八门。可见学校当时还没有形成自己系统的核心文化，甚至是没有自己的特色。但对于我个人来说，我是非常注重一所学校的文化建设与文化认同的，因为文化是学校的无形资产。

我认为学校是全息的生命体，是有生命活力的文化主体。它是靠文化成就自我，实现学校价值的。学校是和人打交道的，是培育人、引导人的场所，是思想和思想的交流，情感和情感的沟通，是生命与生命对话的场所，理应是有文化的。如若没有文化的支撑，任何办学行为都会是一盘散沙，很难达成强有力的效果。如果学校没有理想、没有精神、没有文化，就如同法院没有公平一样，是十分可怕、可悲的，学校教育将完全变味。没有文化的学校是无法想象的。

担任学校管理者的经历告诉我，每一所学校都应该有其独特的学校文化，文化形成于学校传统，会引领学校的未来发展。这种文化是一所学校的软实力，是学校的灵魂。学校文化除却校风校训外，还可以表现在其他方面，如我在本章一开头所说的教师素养、一个学校的办学理念和蓝图，还可以是一个学校的五年发展规划等。

意识到这点后，基于调查结果，我脑海中非常急迫的一个愿望是：及时构建育才的文化，打造育才自己的品牌，希望努力若干年之后，我的下一任或再下一任校长在做这种调查时，育才的老师会有一个一致的回应，并用实际行动来证明这种回应。

三、"三更"宗旨：让更多的人在更优越的环境中享受更全面的教育

所以在做了这两件事后，我提出了一系列想法。首先是办学宗旨。何谓"宗旨"，宗旨原指佛教教义，是带有理想主义色彩的。后来被广泛地应用于各种情景，如经营宗旨、企业宗旨、办学宗旨等，其含义也普遍地解释成主要的目的、意图。办学宗旨就是办学的目的，即办学到底为了什么。如果一个校长连这一点都不清晰的话，那么只会像墙头草一样随风倒，人云亦云。即便有非常勤奋努力的心，也做不出什么大成绩来，因为他没有一个明确的方向和目标。教育会随着时代的改变而出现变革，会不断融入新的元素，但是教育又是一项古老而长期的事业。它绝对有着其内在的、本质的、不同于其他领域的规律。我们教育者必须坚守一些东西。那么我们育才人该坚守什么呢？

于是我提出了育才的办学宗旨：让更多的人在更优越的环境中享受更全面的教育。这"三更"宗旨是一个立体的概念。"更多的人"是要通过我们的努力，让更多的孩子选择育才，相信育才的优质教育会为孩子带去美好的人生，这是在数量层面上说的；"更优越的环境"是从教育条件上讲，育才要为孩子提供优质的教育，而这优质的教育需要软硬件条件来保证。我说过，我刚进育才的时候育才的校园是小而拥挤的，而且之后的工作让我越来越感觉到育才当时的软硬件设施都离优质的教育相差甚远。所以，我要把这点体现在我们的办学宗旨里；"更全面的教育"则是宗旨的核心所在，是触及教育内核的。

"三更"宗旨是符合我国国家整体教育方针的。"人的全面发展"理论最早由马克思和恩格斯提出，而后，我国从20世纪50年代开始的教育方针就以人的全面发展为核心，纵然有语词上的改变，但这一内核是永远不变的，因其体现了教育的本质所在。

"三更"宗旨符合孩子身心发展的内在规律。正如洛克所说，孩童自出生以来心灵就如一块白板一样，他的一切观念和知识都是外界给予的，都来自

于经验。正因如此，要使孩子获得全面发展，我们给予孩子的教育必须是全面的，而不是以某一学科或领域来以偏概全。孩子的身心尚未健全，且其小学阶段大部分时间是在学校受教育的，所以，学校教育就必须自觉担负起促进学生身心全面发展的重任。全面教育比起传统的应试教育更关注每一位孩子的喜怒哀乐，关注每一位孩子情绪情感的变化，关注每一位孩子的优势发展态势。

"三更"宗旨是符合我们现今乃至以后素质教育的要求。我国几十年来都提倡素质教育，要培养德、智、体、美全面发展的社会主义事业的建设者和接班人。从这一教育方针可以看出，要想实现素质教育，全面教育的实现是基础、依托和保障。"高分低能"是大众对应试教育的最大讽刺，学校培养出的人才只会考试，却在其他方面毫无建树。所以，要提高学生服务社会的综合素质，全面教育是题中要义。作为育才人来说，目的是培育人，是用全面的教育培育学生。

"三更"宗旨是育才幸福教育的核心要求之一。我在第二章里也说，一个人的人生幸福是涉及多方面的，包括心理幸福、生理幸福、伦理道德幸福等。育才要使每一位在校的孩子都能够体验幸福，那么必然对孩子进行尽可能全面的教育，包括艺术、语言、文化、体育等课程教育，爱心、真诚、责任、合作、毅力等品格教育，凡是适合孩子身心需求的内容都应该被搬到育才的"课堂"上，使孩子永远都处于探索和接近真知的过程中，时刻处于体验幸福的过程中。

这"三更"教育的办学宗旨，使我进一步明确了育才的办学方向，我们要让更多的人享受到由育才提供的优质教育，所以后来一系列的措施也都围绕这一宗旨，比如扩大学校影响力以争取更多生源、新建漂亮美丽的校舍等。这样一个立体的目标中，"更多的人"和"更优越的环境"在这"三更"里面算是前提，是比较容易实现的，但"更全面的教育"却很难在短期内实现。并且，在这样一个应试教育还没有完全退出历史舞台的教育大背景下，即使我们有这样一颗办全面教育的心，也很难坚守。所以，我再次思考，要坚守这一办学宗旨，必须要有一个合理的教育理念作支撑，来感染、唤醒、引领育才的每一位老师的教育教学行为。

这一教育理念的提出也有着非常大的巧合。在我正需要构建教育理念的时候，无意间碰到了一位来为孙子择校搜集信息的老太太。受到老太太故事的启发，我最终提出了"为每一位孩子的幸福人生奠基"的教育理念。由于这一理念是贯穿我整本书的核心思想，所以我单独设立一节来阐述我在这一理念指导下对幸福教育的思考与构建（见本章第二节）。

四、拨开迷雾，初见"可爱的世界人和永远的中国人"

然而，成功办一所学校，仅有办学宗旨和教育理念还远远不够。我们说办学宗旨与理念其实是我们育才人一致认为的对教育本质和目的的理解，而培养目标是一个具有具体指向性的概念。培养目标是学校教师们几年内或在一段较长时间内教育教学践行所依靠的根本。办学宗旨和教育理念很多学校可能都一样，但每一所学校定位不同，其具体的培养目标就不同。正如我们学校是寄宿制的育才外国语学校（2010 年其中一所学校更名为育才外国语学校），那么我们的培养目标就必须在理念和宗旨的指导下体现这一特色，且或多或少倾向于这一特色。我们要思考的就是，育才培养出来的人是怎样的人，与其他学校培养出来的学生相比有什么特质，这也就是育才教育的价值所在。对于培养目标依据什么来设定，我有几点自己的思考。

第一，育才的培养目标必须跟我国义务教育培养目标相一致。我国 1986 年颁布的《中华人民共和国义务教育法》明确规定，我国义务教育的培养目标是使儿童、少年在品德、智力、体质等方面全面发展，为提高全民族的素质，培养有理想、有道德、有文化、有纪律的社会主义建设人才奠定基础。这是自 1987 年以来不变的培养目标，解决的是培养什么样的人这一问题。然而，现如今，我们的义务教育似乎并没有完全遵照这一培养目标。现实的义务教育极力强调学生智力的发展，却忽视了品德和体质的发展，结果培养出来的学生是一条腿粗、一条腿细的病夫。

第二，要符合"三更"宗旨。我们为培养优秀的人才煞费苦心，却忽视了构成我们社会大多数成员的看上去表现平平的孩子，全然没有"全民族"的意识。我们要改变这些状态，必须从每一所学校做起。每一个理想都是应然的状态，我以为时刻提醒自己教育应该培养什么样的人是非常重要的。所以，育才的培养目标必须与义务教育阶段的整体目标相一致，在这一大前提下，再来考虑育才与其他学校不同的特色目标定位。

第三，要符合"育才"的校名，要与陶行知先生的教育思想相吻合。学校的校名从何而来？为什么全国有那么多的中小学校纷纷不约而同地取名为"育才学校"？这是对我们教育者多大的拷问？教育人都知道，陶行知先生是我国最伟大的人民教育家。他丰富的教育思想指导了中国教育这么多年。我个人也非常推崇陶行知先生"爱满天下"的教育理想和教育情怀的。从这一点来说，我一开始能从心里接受育才，也是受陶行知先生的影响。1939 年，陶行知先生在四川重庆附近的古圣寺为儿童创办育才学校。当时的育才学校主要为招收难童入学，更难能可贵的是陶行知先生在经费紧张的状况下还不收学费和生活费。这种对学生的爱，对教育事业的爱是我们每一位育才老师都必须用心学习的。

所以，既然我们学校同为众多"育才学校"中的一所，那么我们的培养目标必然与校名相符，为社会培育所需要的健全人才；也必然在陶行知思想的指导下，用陶行知先生"教育为公"的理想观、"生活即教育"的教育观、"教人者教己"的师德观统领整个育才的方向。所以，育才要培育会学习且更懂得生活、懂得自我创造的人。

第四，我们提出的培养目标必须要与学校的定位及生源基础相匹配，必须是育才师生通过努力能够达到的。育才当时在杭州也不算是顶级学校，但生源有着一定的特征。育才学校坐落在西湖区，西湖区集结了杭州市的众多高档住宅小区，是杭州中产及以上收入人群的聚居地，其中还有部分外籍及港澳台来杭人士在此置业。这类居民普遍希望孩子能享受到高质量、有特色的教育，既基本符合国际主流教育的要求又充分体现中国特色的教育，希望孩子能够在东西方文化交融中提高自身的核心竞争力。

除此之外，还有一部分学生来自全国各地，孩子们有着不同地域特点的个性，56 个民族中育才大概涉及了二、三十个民族，可以说是一个民族大融合的学校，在这样的学校更加要利用这一特色或优势进行爱国主义和民族团结的教育；我们的学生还有一小部分来自世界各国，有相当一部分外籍学子，即使是中国的学生，很多年以后都有出国留学的打算，那么他们走出国门。即使加入别国国籍，我也要让他们意识到他们身上流淌的永远是中国人的血液，心灵深处烙上的是中国的传统文化，明白自己永远是中国人！

最后，集团其中一所学校定位是外国语学校，放眼全世界，这是一所思想开放、包容性强的学校。我在培养目标上还有一句话是"培养可爱的世界人"。这一点是基于我亲身经历的两件事，这两件事深深地触动了我，因此我坚持把这句话加上去，并朝着这一方向努力。

缘起一：2003 年 11 月，我随浙江省名校长培训班赴澳大利亚培训考察 20 多天。记得有一天中午，我们培训班进入一个比较高档的酒店吃自助餐。当时在门外我感觉非常的安静，还以为这家酒店生意冷清，没什么人，一进去才发现原来还是有很多人在那里安静地用餐。但我们一行二十几位校长进去喧哗得几乎把整个餐厅都要掀了。其中一位校长看到虾之后，可能因为高兴而大声地说："好久都没吃到虾了！今天好好吃一顿！"，结果几乎拿走了一半的虾。在这期间，我留意到有一些客人已经对我们露出了厌恶、鄙夷的表情。这给我一种刺痛、脸红的感觉。身为我们国家的高级知识分子，身为教育者的校长们，竟然也是这么缺乏应有的公共道德素养，我们教育出来的学生，怎么能为世界各国所接受，如何有礼有节地走出国门？

缘起二：2004 年 7 月，当时我还是西湖区某所小学分管德育和外事工作的副校长，负责三十几位韩国孩子与三十几位中国孩子一对一结对的夏令营活动。我带着中韩学生六十几个去西湖边参观游览。这一过程中一个中国胖学生和一个韩国胖学生的表现引起了我的注意。在西湖边游玩时，两个学生都走得比较慢，容易掉队，但韩国学生一掉队，他的队友就来拉他一把跟上队伍。中国学生也掉队，但除了我之外却没有其他孩子来关注他。这反映了两国对于同伴之间的团队协作精神教育的差异。

中午，我带他们去杭州大厦吃自助餐，我继续观察这两位学生。他们大概都比较喜欢吃鸡腿，看到自助餐有鸡腿，都露出了开心的笑容，但做法却完全不同。韩国学生拿了两只鸡腿后去取其他食物，在座位上吃完后，站起来看见盘子里还有鸡腿，就又来拿了两只。结果据我观察他一共吃了六只鸡腿，且都吃得干干净净。而那位中国学生，一下子拿了八只鸡腿往自己盘子里一放，最后也吃了六只，剩了两只在盘子里。

这两种不同的行为，背后承载的文化是什么？我想这是公共空间的道德与素养的体现。公共空间的资源是大家分享的，韩国学生行为体现的是一种心中有他人的道德。我思忖韩国学生是这样想的：自助的食品是大家共享的，我不能一人独享。我多拿了，同学们就分享不到了。我第一次尽可能少拿，如果大家第一轮都分享到了，还有剩余我再拿再吃，也不迟。于是，他跑了三趟，拿了六只吃了六只。而我们中国学生体现的则是自我中心的思想：要是别人都拿走了我怎么办？宁可自己吃不完剩下，也要一次性拿八只。

从这两次经历中我悟出我们的孩子即使今后不能成为世界顶级的骨干人物，但至少要做个可爱的世界人。义务教育的主要目的不是让每个人都成为优秀的顶尖人物，而是要让每一个人都成为合格的人才，培养优秀者必须以培养合格者为基础。

综上所述，育才提出的培养目标是"培养会生活、会学习、会创造的可爱的世界人和永远的中国人"。育才的培养目标是由我牵头提出的，那么必然承载我校长本人的理想追求，即我对于幸福教育的追求。所以，这一培养目标必须能够实现我的教育理念，即为每一位孩子的幸福人生奠基。在实现培养目标的同时，让孩子在育才学习生活期间体验到幸福，即使走出育才，也有能力创造幸福、感受幸福。这一目标相对于办学宗旨和教育理念，更具有指向性，也更加明确。

五、幸福教育框架需要管理经营理念的支撑

在育才的幸福教育框架内,除却以上我所说的这些幸福愿景外,还必须有更为实在的理念或者说价值观。作为校长,我在刚开始担任学校管理者的时候,更多的是浪漫的思维,只顾着仰望星空。但随着时间的流逝,所接触的事情也越来越多,经历也越来越丰富,我希望自己变得更为理性。

一个成功的校长,必须在仰望星空的同时脚踏实地。所以为了追求这些应然的理想,必须完善和丰富育才的幸福教育框架,从更具体、更实际的角度提出我们的经营理念、管理理念和服务理念,以促进幸福教育愿景的顺利实现。

一、经营理念。要把育才的办学宗旨、教育理念和培养目标落到实处,非校领导、中层干部及每位老师的深刻理解与真诚合作不可。所以,我明确提出了我们的经营理念:我们同心,我们发展! 我喜欢用"经营"这个词,因为我觉得一所学校不是校长一个人的,需要每一个成员用心经营,把学校当作自己的家。只有成员同心了,才可能有一股无形的力量推动学校前进。

二、管理理念。经营理念之下就是校长或校长团队的管理理念。育才校长的管理理念也是简单的八个字:我们合作,我们成功! 如何同心? 唯有合作。试想,如果一个学校的教师没有合作经历,何来同心之说? 所以,我们提出在育才教师们要找寻一切机会合作,共同磨课、共同研究、共同备课等。只有这样,学校办学才能成功。

三、服务理念。教育的功能之一是服务,服务学生,进而服务社会。所以,谈教育必然要说到服务。我们的办学宗旨是让更多的人享受到育才的优质教育。既然如此,我们就要有提供优质教育的能力。我们把"构建教育超市,提供优质服务"作为育才的服务理念。"教育超市"其实是我的一个比喻,我希望育才对于学生来说,能够像超市一样,他需要什么,学校就能提供什么。这里指的其实就是校本课程,就是我在下一节中要提到的"挖井理论"。我们希望在社会多元化、价值多元化、智能多元化、需求多元化时代,将育才教育真正落实为一种优质教育、一种开放教育、一种国际教育,最大限度地满足全体学生多样化的教育需求。

我们秉持着"我们创造,我们幸福!"的共同信念,把这些共识于2005年10月写进了育才的《学校章程》里,以体现我们育才文化的严肃性与发展性。

第二节 为幸福人生奠基，对幸福教育的思考与构建

上一节是对学校办学框架的追源溯流，在这一节里我特别想单独对"为每一位孩子的幸福人生奠基"这一理念做一番阐述与论证。从 2004 年开始经过几年的办学实践，我们把"为每一位孩子的幸福人生奠基"这一理念逐渐上升为育才的教育品牌：幸福教育。

图 2　为每一位孩子的幸福人生奠基

一、"老太太的记录"引发教育理念的萌动

如何把学校办好这一问题，不仅我一个人在思考，育才团队每一个人都在思索。如何让这所学校办得更好，让家长更满意，对得起家长的这份信任？育才的办学宗旨在经过了不断的讨论后确定为"让更多的人在更优越的环境中享受更全面的教育"。自从第一实验学校从翠苑五区整体搬迁到文二西路 698 号(现更名为育才外国语学校)之后，学校有了恒温游泳馆、室内篮球馆、400 米标准跑道等一流的硬件设施，而且风景秀丽，鸟语花香。我想在这个优越的环境里，"让更多的人享受更全面的教育"必定可以成为现实。

时光倒流到 2005 年的 4 月，那是杭州市中小学民办学校的招生月。这是我到育才的第八个月，对于到底有多少学生选择育才，我心里也没底，每年

招生比基本都是 1∶1，而且还要主动出击去请人来。所以我特别重视招生这件事情，大会上，我特别强调："招生期间，要充分体现育才群体教师的良好形象。"然后策划了一系列活动，整个 4 月份是开放的，欢迎家长进校参观、登记、拿资料，了解育才，进而选择育才。

从美国社会对校长的应具备的特性看，校长应具备敏感和仁慈这两个特性，人们也要求校长敏感、善合作、有同情心。这和中国社会是有些差异的，我倒觉得校长敏感是校长创新的源泉，对学校中的细枝末节都敏感锐利，就会有创新的激情。仁慈是校长不可缺少的品质，对学生、对老师，有了仁慈之心就会站在对方的角度看问题、做事情。

为了培养自己的敏感度，我告诉自己"在校园里转悠的时候，一定要做到入眼、入耳、入脑、入心，尽可能不要司空见惯，听而不闻，视而不见"。因为刚到育才，我对育才校园的各方面要敏感些才有可能发现问题，进而获取思维的碎片促使我思考问题，解决问题。

一天，有个老太太在校园的角角落落不断转悠，一会儿凝视橱窗里的学生作品，一会儿在纸上记着什么，持续时间很长。

每年 4 月是杭城家长为孩子选择学校的时候，许多家长都会到好几所学校进行实地考察，但他们大都是直奔教导处索取一些招生资料、问几个问题、在校园里大致看看，就匆匆离开，不会像这位老太太那么认真。

我很好奇，走过去，与老太太攀谈起来。

"老奶奶，您记录什么呢?"我轻轻地问。

老太太把记录的密密麻麻的一张纸递给我，我一看，纸上写的是学生的名字，后面跟着"正"字。

我愣了一下："您记学生的名字干什么?"

"您说呢?"她反问，好像要考量校长对她行为背后的本源解读。

"您是不是在统计这些张贴在校园角角落落的学生作品，是集中在几个孩子身上，还是每个孩子都有机会? 您是在考察学生活动的参与面以及学校对每个孩子的关注度?"我试探着说。

"是啊! 我听说你们学校特别关注每个孩子的生活和学习情况，我倒要看看这是不是真的。"老奶奶如实说。

"您为孙子选择学校?"我故意避开她的正面评价，所以不问"您看了以后觉得怎样"之类的问题。

"是啊! 我的孙子性格特别内向，容易被老师遗忘，所以我想为他选一所老师对每个孩子都特别关注的学校。"

我遇到了一位真正懂教育的人！她的举动使我非常震撼，也让我陷入深思……我当时已经从事教育工作整整 25 年了，教育的真谛是什么、义务教育应该追求什么、育才的教育理念与办学宗旨到底应该是什么……突然，我的脑子里蹦出一句话："为每一位孩子的幸福人生奠基"。这句话道出了我心中的教育内涵！这一夜我无眠，老太太给我的思索太多。

我在教育大道上一路走来，当过班主任、教导主任，也当过校长，我知道在一个班级里或学校里，优秀的孩子和相对表现不突出的孩子都是客观存在的。但表现不那么突出甚至比较差的学生很容易被老师遗忘，因为他相对于学校的老师来说是千分之一，甚至对于规模大一点的学校是万分之一，看上去几乎能忽略不计。但是，对于家长来说那却是百分之百，我们的学校教育有资格把百分之百自动转化成千分之一吗？

我把这件事整理成文，绘声绘色地讲给教师们听，并给老师们出了一个题目："当你看到'为每一位孩子的幸福人生奠基'这句话时，首先映入眼帘的关键词是什么？你是怎么理解的？"一石激起千层浪。

师 A：关键词是"每一位"而不是"一群"。我们要关注到每一个"点"，而不仅仅是一个"面"。在班集体建设中，"一个都不能少"，因为每个孩子都是一个独特的、发展中的人。

师 B：关键词是"孩子"而不是"学生"。寄宿制学校称呼"孩子"更亲切，因为我们是教师，也是父母。而且，称呼"学生"，教师会不自觉地在同一认知起点上进行教育；而称呼"孩子"，会提示我们，每个孩子的认知起点都是不同的，我们要区别对待。

师 C：关键词是"幸福人生"，而不是"人生幸福"。前者强调人生的过程体验、内在感受，后者强调人生的结果。我们不能保证每个孩子的整个人生都是幸福的，但至少能保证他们在义务教育阶段是幸福的，并且为他们的幸福人生打下坚实的基础。

师 D："理解孩子的苦衷，同情孩子的处境，宽容孩子的过失，鼓励孩子的进步，撞击孩子的成长，关注孩子的幸福"。让孩子有"安全感、愉悦感、成长感、幸福感"。

师 E："我们的教育应该让孩子有被人承认、被人欣赏的满足感，克服困难、实现目标的成长感，被人关爱、受人尊敬的幸福感"……

教师们的深刻理解让我感到欣慰与惊讶，他们都深深懂得每一位孩子都是一个发展的人，一个独特的人，一个有自主权的人。孩子需要更多的个性化的教育服务，我们需要提供更多的个性化的优质教育。我即刻上网搜索，居然没有雷同的表达。就这样，一个小情境创造了一个大理念——"为每一位孩子的幸福人生奠基"。

一个小小的故事，一个司空见惯的故事，居然有深刻的内涵，居然生成了一个统领育才每一位教职员工的行动纲领以及努力践行的教育理念——"为每一位孩子的幸福人生奠基"。我们要根据每位孩子不一样的起点和个性来践行我们的教育理念。为每一位孩子的幸福人生奠基，让他们更好地体验童年的美好，触摸成长的快乐，享受教育的幸福。

二、"为每一位孩子的幸福人生奠基"的解读

这一教育理念的确定虽然来自顿悟，却不随便。育才人认为，所有参与孩子教育的人都要将孩子的一生幸福作为自己的职责。为每一位孩子的幸福人生奠基就要在注重个体间共性的同时，注重个体间的差异。教育与其说是一种社会活动，不如说是一种集体中的个体活动。因为我们要让独立的学生个体在集体的环境中得到自我提高和自主发展。"为每一位孩子的幸福人生奠基"这句话，每一个字都暗藏玄机。

关注"每一位"孩子的发展体现了现代教育观念下的人文关怀。其实，一开始我脑海里的第一感觉是"每一个"，但我想，"个"这个量词比较泛，而"位"就不同，是专门针对人这个个体来说的。所以用"每一位"也体现了对学生的尊重，真正把学生作为有思想、有独立个性的人。每一个独立的个体都或多或少与周围的其他个体有着差异，这些差异的存在才构成了现实世界中群体的丰富多彩，构成了社会意识形态的多样性。与工业生产的"短、平、快"的大规模复制形式不同，对待孩子的教育必须在发挥每一个体的独特性的前提下将其性格、气质、身体、思维等各个方面的优势加以释放和扩大化，才能够促使其获得不同于他人的成就，这同时也是一个长期的过程，并无短期效益可寻。从这个意义上来说，重视孩子之间的差异才是真正走进了孩子的心灵。从另一个角度来说，每一位孩子都有获得不同于他人成就的可能，都有区别于他人的优势，这种现实基础和可能性的存在正给教育提供了良好的操作空间。

"孩子"不同于成年人，他们是未成年人。他们不是成年人的附属，而是与成年人有着本质不同的个体。孩子的心智尚未成熟，世界观和价值观还未形成，即使形成也是非常脆弱的，容易受外界影响而打破原有思维。他们又对周围世界充满好奇心，不断地汲取养料来丰富自己。他们有很强的可塑性，与成人的固有模式形成了强烈的对比。所以，教育就是要从这些特点出发来使孩子社会化。这里有一点要指出，社会化不同于成人化，教育并不是使孩

子成人化，成人化只是一种揠苗助长的荒唐做法。社会化是指孩子在成长的过程中不断寻找与客观世界全方位对接的方法，是孩子的一种自我实现，教育只是作为这种自我实现的助推器。除此之外，我们强调"孩子"而不是"学生"，也有另一层用意。我们谈到"学生"往往会不自觉地把他们设想成具有同一认知起点的人，而"孩子"则不同。孩子的起点可以各不相同，体现了我们关注个体差异的思想。育才具有寄宿制学校、流动人口子女学校的特殊性，在教育上要时刻牢记"孩子"，使他们获得持续发展的动力，并且提供给他们尽可能多的可供消化的养料，让孩子自己甄别、自己选择、自己升华。

强调"人生"，就是强调教育的长远性。我们的"人生"是指从入学到生命终结的全部时间。我们的教育着眼于孩子生命全程，而不是贪图眼前利益，以功利至上。我们首先要帮助孩子养成健康的体格，其次是良好的习惯和思维方式。在学习型社会中，帮助学生获得终身学习的能力无疑是我们教育的一项重大职责。人的生命的意义在于对一生的规划和生命价值的追求，所以教育的意义就在于让生命的意义达到最大化。正如陶行知先生的"五大解放"理论所倡导的那样，我们要完全放掉任何束缚孩子思想和手脚的镣铐，让他们自由发挥，自我创造，这样他们的人生才会生成源源不断的营养，才会支持他们到生命终结。我们不会为了孩子在校的六年成就而忽视其更长久的人生，我们的教育是着眼于每一位孩子的未来，通过教育来影响其未来的发展。

"幸福"是一种心理体验。幸福感是人在生命过程中至关重要的一种心理感受。幸福也是一种追求的过程。美国人埃里希·弗罗姆给幸福下了这样一种判断："幸福与愉快在性质上没有什么区别，它与愉快不同的是：愉快只涉及某种单一行动，而幸福是某种持续和一体化的快感，人类获得了幸福，也就意味着找到了回答人类生存问题的答案。"所以，我以为幸福是对于自己丰富多彩的生命体验的一种反思的愉快，因为有所体验，即使是痛苦，我也愿意尝试。只有在这种教育方式下，我们的孩子才会有机会感受幸福，有机会发现幸福并享受幸福，这是我们要达到的教育目的。我们要让孩子在离开育才后，还能够从生活中的一件件小事中体悟幸福，从一个个小人物身上找到自己要汲取的养分，这才是为"幸福人生"奠基。

"幸福人生"与"人生幸福"是有区别的。开始我的思维碎片是"人生幸福"而非"幸福人生"。后来经过深度思考，觉得前者强调"过程"，是义务教育阶段的一个特殊过程，是人生中的一个阶段。我希望在这个六年或九年阶段里，育才应该让孩子感受到童年的幸福，享受到教育的幸福，后者强调"结果"。我想，育才教育的功效不可能保证每一位孩子整个人生是幸福的，但是我们可以"为每一位孩子的幸福人生奠基"有所作为。

"奠基"在学校教育中主要指夯实学生的各项基础，使所有学生能够在未来的工作和生活中发挥应有的作用。而我们在这里所指的基础主要是学业基础和身心基础。学业基础包括基础知识和基本技能，身心基础主要指身体素质、心理素质和道德素质。马斯洛的需要层次理论指出人类的需求有五个层次：最低的是"生理需求"；之后就是"安全需求"；其后就是"社会需求"，给予人和谐交往的需求；在这之后就是"尊重需求"，希望得到他人的尊重；最后是"自我实现需求"。我们在教育过程中始终关注这一点，为学生最终实现自我实现的需求而奠基，使他的前四个层次的需求能够首先得到满足。

对于这一理念，育才的教师并不像名言警句一样把它供奉起来，而是时刻结合自己的教学实践进行解读。我们会借每一次的师德培训机会，让教师们结合自身教学案例对这句话进行解读，常读常新。

三、幸福教育，学校文化品牌的形成

当今社会是一个充满激烈竞争的社会。一个国家要想在国际舞台上拥有一席之地，就必须具有自己的核心竞争力；一个企业要想在澎湃的经济大潮中站稳脚跟，就必须具有自己的核心竞争力；一所学校要想在日趋激烈的竞争中获得长足的发展，就必须具有自己的核心竞争力；一个人要想在优胜劣汰的社会上出人头地，也必须具有自己的核心竞争力。

学校核心竞争力是由若干要素构成的，学校文化力是学校核心竞争力的核心。文化力在学校核心竞争力诸要素中居于核心地位。有的人认为，学校的核心竞争力由学校的财力、物力、学者、学科、学生和校风、教风、学风构成；有的人认为，学校的核心竞争力由学校管理者的素质及其人格、管理团队的综合素质及其合力、师资结构及素质要求、全新的教育理念、管理机制和激励机制、人才培养模式和办学特色构成；有的认为，学校核心竞争力是由以教育生产力为基础、以学校文化力为核心、以教育经营力为重点的"三力"所构成。以上分析可以看出，学校文化及其所构成的力量才是学校核心竞争力的核心和基础。同企业核心竞争力不同，学校核心竞争力的独特性就在于其深厚的文化底蕴、鲜明的品牌个性和特色的教育模式，这也正是学校文化力的核心内容和重心所在。

这种文化力，扎根于学校组织内部；是能够促使学校成为自主、自为、自律，可持续发展的文化主体的能力；是一种促使学校充分开发办学资源、积极利用办学资源，并使学校资源转化为学校文化、实现教育功能的能力，可以说就是学校这个生命体的 DNA。

而优秀的学校文化首先是学校的育人取向和校长所秉持的核心教育观。

这种教育观，是一个学校安身立命的价值观。作为校长，我所推崇的育人取向，必须变成师生的价值追求。所以，校长要善于从思维的"碎片"中，催生出一些办学观点和理念。

我在对原有的育才文化进行梳理的基础上，通过全体师生的讨论达成共识，丰富其内涵，提升其品位，形成独特的育才文化——和谐、求真、多元。即"和谐"是育才的文化，"求真"是育才的精神，"多元"是育才的特色。所有这些，正如金字塔一般，坚不可摧，才构成了我们今天育才的独特文化。

> 办学宗旨：让更多的人在更优越的环境中享受更全面的教育，让更多的人享受育才的优质教育。
>
> 教育理念：为每一位孩子的幸福人生奠基。
>
> 培养目标：培养会生活、会学习、会创造的可爱的世界人和永远的中国人。
>
> 经营理念：我们同心，我们发展！
>
> 管理理念：我们合作，我们成功！
>
> 共同信念：我们创造，我们幸福！
>
> 服务理念：构建教育超市，提供优质服务。

四、幸福教育的草根理论："挖井理论""字词句篇章·点线面体理论""缝合度理论"

家长们为什么要择校？因为选择了优质学校，就选择了"教育品牌"；选择了"教育品牌"，孩子就享受到了"品牌教育"。那么，"教育品牌"与"品牌教育"的关系到底是什么？如果把一所学校形成"教育品牌"比作挖一口井的话，那么"品牌教育"就如同让每个学生从井里取水。井挖得越深，学生就越有可能取到更多的水。如果井水能惠及 80% 以上的孩子，那么我们可以称学校拥有了自己的"品牌"；而如果井水只能惠及 30% 左右的孩子，那么学校只能说有"特色"，而不能说有"品牌"。而"教育品牌"不是我们的目的，我们的目的是"品牌教育"。只有通过形成"教育品牌"，我们才可以顺利地对孩子实施"品牌教育"。

为了形成育才的教育品牌，也为了践行"为每一位孩子的幸福人生奠基"的教育理念，我提出了三个草根理论——"挖井理论""字词句篇章·点线面体理论"和"缝合度理论"。

图3　胡爱玉与学生在一起

（一）"挖井理论"

假如义务教育是一个长宽高的地基，这是基础教育国家课程已经设定的地基，是最基本的质量目标体系、最保底的教育质量。包括发达地区、欠发达地区也是如此。但是作为发达地区的杭州育才，教育附加值是什么？教育品牌是什么？教育特色是什么？将用怎样的语言把它表达出来？我打了一个比喻——挖井。我认为仅此一个地基，难以撑起高楼大厦，在这个地基上要撑起高楼大厦，必须每隔一段距离，就要打一个"桩"，这个"桩"打在哪里、打多少个，都必须经过科学合理的规划。育才人将"打桩"的过程视为"挖井"的过程。

我们把一口一口的井挖出来，就是育才的教育品牌。挖几口"井"、挖在哪里、挖多深、挖井的条件是否具备等，都需要深思熟虑与精心规划，必须有自己独特的理论框架。"挖井"不是最终目的，让每位孩子从"井"里取到"水"，进而学会取到更多的"水"才是最终目的。刚挖的井比较浅，井里的水比较少，惠及孩子的面比较窄。当井越挖越深，井里的水越来越多的时候，惠及孩子和老师的面就比较广了，这时它就成为了学校某一个学科的品牌或整个学校的品牌。

基于"为每一位孩子的幸福人生奠基"的教育理念，我在"挖井理论"的基础上又提出了另一个草根理论——"字词句篇章·点线面体理论"。

(二)"字词句篇章·点线面体理论"

"为每一位孩子的幸福人生奠基"这已经是育才人耳熟能详的教育理念，我一直在思考要为孩子奠基，但从哪里奠基？怎样才能奠基？突然我灵机一动，俗话说学好语文是学好其他学科的前提，而学好语文，首先要打好字、词、句、篇、章的基础，一旦有字词句篇章的文字功底，何愁不会口头表达与书面表达？学好语文要学好字、词、句、篇、章，这只是表面的意思，我把"字、词、句、篇、章"引申为"点、线、面、体"大家就明白了，字词就是点，句就是线，篇就是面，章就是体。当我们教育每一个点都到位，点点成线；每一条线都到位，线线成面；每一条线都到位，线线成面；每一个面都到位，面面成体的时候，这不就是"奠基教育""立体教育"吗？而"立体教育"不就是我们提倡的"素质教育""全面教育"吗？那"素质教育""全面教育"不就是"幸福教育"吗？

其实不用多解释，教育的根本就是要养成良好的习惯，包括学生习惯、文明习惯。而学习习惯的养成，一定是由点到线、由线到面、由面到体的过程。比如一年级倾听的习惯、作业的习惯、预习的习惯等学习习惯的培养，都是由点出发到线，由线出发到面，由面出发最后到体的这样一个过程，我们认为这个过程就是践行"为每一位孩子的幸福人生奠基"的过程。学校所有的管理工作、德育工作、科研工作等都是一样。如果我们的每一项工作都根据"点线面体"的体系在思考的话，我们的教育工作必将沿着正确的轨迹发展。

(三)"缝合度理论"

小时候读课文，我最喜欢读这篇：秋天到了，叶子黄了，一群大雁往南飞，一会儿排成"人"字，一会儿排成"一"字。读得很是起劲，却从没想过大雁为什么要排成人字形飞。自从自己从事学校管理后，翻书阅读"雁行理论"，才真正了解到原来大雁如此飞是大有其深意的。大雁每年要飞行好几万英里，光是一天内就可以飞越好几百英里的距离，真是人世间的一大奇观，而它们就靠随时不断的互相鼓舞来到达目的地。雁群排列成"V(人)"字形，当一只雁鸟展翅拍打时，造成其他的雁鸟立刻跟进，整个鸟群抬升。借着 V 字队形，整个雁群比每只雁鸟单飞时，至少增加了 71 个百分比的飞行距离。我想学校管理只要同心协力，注重团队合作，必定也有提升 71％生产力的潜能，以合作取代单干，一起创造整体最大的工作价值。我们要有相同的目标，彼此之间互相督促，互相推动，这样才能更快速地到达目的地。管理专家将这种有趣的雁群飞翔阵势原理运用于管理学研究，形象地称之为"雁阵效应"。这种现象带给人们的启示是：管理具有"雁阵效应"，唯有顽强拼搏、团结协作，企业才有可能走得更远更好。雁阵的组织运作的科学性和自身本能协作的精神性，使许多企业做大做强。目前，运用"雁阵效应"，是美国、日本等发达国家企业普遍采用的管理模式。

毫无疑问，团队的力量大于个人力量之和，团队的力量是巨大的，很多事情必须靠团队的每一个成员相互协作，共同努力完成的，所以团队的建设，关键在于凝聚力。凝聚力从哪里来？从"木桶板与板之间的缝合度"中来！大家熟知"木桶原理"，很多人觉得木桶装水量的多少是由其短板决定的，除此之外，我认为也是由板与板之间的缝合程度来决定的。如果板与板之间存在缝隙，纵然每一块板都很长，最终也是装不进水的，所以一个团队的凝聚力强弱就如同木板的缝合度，只有具有强凝聚力的团队，才能装水。

团队凝聚力是指团队对成员的吸引力，也是成员之间互相吸引力。它包括"向心力"和"内部团结"两层含义。当这种吸引力达到一定程度的时候，且每一个成员都对团队有一定的价值的时候，我们就说这是具有高凝聚力的团队。

培养团队成员整体搭配的团队默契，我认为很重要。我的体会是应给予每位成员自我发挥的空间，切忌个人英雄主义，搞好团队的整体搭配，形成协调一致的团队默契，努力使团队成员彼此相互了解，取长补短。如果能做到这一点，团队就能凝聚起高于个人力量的团队智慧，随时都能创造出不可思议的团队绩效。

为了随时都能创造出不可思议的团队绩效，我把注意力放在了学校内部——团队执行力与凝聚力上。团队中的某一部门失误会阻碍整个学校的前进步伐，所以我在每周的行政会上与团队成员分享管理案例。我把管理不到位、板与板之间出现的缝隙、雁与雁之间出现掉队的事情描述出来，共同分析"缝隙""掉队"存在的原因。存在短板不可怕，可怕的是板与板之间经常出现"缝隙"；出现掉队不可怕，可怕的是永远"掉队"。我经常说的一句话就是我们要"正确地做事与做正确的事！"这句话意思是说，校级领导一定是"做正确的事"，要正确决策、有效决策，而中层团队一定是"正确地做事"，执行到位！对于校长来说，决策是最重要的，"做正确的事"关系到学校长远发展的方向；而对于中层来说，执行是最重要的，要"正确地做事"，因为一个正确有效的决策，如果执行不到位，那只是纸上谈兵。我曾经打过一个比方来解释：一个会议室有四面墙，每一面墙都是一种可以借助的力量。学校到底要借助哪面墙的力量，是需要深入思考与调研的，这就是"做正确的事"，一旦确定了借助哪面墙的力量来发展学校，把梯子靠在了那面墙上，那么中层就要明白爬上梯子到底是干什么，爬上去是安装"日光灯"还是"安装电风扇"？

如果爬上去不知道干什么，那么执行就偏离了方向，也就是没有达到"正确地做事！"

我平时喜欢把自己认为有价值的书推荐给学校的老师和学生，在书中寻找解决问题的策略与方法。于是，我在团队中发起阅读《赢在中层》《做最好的中层》《做最好的校长》，掀起"我与执行力"大讨论的高潮，希望通过阅读与讨论，能从书中找到一些管理智慧并运用在平时的工作中。

在"执行力"讨论之前，我抛出了四个问题：一是我理解的执行力是什么；二是我自己从事岗位的执行力表现在哪些方面，它在学校发展链条中的地位与作用是什么；三是我目前的执行力如何；四是我今后如何提高执行力，提高管理绩效，为学校的进一步发展做出本岗位的贡献。

我们认为有没有执行力，可以用以下几个标准衡量：一是有没有坚持每天学习；二是有没有对岗位工作的性质、范畴、内容、作用理解到位；三是有没有在要事、大事、难事、急事、常事的接受过程和完成过程中寻找任何借口；四是有没有立即付诸行动，形成工作思路，跟进工作节奏；五是有没有克服困难，关注教育细节，让每一件教育事件发挥出教育的最大功能与教育价值；六是有没有最大限度地投入智慧，投入精力，产出效益——忠诚度、务实度、团结度、创新度是否在上升；七是有没有"工作着并快乐着"的成就感。

大家一致认为，育才的团队必须始终将执行转化为一个习惯、一种义务、一份责任，自觉做到接受任务不讲条件、完成任务追求圆满，不断增强团队的主动意识、表率意识、责任意识和规范意识。这一次团队执行力与凝聚力的讨论，使我们真正从团队意识、团队能力、团队绩效、团队文化等几方面全面加强了育才团队凝聚力的建设，以强大的团队凝聚力来强势推进育才教育集团品牌建设。经过对育才团队执行力与凝聚力现实起点的深入分析，我认为育才有基础也有能力初步"亮剑"，期待着这个团队随时创造出不可思议的团队绩效。

第三节　实施幸福教育的现实起点与初步"亮剑"

有什么样的发展观就会有什么样的发展道路、发展模式和发展战略。一所学校的发展，取决于学校的现实起点，也取决于决策者对学校发展的前瞻性的分析与把握。这是校长做出正确决策不可或缺的因素。所以，在勾勒我们的幸福教育蓝图前，我必须对育才的现实有一个清晰的认识与分析，不管是现有优势还是挑战。

一、面对寄宿与走读的现实起点

育才是一个非常特殊的教育集团,当时它是由一所高收费的寄宿制学校和一所低收费的流动人口子女学校组合而成的教育集团。两校收费标准不同,而财务管理统一;学生寄宿走读不同,而学生管理统一;教师在职在编不同,而人事管理统一;学校公民体制不同,而集团管理统一;课程设置不同,而质量标准统一;家长群体不同,而对优质教育的需求相同。

当时育才的翠苑校区,是寄宿制的民办学校,面向中国籍白领阶层子女、非中国籍(欧美、日本、韩国等)子女以及港澳台胞子女,突出国际化、精品化、小班化、多元化课程,实行寄宿为主走读为辅的管理模式。

当时育才的高新校区,面向来杭创业者子女,突出优质化、普及化、义务化课程,实行走读制。高新校区多为来杭创业的流动人口子女,父母工作辛苦,忙碌,文化水平相对较低,基本不会有意识地与孩子交流。所以,学校拓展寄宿制内涵,使高新校区的孩子既能够享受到寄宿制的校本课程,又可以回家住宿,增加与父母相处的机会。教育总是要"学校、家庭、社会"三位一体,缺一不可的。寄宿制可以为幸福教育提供更为扎实的平台,而走读制又能弥补寄宿制的缺憾。育才把两者结合,希望在办学过程中提升学生的幸福能力,为学生的幸福人生做好铺垫。

二、面对现实桎梏与尴尬

首先,育才的办学历史不够深厚。育才实验学校是 1995 年创办的,办学时间短,没有形成稳定牢固的学校文化,没有稳定的师资队伍。而作为新任校长,更是很少有经验可以借鉴,一切都要从头开始。而且,育才是当时西湖区唯一一所寄宿制学校,情况复杂,与其他学校相比具有明显不同的特征,很难进行横向借鉴。

其次,学校影响不够大,招生生源受到限制。我也说过一开始我都不知道有这所学校,除却我当时可能孤陋寡闻,也不能排除另一种可能就是育才确实知名度不够。我想这可能是其办学历史不够久远造成的。一所学校一旦有了一个发展的枷锁,就会引发一系列的困境。学校知名度不够大,随之而来的就是招生生源受到限制,质量普遍不高。当时我到育才的时候,确实亲眼见证了这一点。每年一到招生的时候,招生处都非常冷清。吸引不到好的生源,学校就没有人气。功利一点讲,因为我们是国有民办,自负盈亏的学校,没有人气就没有"财气",即使我们有宏伟蓝图,也无法大展拳脚,无法进入学校发展的良性循环。

再次，从育才的教师、管理者层面来讲，当时育才人普遍没有自信，甚至很自卑。学校并不是杭州甚至是西湖区的名校，影响力不够，无法打响，所以管理层没有自信能够在若干年后把学校办得有声有色，领军人物没有自信，教师们自然更没有自信能把学生教好。

最后，学校内部中层干部的执行力不够强，易与校长的决策指令脱节。作为学校的管理者，我也非常重视学校内部的管理氛围。校长的决策与中层干部的执行两者之间是相辅相成的，缺一不可。当时，育才的中层干部工作都非常努力，但似乎跟我并不是同一个节奏，很难紧跟着我的决策及时执行，导致很多想法无法落实。所以，我所提出的幸福教育要想顺利在育才推行，必须改变这一状况，让学校的中层干部从内心深处认同这一理念。

怎么办？丰富而曲折的校长经历告诉我，我必须主动出击，主动亮剑。

三、主动出击，绘制育才发展蓝图

首先，树立自信，克服自卑，描绘蓝图，制定五年规划。2005 年正是育才跨入第三个五年规划承上启下之年，这一年作为校长的我，"要事"是什么？"要事中的第一"是什么？我想肯定是制定育才第三个五年规划。

经过上下几轮的征求意见以及我的大胆设想，我在教师会上提出：用 5 年时间，把学校办成杭州市规模相对较大的具有国际化水平的纵向式、多层次、高规格的国有民办体制下的教育集团。为实现这一目标，学校启动了十项工程，其中《集团品牌化工程》是统领整个规划发展方向的。我在《集团品牌化工程》规划中写道：为满足在杭的外籍、港澳台人士子女接受国际学校教育的需求，拟接管一所九年一贯制 45 个班级规模的寄宿制学校，把接管的学校办成西湖区最美丽城区的最美丽最幸福的学校之一。

我提出这么"宏大"的目标，就是要给育才的所有教师一个冲击，要让他们看到这一蓝图，让他们对这一愿景有一种向往和憧憬。

当然，教师们在讨论时，对"在 5 年内接管一所杭城校园占地面积最大、九年一贯制的寄宿制学校"表示怀疑，但我认为，西湖区是人口导入区，如果学校办得有特色，家长的满意率逐年攀升，那么在 5 年内接管一所新校、实施名校集团化管理是完全可以实现的。

我把这个规划的详细文本递交给教育局局长，并详加说明，但很显然，领导们对这个规划的实现也持怀疑态度。

"育才现在的两所学校规模并没有饱和，你凭什么还要接管新的学校？"局长试探性地问。

"如果我把现在的两所学校'撑破'了，你给不给新校?"我反问。

"什么算是'撑破'了?"

"学校实现'从主动出击找生源，到门庭若市，半夜排队求上学'的转变。"

这就是我的承诺，更是育才的承诺! 我们要主动出击，主动去找寻机会，而不是等机会找上门。自 2005 年至 2008 年之间，学校知名度越来越大，家长满意率逐年攀升，选择育才读书的孩子越来越多，真正把两所学校"撑破了"! 事实证明，我的这个想法是完全正确的: 2009 年 5 月，育才果然接管了一所杭城硬件设施最好、占地面积最大的寄宿制学校。2010 年 4 月招生火爆，堪称杭城招生史上的奇迹。2012 年 1 月的全区校长会上，教育局局长钱志清同志，又宣读了"育才教育集团建造并接管 48 个班级规模的第三所学校"的西湖区教育局党委的一项决定。

四、育才十周年校庆暨集团成立仪式的"剑"精彩一亮

图 4 杭州育才教育集团十周年校庆

2005 年成功策划并举行十周年校庆和集团成立，十年磨一剑，一炮打响，不得不说是学校的一个转折点。我曾经在教师会上明确告诉教师，我要大力举行十周年校庆，并借校庆之时成立育才教育集团。那么我为什么一定要全力策划十周年校庆和集团成立?

首先，这是我们育才办学十年以来，难得的能在全西湖区甚至是全杭州市亮相的机会，我必须牢牢把握住。育才办学十年了，总有一些成绩，正所谓十年磨一剑，我们必须主动出击，不管这把剑是钝的还是锋利的，我们必须自信地把育才的剑亮出去。这是对前任的欣赏和肯定，更是对自己以及育才全体教师的激励。其次，育才虽然没有优秀的校友，但我们有优秀的在校生。育才才创办十年，当然没有杰出校友。但是我关注的不是这一点，我关注的是在校学生。在校庆期间，我们要为孩子提供展示自己的舞台，让他们尽情地挥洒自由，让他们在舞台上肯定自己，见证自己的成长和幸福。最后，我要把十周年校庆和集团成立放在一起，让育才师生以及育才以外的人都能在同一天看到育才的昨天、今天和明天。让大家知道育才，领略育才人的风采。所以我们的这台十周年校庆暨育才集团成立仪式有三个创新点：

第一个是地点的创新。我们校园太小，所以我们避丑就美，选择在杭州剧院举办十周年校庆，在这里，学生的才艺能够更好地展示。

第二个是演出顺序的创新。以往庆典仪式一般都是分两个大议程，第一个大议程是庆典大会，领导讲话；第二个大议程是学生表演。往往庆典大会一结束，领导们因为忙碌而已离开。我想，孩子们的才艺谁来欣赏？孩子们的自信自豪谁来激励？一定得留住领导，留住爷爷奶奶，叔叔阿姨！让他们尽情地欣赏祖国的花朵、国家的栋梁。于是我们采取夹叙夹议的形式，把育才十年来的风采像翻动画轴一样展现在观众面前。领导的祝贺、校长的感谢穿插在孩子们节目表演的恰当衔接处，淡化了领导讲话，突出了孩子们的表演。因为我们尽可能让多才多艺的学生全部参与进来，尽情表达内心的喜悦之情。

在愉悦的氛围中，在座的领导们不知不觉地度过了100分钟。时任人大副主任卢华英当场便发出这样的感叹："想不到育才的孩子这么多才多艺！想不到师生朗诵的诗《十年育才，铸造幸福》这么感人！通过声情并茂的演出，朴素地演绎了教育创业的艰辛！"这是多么鼓舞人心的话语，这是多么激动人心的场面！

第三个是整合大育才的资源，邀请了全国部分育才学校和全省陶行知实验学校的校长们。来自全国各地以及全省各地的校长共100多位，他们见证了杭州育才的昨天、今天与明天。

十周年校庆暨育才集团成立的圆满成功，全体师生、1200多位学生全部参与台前幕后的工作，80％的学生都出现在了舞台上。当时的目的只有一个，就是让大家与我们一起分享学校发展的喜悦，让育才人记住今天是育才的校庆，育才教育集团成立的日子。我记得很多学生、家长、教师都写下了那天

图5　育才十周年校友师生朗诵《十年育才，铸造幸福》

的真切感受与幸福时刻。黄林巧老师很有感触，曾经激动地跟我说："我站在杭州剧院门口，张开双臂，大呼'我们育才是行的！是能够做大事的！'"

确实有这样的感觉，我饱含激情在十周年校庆暨育才教育集团成立典礼上的讲话的情景还历历在目：

……十年前，学校寄托在翠苑三小，全新的办学体制，全新的寄宿制管理，我们步履蹒跚，摸索前进；七年前，学校迁移翠苑五区并合并西湖私立外国语学校，我们信心十足，创办特色；四年前，学校响应市政府"学在杭州、住在杭州、创业在杭州"创办了流动人口子女学校，我们面对挑战，集团办学……

可以说育才从无到有，从小到大，从单体到集团；从默默无闻到令人注目，多少人为她日夜操劳，多少人为她无私奉献。育才的每一项工作，每一点成绩，每一步发展，无不凝聚着各级领导的关切和支持，凝聚着历任校长、教职员工的心血和智慧，当然，也离不开社会各界和广大家长们的热心与帮助。在此，我再一次表示深深的谢意！

……

我们前瞻，所以我们清醒。只有思危，才能奋进。育才教育集团未来所面临的一切是全新的，唯有清醒，方能写好新的历史篇章。

我们前瞻，所以我们自信。展望将来，育才第一实验学校——寄宿制国际部，将走向国际化、个性化、小班化的课程特色。育才第二实验学校将继续做强做大，向纵向式发展，朝着大众化、普及化、优质化的目标迈进。……

经过校庆典礼这件事情，育才的教师们变得自信起来了，学校的知名度也大幅提升。十年磨一剑，一鸣惊人！十周年校庆确立了育才在西湖区兄弟学校中的地位！从此在西湖人的心目中有了"育才"的名字。这就是校庆的价值所在。

五、"中华行——爱国主义"大型诗诵会的"剑"精彩一亮

图6 学校举行"中华行——爱国主义"大型诗诵会

为了巩固育才人的自信，更是为了扩大学校的知名度，展示育才人的多才多艺，践行"大德育观""大语文观"。我趁热打铁，结合语文组的"经典诵读"工程，于2008年10月31日精心策划了"中华行——爱国主义"大型诗诵会，在杭州剧院隆重举行。当时我是这样思考的：为了丰富学生的阅读量，夯实学生的阅读基础，我建议大队部与语文组于2005年3月启动"经典诵读"工程。然后要求语文组每年的读书节必须有"经典"内容。语文组果然在第九届读书节上轰轰烈烈地启动了"经典诵读"工程，于是全校上下，校内校外都是书声琅琅，悦耳动听，整个校园沉浸在书声之中。一晃"经典诵读"工程已经坚持了三年了，成效如何？这件事值得继续坚持吗？于是，我就与副校长陶洁、许政频商量，是不是可以把我们诵读的《三字经》《弟子规》《论语》等通过舞台演绎出来？是不是可以结合改革开放三十周年国家的大事、喜事、要事、苦难事，策划演绎一台诗诵会？趁此机会是不是可以检验一下语文组的整体朗诵水平、音乐组的排演能力以及年级组的团结协作能力？这是检验育才团队自2005年来战斗力、凝聚力是否增强的最好时机。这一思考与讨论，产生了一个大胆的决策：在10月份举行一场大型的"中华行——爱国主义"诗

诵会。这不是"大语文观"吗？融语文、思品、音乐于一体的教育活动。一旦决策，立即行动！我们制订方案，寻找诗集。有哪位诗人曾经写过改革开放三十周年来的国家大事、喜事、要事、苦难事的？真是无巧不成书，居然真的有一位诗人胡雨泽于 2008 年 8 月出版了一本诗集，书名是《中华行》，正是我们所需要的内容。它是用古体诗的韵律表达现代社会的内容，读起来朗朗上口。最为感动的是书中把 2008 年 5 月 12 日汶川大地震这件苦难事也写成了词。我们请这位诗人赠送了 2000 余册并给孩子们朗诵，全校学生一起诵读《中华行》，而且我们趁此机会，把集团下属的流动人口子女学校的校园回廊，建成"诗苑"，"诗苑"中的每一首诗，都出自《中华行》中全国各地省份的大事、喜事、要事。每一位来自全国各地的孩子，均能在"诗苑"里欣赏到自己家乡的一首诗，让孩子们有一种亲切感与归属感。为了把一次活动的影响面最大化，我们精心策划了这次大型活动，并且请来了世界文化主席范光陵先生以及中国诗歌协会副秘书长祁人先生参与指导与演出，由此学校成为中国诗词教学实践基地以及"中华行"爱国主义教育实践基地。

六、"西湖颂——希望之美"大型诗诵会的"剑"精彩一亮

2009 年 6 月 20 日，一场充满热情、激情与智慧的大型诗歌朗诵会在浙江省人民大会堂上演。这是杭州市育才教育集团所有师生们用心演绎和精心策划打造的美轮美奂的诗诵会，也是体现育才团队凝聚力和团队实力的诗诵会。从台上到台下，从后台到前台，从工作人员到演员，其阵容之庞大，并不亚于北京奥运会的团队。精彩的演出时而令人惊艳、时而令人陶醉、时而令人感动、时而令人振奋、时而令人震撼，吸引并打动了在场的西湖区市管的每一位领导和优秀教师。

我清楚地记得 2009 年 5 月 15 日，当时的副书记钱志清同志，给我们下达了一个艰巨的任务，就是在 6 月中旬左右，举行一场"西湖颂——希望之美"大型诗诵会。这一次不同于上一次"中华行——爱国主义"大型诗诵会，因为 2008 年的诗诵会，诗已经创造，只需要排演。而这次从诗的创造，到诗的排演，再到诗的演出，都需要我们自身的力量，而且时间不足一个月，如何是好？是接受还是拒绝？我非常矛盾，因为 6 月份正是学生复习迎考之际，而此次的大型诗诵会的政治背景是基于西湖区区委区政府要打造"全国最美丽城区美丽赞"系列活动之一。如"西湖颂——巾帼之美"，"西湖颂——安全之美"共 12 个"之美"，每一个月演出一个"之美"。而教育系统承担的是"西湖颂——希望之美"。

教育系统承担的活动，由一所学校来承担，谈何容易？育才有这样的组

图 7　学校在省人民大会堂举行"西湖颂——希望之美"诗诵会

织能力，有这样的演出水平吗？育才能代表教育系统吗？一连串的担忧，让我无法爽快应承。

钱书记见我犹豫不决，着实表扬了育才："你们从华商超市的广场上、杭州市青少年活动中心的舞台上到杭州剧院'十年校庆'的现场、'中华行——爱国主义'诗诵会的精彩吟诵，每一次大型活动的展示，都是育才人在和谐、温馨的人文环境、奋发向上的团队精神、充满激情的工作态度、团结互助的竞争氛围、相互信任、亲密默契的合作关系下，一步一个脚印踏实走出来的，育才人凝聚智慧、积聚能量，完成了一个又一个不可能完成的任务，创造了一个又一个奇迹。这一次，不仅仅是代表育才，更代表西湖教育！教育局党委既然决定由你们一所学校来承担，那你们一定能行！"

我还能拒绝吗？当然不能！更何况 2009 年 5 月教育局党委研究决定把城西一所新造的 45 个班级规模学校由育才教育集团接管，我们拿什么感激教育局？感激文新街道？感激社会？答案就是育才人的多才多艺！育才人的精神状态！育才人的无私奉献！承担这项大型活动，就是回报教育局、回报文新街道、回报社会的最好体现！

于是怀揣着理想与希望，育才人又站在了一个新的历史起点，相信有这样一支充满着智慧和战斗力的团队，有这样一群敬业奉献的老师，有这样一批可爱聪慧的孩子，育才人将会开创出更多的奇迹，育才必将会拥有更加灿烂的明天。

任何付出都有回报，任何活动都有教育价值。2010 年 10 月 25 日，我校选送的由育才 600 多位师生在省人民大会堂参与演出的"西湖颂——希望之美"大型诗诵会，在由中国教育学会、中国文学艺术基金会、全国校园春节联欢晚会组委会主办，教育部关工委、中国教育报等多家单位协办的第六届全国儿童艺术展演暨魅力校园庆"六一"晚会优秀节目评比中获得表演一等奖，叶静姿、胡莹老师荣获优秀编导一等奖，许江南、王叶桐、龚雨涵同学荣获优秀演员一等奖，这标志着我校融"大语文""大音乐"的艺术教育迈向新的台阶。

七、"天下育才，育天下英才"中国育才学校联谊会的"剑"精彩一亮

2005 年育才十周年校庆暨育才教育集团成立之时，我曾经与全国知名育才学校联系过，也正是由于当时的广泛联系，才与北京育才、上海育才、深圳育才、重庆育才、东北育才有了教育教学的研讨往来。中国育才学校联谊会成立于 2005 年 10 月，是由北京育才、上海育才、深圳育才、重庆育才、东北育才等五所学校的校长，萌发的一个"同在一个育才，共怀一个梦想：天下育才，育天下英才"的想法而成立的。杭州育才有幸加入了"中国育才学校联谊会"，而且是浙江育才唯一代表。迄今已先后在深圳、北京、上海、沈阳、重庆成功举办五届学术论坛，分别围绕学校文化、学校特色、学校核心竞争力、均衡优质教育、现代学校管理等展开深入研讨。在中国育才联盟这个大家庭里，我们感觉温暖，因为我们有着同样的使命，那就是为国育才；我们有着同样的追求，那就是打造育才教育品牌；我们有着共同的理想，那就是把育才前辈们留下的育才教育文化在我们这一代人的教育生命里发扬光大。

中国育才学校联谊会虽然是民间组织，但是门槛很高，此组织已经历时 8 年，但是全国加入联谊会的育才学校仅 11 所。该联谊会每年围绕一个主题举行一次年会，一北一南，循环接力。在联谊会组织里，五个理事单位是育才的大哥哥，而杭州育才是小妹妹。我很珍惜中国育才学校联谊会的平台，每次年会的主题发言，我都会认真思考，精心准备，谨慎发言，虚心求教。记得 2006 年在北京育才召开中国育才学校联谊会，校长论坛主题是学校文化建设。面对北京市 400 多位中小学校长，要阐述学校文化，对于一所只有十年历史的杭州育才来说，确实很难。但是我围绕"为每一位孩子的幸福人生奠基"教育理念构建杭州育才文化体系的思考，却赢得了北京校长的认同与赞赏，尤其是中国育才学校的校长，从此我这个小校长引起了大校长们的关注。

由于经历了全国育才学校最知名的北京育才、上海育才、东北育才、深

圳育才主办的联谊会，让我了解了育才校长的办学思想，目睹了育才校园的深厚文化，欣赏了育才教师的专业水平，观看了育才学生健康成长的积极状态，我忽然觉得自己作为杭州育才学校的校长，显得有点单薄，有点滞后。这极大地激起了我奋起直追的信心和决心，于是我一方面加快学校发展步伐；另一方面积极争取中国育才学校联谊会年会在杭州育才召开，以此来促进学校的进一步发展。2008年我和副校长参加了在广州召开的联谊会，会上我郑重提出申请，诚邀2009年的中国育才学校联谊会在杭州育才举行。由于五个理事单位承担联谊会一轮还没有结束，所以非理事单位还没有资格承担，但是我在会上的真诚邀请感动了所有育才的校长，当场决定2009年最后一所理事单位承担完之后，非理事单位第一个承办者就是杭州育才。这一决定振奋了我，振奋了杭州育才所有校级领导。毕竟是中国最知名、最有影响力的育才学校校长们莅临杭州育才，是多么荣耀的一件喜事、大事、要事。于是，我们精心策划了中国育才学校联谊会第六届年会，并期待着中国育才学校校长们的莅临。

图8　中国育才学校联谊会

2010年11月10日至13日，中国育才学校联谊会第六届年会在杭州市育才教育集团顺利召开。为了充分展示浙江教育、杭州教育、西湖教育以及育才教育，我们确定了"教育创新谋发展"校长论坛，"儿童阅读促成长"教师论坛两个主题论坛活动。11月11日，中国育才学校联谊会第六届年会在我校大礼堂隆重举行，500多个座位座无虚席。教育部原人事司普教处处长、教师处处长，现任中国教师发展基金会秘书长杨春茂，儿童阅读专家、台湾小语会理事长赵镜中教授,浙江省教育厅副厅长鲍学军,杭州市教育局应建华副书记,西湖区人大副主任卢华英、西湖区教育局党委书记、局长钱志清,《21世纪校长》杂志主编刘扬云等领导和专家出席本次活动。来自北京、上海、深圳、重庆、东北、广州、西安、云南等地的11所联谊会成员学校的代表以及北京、浙江、台湾教育教学专家、全国儿童阅读推广学者500余人参加了大会。在隆重的开幕式上,我校师生为来宾们表演了特意为本届育才联谊会而作的《满江红·育才情》:锲而不舍,共守望,为国育才/联盟训,不务虚华,慷当以慨/又一届名校联谊/好一场学术论坛/图创新,观点齐碰撞,志满怀/陶行知,徐特立/段力佩,孕育才/燃薪火,唯求代代相传/教人求真声犹在/学做真人满乾坤/君且看,和谐谋发展,在育才/。开幕式后,杨春茂同志作了《国家中长期发展纲要解读》的专题报告。

育才联谊会年会取得圆满成功,影响力大,宣传面广。中国育才学校已成为中国教育品牌的代表之一。《浙江教育信息报》《杭州日报》《钱江晚报》《都市快报》《每日商报》《西湖教育》《浙江少儿频道》《浙江电视台教育频道》等媒体相继报道本届年会活动。浙江电视台教育频道还进行全程拍摄,会议期间还采访杨春茂司长、赵镜中教授、钱志清局长、各位育才校长。专题电视片于当年11月21日周日在浙江电视台六套黄金时段播出,并在网络电视台常年播放。

这是一届完美的年会,美在西湖、美在杭州育才;这是一届友谊的年会,相缘在杭州、相知在育才。中国育才学校联谊会第六届年会的成功举办,让我觉得心里充实了很多,原先对杭州育才文化底蕴不够的担忧,似乎被活动的创新以及育才校长的高度评价、会心微笑弥补了,似乎一下子杭州育才拥有了全国育才学校的优质教育资源,拥有了全国育才学校一脉相承的育才文化。我有一种突然长大的感觉,有一种担忧之后的成长感,痛苦之后的幸福感。

大型活动的展示,奠定了育才在西湖区兄弟学校乃至杭州市兄弟学校心目中的地位。我们有能力组织策划活动,有内涵展示学校文化。我曾有过这样的规划:前5年敞开大门,迎接八方来客,因为我们需要社会关注。只有让社会知道有育才这所学校的存在,才有可能让社会知道我们践行的教育活动是有价值的;只有让参观者走进我们学校,我们才有可能每天做好每件事情。因为参观者是来欣赏、也是来挑剔的。拿参观者的力量来鞭策,来鼓励我们,我们做的事情才会更精致些。后5年选择性地拒绝,因为我们需要静心研究。有选择地进行合作交流,静下来,闭其门,研究我们的育才教育。

第四节　育才幸福教育的实践路径

有了"为每一位孩子的幸福人生奠基"的教育理念，有了"培养会生活、会学习、会创造的可爱的世界人和永远的中国人"的培养目标，固然令我们欢呼雀跃，但是理念如何落实，目标如何达成却成为一个问题。所幸对于这一理念的理解我们也越来越深入，越来越能触及教育的本质。对于这一目标的达成我们思路越来越清晰，越来越努力前行。但孩子的幸福品质的内在养成是一个内隐的过程，如何用外显的方式完成这一内隐过程呢？这一教育理念如何展开？如何让教师理解，接受，落实？我们必须有实现幸福教育的有效路径，勾勒出我们自己的幸福教育蓝图。

一、三足鼎立，"3＋X"构建最具幸福感学校

教育一直不仅仅是学校的责任，更是社会、家长的责任。我在思考要为每一位孩子的幸福人生奠基，仅仅依靠学校的力量太单薄了。毕竟在孩子的一生中，即使是小学阶段，也会有很多人、很多事发生在他的周围，学校只是其中一个环境、教师只是其中一种角色。所以，我们育才的幸福教育将从三方面来牢固构建：培育幸福孩子、造就幸福教师、增加幸福家长，共同把学校打造成最具幸福感的学校。据此，我们推出了幸福教育"3＋X"项目，"3"即幸福孩子——打造最具童年幸福感的学校，让孩子时刻沉浸在幸福之中；幸福教师——打造最具职业幸福感的学校，让教师发现幸福、播种幸福、创造幸福、品味幸福；幸福家长——打造最具合作力的家长学校，让家长成为孩子成长的合作者见证者。"X"即开发校本课程，建设社团活动。

（一）打造最具童年幸福感的学校，让孩子时刻沉浸在当下幸福之中

对于"打造最具童年幸福感的学校，让孩子时刻沉浸在当下幸福之中"幸福教育到底如何实施，其实一直到2009年我的思路才慢慢开始清晰。于是在育才十二五规划中明确规划主要从以下五方面努力：一是幸福阅读——成立全国儿童阅读研究基地，让阅读成为孩子的一种享受，让阅读像呼吸空气一样自然。深入做好经典诵读和儿童阅读两件事。二是幸福探索——构建"幸福娃娃研究院"，让探索与实践成为孩子的一种精神。主要完成完善校本课程和拓展生活实践、综合实践等课程这一件事。三是幸福才艺——与浙江少儿频道合作，组建"杭州育才艺术团"，让美常驻孩子的心灵世界。四是幸福运

动——深化体育校本课程以及学生运动社团，让运动成为孩子的生活方式。如棋类、课间游戏类、球类、运动类等。五是幸福生活——开辟育才学生社会实践、生活实践基地，培养规范的住宿生活习惯让孩子终身受益，让孩子们有安全感、归属感、幸福感。

2009年育才终于实现了育才第三个五年规划中的"为满足在杭的外籍、港澳台人士子女接受国际学校教育的需求，拟接管一所九年一贯制45个班级规模的寄宿制学校，把接管的学校办成西湖区最美丽城区的最美丽最幸福学校"的办学目标。我们从仅10亩地的翠苑校区搬到了具有108亩地的新校园。当时基于"还孩子一个当下的幸福"的思考，我策划了一个典礼——新校园落成典礼。《青年时报》的《学校搬新家，全校师生同跳一支舞 育才第一实验学校变大了，内涵更深了》的报道中有一段时任吴吉春局长的采访："孩子的记忆，才是学校庆典活动的意义。若干年后，所有参加今天庆典的孩子应该都还会记得，学校搬新家时，他们曾一起喜庆地舞蹈、歌唱、运动、游戏，他们应该会体会到学校当年的课程设置或者校园环境布置，都是在不同的细节上对他们进行着完整的'人'的教育。育才搬新家是实现了西湖区优质教育资源的延伸和拓展，如果这种延伸是横向的，那么孩子们对今天的记忆，就是对西湖区品牌教育的纵向延伸，我们所谓的品质教育也将因此而得到完整。"

典礼那天，主体全是我们育才的孩子。我希望那一天孩子们能够尽情地享受展现自我、表达自我的幸福。等到他们以后回来参加五十年校庆、六十年校庆的时候，还能回忆起这属于他们的童年记忆。也许有人会怀疑这些活动会打乱正常的教学秩序。其实这也是课堂，是大课堂。我们要辩证地看待孩子当下和未来的幸福，还孩子一个当下的学习生活场景享受幸福感。这就是我们育才为什么要打造最具童年幸福感的学校的根本原因。

（二）打造最具职业幸福感的学校，让教师发现幸福、播种幸福、创造幸福、品味幸福

对于"打造最具职业幸福感的学校，让教师发现幸福、播种幸福、创造幸福、品味幸福"我主要是基于两点思考。

首先，我们必须承认孩子感知幸福的能力并不是天生的，且孩子一开始持有的幸福观极有可能是片面的甚至是错误的，这些都需要后天培养和纠正。所以，我们必须培养能够感知幸福的教师来时刻播种幸福、传播幸福、创造幸福。

其次，教师播种幸福，自身首先必须具有幸福种子，善于发现幸福。从我自身经历来讲，我是一个性格比较开朗活泼，并且善于从小事中感知幸福的人。虽然童年经历过苦难，但我并没有因此消沉，反而磨炼了我的意志，让我学会了用积极向上的态度来看待生活，看待人生。我想，我们的教师也应该有这样的境界和能力。教师对学生的影响很大，一个常年眉头紧锁的老师绝不可能教出阳光快乐的学生。所以，我们要提升教师感受幸福的能力，让教师在学校时刻播种幸福、体验幸福。幸福教育就是将相对较高的教师的幸福能力"移植"到幸福能力相对较低的学生身上，使学生从主要由教师赋予幸福渐次转变为主要由自己去创造和享受幸福。而作为校长的我，更是"幸福的种子"，播到哪里就在哪里发芽、生根、开花。

于是我们在学校的"十二五"规划中从以下几方面进行了规划：一是幸福阅读——与孩子一起阅读，让阅读成为连接师生，走进孩子心灵世界的纽带。(1)读懂儿童——有主题、有序列、有汇谈的读书实践活动；(2)读懂教育——有主题、有序列、有汇谈的读书实践活动；(3)读懂教学——有主题、有序列、有成效的读书实践活动。二是幸福教育——创立育才教师教科研幸福奖励基金，让教师享受教育成功的喜悦，设立课题攻关奖等五个奖项。三是幸福教学——与孩子一起自主合作学习，让课堂焕发出生命活力。精通业务，精选资源，精用方法；精心设计，精批作业，精于互动，在某个学科的某个领域成为不可代替的唯一。四是幸福研究——研究孩子的发展规律，研究学科的发展规律，研究教育的发展规律，让研究解决我们的教育困惑。五是幸福生活——开辟教师生活主题系列活动，充分享受教师职业幸福感。(1)开辟休闲吧、读书吧、聊吧、健身场等场所；(2)举行全校教师网球、篮球、排球、乒乓球、爬山等比赛。

（三）打造最具合作力的家长学校，让家长成为孩子成长的合作者见证者

父母的第一使命，就是为孩子提供一个好的家庭环境。父母要做的事并不太多，只要为孩子提供并维护一个好的家庭环境就行。成为好父母，就是成为家庭环保主义者。家庭环境好，孩子才能好；家庭环境出了问题，孩子就成为问题儿童。有时候，孩子"生病"，需要吃药的并不是孩子，而是家长。

所以，打造最具合作力的家长学校，让家长成为孩子成长的合作者见证着，也是实施幸福教育的重要组成部分。我们在"十二五"规划中主要从三方面切入：一是幸福阅读——创建"学习型家庭"；二是幸福活动——开展"亲子活动"；三是幸福分享——开辟"家长学校"。

我们育才的任何理念，若无家长的理解配合是难以实现的。我们与家长的目的是相通的，都是为了孩子的幸福成长。一方面学校承担学校教育；另一方面家长承担家庭教育。我们有明确的分工，所以，我们把家长作为我们的"同事"。既然是同事关系，那么面对孩子的成长，我们应该在分工的基础

上形成一股合力，共同见证孩子的成长，共同对孩子的教育负起应负的责任。

二、幸福教育"510"工程

幸福在教育领域的一大特点就是发展性、可持续性。所以，为了延续我们的幸福教育，让幸福之泉在孩子、教师和家长心中继续流淌，我们在三足鼎立，打造最具幸福感学校之后，又正式提出了育才的第四个五年规划（2011～2015）。在这一规划中，增加了幸福教育"510 工程"，即丰富幸福种子的五个维度、提升幸福教育的十大工程。

第一个维度：长度——和谐（优质服务和谐发展）。提升"集团品牌化工程"——纵向式、多层次、高规格；提升"服务优质化工程"——人性化、全过程、全方位。

第二个维度：高度——人文（自信、积极、热情、大气）。提升"德育特色化工程"——生活化、重激励、养习惯；提升"科研课题化工程"——综合性、原创性、协调性。

第三个维度：宽度——全面（国际视野、全面发展）。提升"国际开放化工程"——开放化、国际化、多元化；提升"校区个性化工程"——有个性、有特色、有竞争。

第四个维度：深度——精品（追求卓越、追求完美）。提升"教师专业化工程"——师德优、专业精、合作强；提升"学科创优化工程"——独创性、示范性、超前性。

第五个维度：力度——特色（人无我有、人有我优）。提升"硬件标准化工程"——标准化、可持续、最美丽；提升"管理信息化工程"——现代化、柔性化、弹性化。

三、幸福教育的六大基本战略

我们育才在幸福教育道路上提出了六大基本战略，分别是试试"品牌校长修炼策略"——理念治校，做好"特色品牌 构建策略"——品牌强校，启动"教育课题引路策略"——科研兴校，推行"名师名特引领策略"——名师引校，践行"轻负高质高效策略"——质量立校，用好"标准硬件推动策略"——硬件亮校。这六个策略都在不同维度上促进了幸福教育的有效实施，在这里我选择其中四项战略进行具体阐述。

（一）试试"品牌校长团队修炼策略"——理念治校：让校长在幸福教育践行中创造幸福

在学校管理实践过程中，随着做校长时间的增长，经历的学校增多，不同体制学校管理的体验，不同文化学校管理的体悟，我越来越觉得校长个人的渺小，越来越明白没有班子成员的齐心，没有全体教师的努力，没有社会各方的支持，没有上级领导的引领，所有的工作都将无法开展。因此我现在的理解是"一群好教师才会有一所好学校"，只有依靠校长和全体老师的共同努力才能领导好学校。

确实个人的力量是很单薄的，但校长团队的力量却是无穷的。育才的每一位校长都是浙江省或杭州市的学科领域里比较知名的。我自身是浙江省首批211名校长培养候选人，全国五一巾帼标兵，浙江省优秀教师、省春蚕奖获得者，杭州市第二层次数学学科带头人，西湖区首席教师工作室成员；汪卓如副书记，女性，语文学科，西湖区教坛新秀；许政频副总校长，男性，科学学科，杭州市教坛新秀，市第三层次学科带头人；陶洁副总校长，女性，英语学科，浙江省师德模范，市第三层次学科带头人，西湖区首席教师工作室成员；郭立勇副总校长，男性，体育学科，杭州市教坛新秀，市第三层次学科带头人，省名师培养候选人，西湖区首席教师工作室成员；俞国建副总校长，男性，数学学科，杭州市教坛新秀、优秀教师，区学科带头人。这是一支学科结构、性别年龄结构非常合理的校长团队，每一位校长都是学科带头人，我要充分利用好这些优势，为践行"幸福教育"提供决策保障。如果把学校比作一部机器的话，那么这部机器的灵活运转就需要一个操作手，校长就是操作手。我一直持这样的态度：一个学校是否出色，关键看其校长团队是否出色。

我始终认为学校要有自己的教育理念，要始终坚持自己的办学思想和教育理念不动摇，关注师生的发展，不急功近利，努力建设学习化、现代化学校。所以我把教育当作事业，"用整个心去做整个校长"。我始终认为作为一校之长要严于律己，要有"从我做起、向我看齐、对我监督"的勇气，要成为"教师之教师""校长之校长"。对于我来说，最重要的还是校长团队对幸福教育理念的理解。要使育才整个学校都坚定不移地走幸福教育的道路，首先校长团队要抱团认可幸福教育的理念。我要把我头脑中的思维碎片传递给其他校长，让他们获得关于幸福教育的认识与行为，让幸福教育升华为校长们的集体无意识。当然这种传递并不是生搬硬套地灌输，或用我总校长的威严进行强制，而是一种文化意义上的引领。我要让校长们在平时工作过程中自觉地意识到：让孩子幸福地生活是具有开创性意义的，它对以人为本的理念做了根本性的诠释，而且是当今社会的一大福音，所以我们的幸福教育是一个长期的任务。

面对学校的持续发展，作为校长团队，应坚定地承担起这份责任，同时也必须根据学校的使命来考虑校长的使命，以敏锐的目光寻找学校新的生长点，以求实的作风构筑学校发展的新平台。校长不仅要为自己任期内的工作负责，更要为学校可持续发展负责。因此育才必须走持续发展、内涵发展的道路。于是我们提出了明确而动态的学校发展目标：根据学校五年发展规划，每年确立切合实际的近期办学目标，各部门围绕办学目标，制定工作计划，使办学目标分解落实到每个部门、每条线、每项活动、每个教师。借助人民政府的督导评估专家组的学术力量，对五年规划、阶段目标的达成度作出评估和调整，保证学校达到最佳发展水平。

根据"雁阵理论"，我试行了团队"捆绑式评价"的管理方式。"捆绑式评价"是根据教研组活动、年级组活动的全体参与性与教师考评的个体性之间存在矛盾而产生的。以"捆绑式评价"代替以往单一的教师个体评价，突出对"三组"团队的整体评价。所谓"捆绑式评价"，是以团队成员为评价对象，把团队中个体的成绩与不足，纳入到团队整体考评项目之中，最终以团队的考评结果来反映教师个体的考评成绩的一种评价方法。由于"捆绑式评价"，是以团队内成员间的协调合作与共同发展为基础的，因此在"三组"建设中实施这一评价，校园里处处出现了相互提醒、相互帮助、相互监督、相互竞争的合作环境，弥补了学校对教师团队评价的空缺，有效地增强了"三组"成员的主体意识和团队意识，较好地解决了教师个体发展与"三组"建设之间的矛盾，有利于调动"三组"全体成员的积极性，有利于促进教师专业水平的整体发展。

根据"木桶板间缝合度理论"，我们试行了"目标管理责任书"的管理方式。逐步实行了较为科学的更细、更严、更规范的层级管理，层层目标明确，级级工作负责，使学校各项工作顺利展开。集团总校长与中层签订《中层干部各岗位（教导主任、研发中心、大队辅导员、总务主任等）目标管理责任书》，与全体教师签订《杭州市育才教育集团安全教育目标责任书》，与班主任签订《班主任（中队辅导员）目标管理责任书》，与科任教师签订《学科教师目标管理责任书》，与各岗位教师签订《各岗位（卫生站长、会计、出纳等）目标管理责任书》。

根据"点线面体"理论，我在集团层面试行了"条块结合"的管理方式，实行校级领导以线为主，以块为辅；执行校长以块为主，块线结合的目标管理体系。

我要求我的校长们每天必须有三个提醒。提醒之一：当校长认为学校没有问题的时候，恰恰是问题最严重的时候，居安思危是校长的一种习惯；校长要努力由经验管理型转变成时代所需要的教育思想家、学校经营者。这一角色转变要求我们校长做两件新的工作，一是学会传播、表达自己的教育思想。我经常不断地抓住时机，在适当的时候适当的场合表达学校的办学宗旨、教育理念以及学校文化、学校特色。二是学会开拓市场，为学校争取更多的外部资源，包括学术领域的资源、行政领域的资源以及经济领域的资源、甚至家长领域的资源。提醒之二：在正确的时间正确的地点做正确的事和正确地做事。提醒之三：赢在思考，赢在行动，赢在能动。

（二）做好"特色品牌构建策略"——品牌强校：拳头产品，让学生在校本课程中学习中体验成长与幸福

图9　湖州小学全体教师来我校考察

我认为一所学校核心的教育价值取向所呈现出来的特征就是"独特、优质、认同"。独特是学校独有的，是适合学校师生口味的，是适应学校发展的。优质是学校教育必须要遵守的法宝，也是学校赖以生存的命脉。认同是政府认同、群众满意，是当下认同、持续认同，是能够经得起历史验证的。

核心教育的载体就是课程，学校教育主要是通过课程来实现的。从这个意义上看，课程的设置也是特色学校的重要环节。学校课程应该是多元化的，应该是显性课程与隐性课程共存的课程体系。显性课程涵盖了国家课程、地方课程、学校课程的全部。把国家课程开齐开满，地方课程开好开精，学校课程开实开准，使课程最大化地成为学生成长的催化剂。在这里学校课程是对特色学校最为准确的诠释，学校课程的设定、开课质量、课程的延续性、稳定性决定着特色学校质量与生命。隐性课程更是不可忽略的，学校的内涵建设、校园文化、价值取向、管理机制、评价手段、家校沟通……都是学生随时随地能够感觉到的课程内容。多元化的课程体系既是满足不同学生的独

特需求，也是为教师的个性发展提供了平台，只有多元化的课程才让每一位学生、每一位老师都能在学校找到个性发展的空间。这就是特色品牌的根。如果每一所学校都有自己独到的"办学内容"，也就有了自己的办学特色，有了特色就会吸引适应你的特色学生，学校也就有了办下去的可能。有特色就有引力，有引力就有发展。

创办特色学校能够为学生搭建可持续的发展空间。因为特色学校恰恰为不同规格的学生提供了各自的发展空间，课程的特色、管理的特色、学校文化的特色……诸多的特色形成了学校的特色，学生在其中就会找到适应自己个性发展的空间，就能够在共性的基础上形成鲜明的个性。学校教育就会有宽窄不一、方向各异充满个性化的发展未来。我认为办特色学校就是在挖掘学校自身潜力的基础上，把学校的优势与长处发挥到极致。逐步形成"校校不一样，都是好学校"的优质教育均衡发展的局面。

做好"特色品牌构建策略"——品牌强校。让学生在校本课程中体验幸福，说的就是育才的校本课程。课程是根据学生成长需求而长出来的。我知道课程的四要素：课程目标、课程内容、课程实施和课程评价。日本学者左藤学在《静悄悄的革命》中说：所谓课程，一言以蔽之就是"学习的经验"。"课程"这一词的英语释义中也有"履历书"的意思，所以，"课程"是学习的经历、轨迹，也是学习的履历。所以，我赞同这样的说法：课程是学校提供给学生在学校期间得以获取知识、能力、人格以及学习经历等一切活动的总和。

我也在之前的章节中提到，育才要构建教育超市，学生需要什么，我们就提供什么，形成自己的个性，这就是我们的特色品牌——校本课程。关于校本课程我们用自己的草根理论——"挖井理论"来支撑，我们做到什么程度，学生就受惠到什么程度。所以，对于校本课程这一"拳头产品"，我们不仅需要而且必须做到百分百，否则只会是教育资源的浪费。

校本课程从一定意义上来说是学校原有优势资源的充足和整合，不管对学校、教师还是学生都是一种发展契机。育才的校本课程顺应我们生源的特殊性和已有的开发基础，目前已经形成了以实践体验为主线的生活实践、艺术实践、英语口语实践、阳光体育等主要内容的课程。我们希望通过开发校本课程，引导和培养学生的学习兴趣，突出学生个性的发展，为孩子的幸福人生进行全方位的奠基。

根据育才的"挖井理论"，我们不断地思索"井"挖在哪里，不断地实践"井"挖得是否符合孩子的成长规律。育才挖的第一口大井——隐性校本课程中的优质服务。我们喊出的口号是"优质服务兴校"。我们的孩子来自全省各地、全国各地、全世界各地，每一位孩子都是一个发展的人，一个独特的人，一个有自主权的人。孩子需要更多的个性化的教育服务，我们需要提供更多的个性化的教育服务，一种多元的、求真的、和谐的"精神服务"。既然是"为每一位孩子的幸福人生奠基"，那么一定要理解孩子的苦衷，同情孩子的处境，宽容孩子的过失，保护孩子的天性，鼓励孩子的进步，撞击孩子的成长，关注孩子的幸福。

我们的体会："做教育就是做服务，做服务就是做细节，无数次完美的细节叠加就是完美的服务，每一个细节都可能成为决定教育成败的关键。"我们出台了《教育服务直通车——教师篇》《教育服务直通车——家长篇》《教育服务服务直通车——学生篇》等（第六章具体阐述）。

育才挖的第二口大井——显性校本课程中的学科品牌。我们的口号是"校本课程立校"。其中第一口小井是"实践体验"，口号是"我体验，我快乐，我成长！"第二口小井是"英语口语（阳光体育）实践"，口号是"我们一起说英语！""让运动成为一种生活方式！"第三口小井是"艺术教育（科技教育）"，口号是"我们弹琴，我们跳舞！""让美常驻孩子的心灵世界！""让创造成为孩子的思维方式！"第四口小井是"诵读工程（名人名言名著）"，口号是"让读书成为一种享受，让经典文化走进孩子心中！"

在以上挖井的基础上，为了让孩子们每时每刻沉浸在幸福之中，我们拟定的"十二五"规划，将深入开创最具特色的"幸福娃娃研究院"。

我们知道校本课程强调差异，关注每个学生的不同需求，给学生一个自由发展的空间。也就是说，我们要把学生的个性发展和成功体验作为校本课程开发的终极追求，让每一个孩子都能在国家基础课程中找到学习深度的成功体验，同时又能在校本课程中找到属于自己发挥长处的学习广度的幸福体验。这样才能真正"使每个学生都能得到充分的发展，使每个孩子体会学习的成长感和幸福感"。

（三）启动"教育课题引路策略"——科研兴校：从新手到专家，让教师在研究中享受成长与幸福

我认为教师要从传统的基于时间的教师成长模式转化到基于教师优势成长模式，一个优秀的教师特征就是教有优势，这样的教师是"专家型学习者"。所谓"专家型学习者"，通俗说就是在自己原来并不擅长的领域比别人学得快学得好，主要满足三个特征：知己、知事、知人。三者相匹配的教师就是"专家型学习者"，一般在教育教学中的某个领域具有专长，具有丰富的实践经验和理论修养，能够有效地指导和帮助团队中的其他成员开展教育教学工作，并在教育教学的岗位中取得良好的实绩。

实施"教育课题引路策略"，可以促进教师专业发展，我主要基于三层意

思：第一就是成全教师就是成就学校。只要教师有专业发展上的需求，就努力满足他。第二就是只有教师发展才能赢得学校发展，支撑学校发展的就是教师。要让所有教师都感觉到，在校长心目中，在所有教师家长心目中，他都是有一定分量的，都是被欣赏被尊重的，是非常有尊严的。第三就是学校应该是教师成长的幸福乐园。

根据现状，我们在《科研课题化工程》中确定的基本策略是：一是制度激励的策略——创立育才教师教科研幸福奖励基金，让教师享受教育成功的喜悦；二是全面覆盖的策略——推进小课题研究群建设，更多更广覆盖到教师群体和各个学科；三是科研常态的策略——要强化教科研一体，形成教育研究的常态化；四是服务学科的策略——以学科优化建设为载体，争取课题成果完成之日，正是学科特色凸显之时。同时我们的基本措施是：一是在科研课题化过程中实现教师教育幸福化——创立教师教科研幸福奖励基金。（1）设立课题攻关奖；（2）设立论文贡献奖；（3）设立项目探索奖；（4）设立成果辐射奖；（5）设立教育成就奖。二是在科研课题化过程中实现课题管理常规化——小课题研究经常化。在新一轮五年的科研发展过程中最为重要的操作载体是小课题研究。通过覆盖学校教育教学整体的小课题群，实现教育科研常规化管理，是下一阶段重点需要落实的措施。

（四）推行"名师名特引领策略"——名师引校：让教师与名师名特面对面近距离对话，享受专业水平的魅力

我认为学校最长久的财富是教师发展，校长的核心任务就是建设教师队伍。学校发展取决于教师。我要求教师"带着问题与困惑学习、带着启迪与思考工作、带着实践与反思提升"。为了快速提升教师的专业水平，学校推行了"名师名特引领策略"。为了实施"名师名特引领"策略，用学术力量支撑学校内涵发展，让教师与名师名特面对面近距离对话，享受专业水平的魅力；为了引进浙江省最知名的学科研究顶尖人物，着实令我动了一番脑筋。

成为浙江外国语学院附属实验学校

浙江教育学院是浙江培养教师的发源地，许多教育领域的优秀教师都聚集在那里。我本科就在这里学习。记得当时学习课程中有部分内容让我对教育本质的理解尤为深刻，即陈桂生的《教育原理》，这门课程是卢真金老师讲解的，他深入浅出地解读"应然"与"实然"的教育目的，"教育主体"与"教育客体"的关系，教育与闲暇的关系，"教育的平等"与"平等的教育"等富有思辨的教育概念，让我这位曾经工作十年的教师忽然有种顿悟的感觉，于是我断定这里的老师一定非常优秀，这里的老师对教育的指导一定具有针对性，这里的老师对教师专业化成长一定有帮助。

　　于是，2009 年上半年的某一天我就拜访了我的老师卢真金、骆伯魏等，把自己想借助大学师资力量来支撑学校内涵发展、提升教师专业成长的思路作了汇报，希望"高等教育牵手基础教育"成为学习共同体，育才学校成为教育学院的附属实验学校。一方面教育学院的学科师资队伍育才可以共享；另一方面，育才学校可以成为教育学院教师的实习基地以及就业首选。

　　任何事情达成共识，都需要时间的沟通与交流，需要决策层的远见卓识，更需要需求方育才的主动攻略。

　　为了让教育学院的领导进一步了解育才，2009 年 11 月 18 日，育才新校区落成仪式上，我特意邀请了浙江教育学院的院长鲁林岳，并在落成仪式上挂牌成立了"浙江省教师教育重点实践基地"，这块牌子全省只有三块。全省小学挂这块牌子的，唯有育才。中心副主任刘力教授是院长鲁林岳从浙江大学特聘的教育专家，我趁机特聘刘力教授为杭州市育才教育集团的名誉校长。通过名誉校长，我多次与鲁林岳院长，探讨关于"基础教育"的话题，因为鲁林岳院长曾经是省教育厅基教处的处长，对基础教育情有独钟，很有见地。每一次聆听他的教育思想、教育理想，我必有呼应，慢慢地他觉得育才的教育思想、教育观点、教育管理等方面似乎与他理想中的基础教育相差不远，似乎在践行他向往的基础教育。自 2009 年开始交流沟通，历时整整两年的合作谈判，终于于 2011 年 9 月 15 日"牵手成功！"杭州市育才教育集团成为浙江外国语学院(浙江教育学院现更名为浙江外国语学院)附属实验学校。

　　这一天，在育才学校的大礼堂举行了隆重的签约仪式，双方共同签下了创建教育共同体成就育才幸福教育的《教育共同体建设方案(2011—2016 年第一个五年规划)》，方案包括共同体学校介绍、共同体发展意向、共同体发展愿景、共同体发展主张、共同体建设内容、共同体专家团队、共同体发展要求。

成为教育部"影子工程"、浙江省"领雁工程"实训基地

　　浙江省及全国各地教育考察团不断来参观育才校园、考察育才管理，使育才获得了高度评价与赞赏。于是浙江省教育厅就推荐育才申请教育部的"影子工程"与教育厅的"领雁工程"。最终审批通过"影子工程"的学校整个浙江省只有六所，育才是其中一所。由教育部人事司、中国移动、中国教育发展基金会主办，国家教育行政学院承办的"2009—2011 年教育部中国移动中小学校长培训项目"启动仪式于 2009 年 10 月 19 日在北京国家教育行政学院隆重举行。我因此而参加了培训项目启动仪式，育才学校成为"教育部中国移动中小学校长培训项目实践基地"，我成为培训项目指导老师。从 2009 年到 2011年，该项目利用三年时间组织实施中国移动中小学校长培训项目，通过影子培训和远程培训两种形式，促进参训校长学习省内外优秀学校的办学经验，切实提高中西部农村中小学校长的整体素质和管理实践能力，培养一批推进学校改革创新和实施素质教育的带头人，促进义务教育均衡发展和城乡教育协调发展。这三年，我们培训了来自宁夏、云南、贵州、甘肃、四川、新疆、西藏等全国各地的名师名校长约 300 余人。学校专门制定了跟岗实践方案，安排多种形式的交流、讲座、访谈、听课、校本教研等活动，主要是通过与校长、中层干部的访谈，听取专题性报告，交流学校的办学思想、办学宗旨、教育理念等办学经历与智慧，从中诊断学校管理的有效问题，共议教育热点问题，共享学校管理经验，互鉴互学，更新教育观和学校管理观，进一步提升和发展科学决策能力、教育创新能力、协调沟通能力、总结反思能力以及校长自身专业发展能力。

（五）践行"轻负高质高效策略"——质量立校：让学生在轻松愉悦的环境中幸福成长

质量是学校的生命。而建立在现代教育质量观上的质量概念，已不等同于传统意义上的含义。学校的质量管理目标是使每个学生都能够得到适合其发展的高质量的、最优化的发展。校长应该建立教育质量的保障体系，关注课堂教学的研究、关注教学评价的改革、关注校园各项文化活动的开展，从而保证学校每一个教育环节的高质量运行。

2009 年，浙江省教育厅正式下发了《关于切实减轻义务教育阶段学生过重课业负担的通知》，可见中小学生学业负担过重问题已经成了普遍问题，而实践轻负高质的教育也已刻不容缓。其实，从我在教育领域工作以来，我一直认为并不是学习时间越长，学习效率越高；也不是课后作业越多，考试成绩越高；更不是学习成绩越好，孩子成长越顺利。我对于自己的教育质量观有一个通俗的说法：二八率。即评价一个学生是否优秀，卷面分数可能只占 20%，试卷外的成长或许能占 80%；看待一位老师的教育是否成功，他的学生的学科成绩占 20%，学生成长诸如兴趣爱好、学习习惯、诚信、爱心、责任等其他方面要占 80%，尤其是小学教育。因为小学教育是"为每一位孩子的幸福人生奠基"的教育，作为老师，要为学生尽可能多地减少不必要的学习负担，让学生在课堂上自主学习、愉悦成长，在课堂外参与活动，锻炼能力，体悟幸福。

我始终认为分数只是教育质量的一个量化指标，如果理不清它与质量的辩证关系，我们就会彷徨在素质教育和应试教育的岔路口。无论是"分数就是质量"的高中阶段，还是"是分数也是质量"的初中阶段；无论"质量不是分数"的小学阶段，还是"幸福就是质量"的幼儿教育阶段，我们认为分数和质量有着内在的逻辑关系，互相排斥、互相吸引。只要我们牢牢记住"分数的绿色程度"，只要我们牢牢记住分数不以牺牲孩子的健康成长为代价，只要我们牢牢记住"不能不择手段地弄分数"，那么我们就能达到一个"轻负高质"的境界。以当下的教育视角来审视，分数肯定是质量的必要条件，但绝不会是充分条件。只有对分数所占的比重做减法，对分数自身的含金量做加法，才能为每个孩子营造和谐的教育生态，求得"轻负高质"的质量。我一直坚持不用学生学科统测的合格率、优秀率、平均分等指标来评价教师的育人绩效，这也是促使育才教师朝着"轻负高质"的目标迈进，朝着"让更多的人在更优越的环境中享受更全面的教育"目标迈进，真正让学生在轻松愉悦的环境中幸福成长。

小学阶段的义务教育毕竟不是精英教育，它关注的是所有孩子能否成为合格的社会成员，能否获得自由而全面的发展。我们的理念不能太窄。孩子在初中高中的学业负担已经很重了，这种负担决不能延伸到小学阶段。轻负高质的大质量观强调的是孩子在轻松愉悦的环境中获得全面发展。质量并不局限于学业成绩，而是所有有助于孩子健康成长的因素。过多的学业负担只能适得其反，能够让孩子在学校体会到安全感、愉悦感、成长感、幸福感的丰富多彩的活动都应该让孩子尝试。

（六）用好"标准硬件推动策略"——硬件亮校，爱满天下——图书馆中的学校

2009 年 5 月，占地 108 亩、比邻国家西溪湿地、有 45 个班级规模的九年一贯制的寄宿制学校拔地而起。我们育才因为实现了 5 年前的承诺，即"把两所占地十几亩的学校'撑破'了"而幸运中标。教育局要求我校尽快扩容，以满足更多的孩子接受优质教育的需求。

"让更多的孩子在更优越的环境中享受更全面的教育"，这是育才的办学宗旨。现在，其中一所学校从原来 12 个班级的规模到 45 个班级的规模，在数量上实现了"让更多的孩子"到育才享受优质教育的目标，但是"更优越的环境""更全面的教育"如何实现呢？在新校园的物质文化建设上，又该如何呈现"为每一位孩子的幸福人生奠基"的教育理念呢？我们不能照搬现成的方法，必须有新的创意！

我又一次陷入沉思："奠基"是什么？其关键词不就是兴趣、爱好、习惯、基础知识、健康人格吗？那么，它们从何而来、必须遵循的规律是什么？我们不是有"字词句篇章·点线面体"的理论吗，校园文化的硬件部分，是不是可以用"字词句篇章·点线面体"来表达我们的"奠基""幸福"的理念呢？

由此，我们大胆决策：校园文化的"硬件"部分，按照"字词句篇章"的结构来表达与承载"为每一位孩子的幸福人生奠基"的理念。所以现在育才校园

里的每一处景观都有一个故事，都在叙说着"仰望星空"——"为每一位孩子的幸福人生奠基""脚踏实地"——"字词句篇章"的教育实践故事。

走进了育才校园，就如同走进了一个大图书馆。一踏入学校的大门，就能看见中心广场的尽头有一块浮雕，"爱满天下"、"孔子六艺"、"学海无涯"等。硕大的中心广场文化浮雕是育才精神与校园文化的集中体现。正中的浮雕"爱满天下"四个大字，用中国章的手法进行雕刻，浮雕底部的地图代表着天下，并用国际化的不同国家的语言如日文、英文、朝鲜文、拉丁文、德文等来表现"爱"，勾勒出一幅爱满天下的景象，其中的"爱"字繁体，寓意"字能简化，爱岂能无心?"既体现了陶行知先生的教育思想，也凸显了育才"爱满天下"的价值观。"爱满天下"四个大字的右边是由"孔子六艺"以及古代的竹简组成的一组浮雕，代表着古代教育、文化的传承。新课程改革中强调的素质教育理念，实质上与孔子的"六艺"教育理念即"礼、乐、射、御、书、数"一脉相承，也与育才人倡导的"为每一位孩子的幸福人生奠基"的教育理念不谋而合、遥相辉映。

学校在校园的整体设计和布局上体现了"书山有路勤为径，学海无涯苦作舟"的"图书馆中的学校"理念。校园浮雕上有一个"学"字非常独特，只有半个，这是因为学习的目标和结果是学海无涯，寓意每个育才的孩子要做个爱学习、会阅读的学生，用书籍点亮自己的人生。

学校教学区由字、词、句、篇、章五部分构成，字词是点、句是线、篇是面、章是体。点、线、面、体等石头建筑小品形成了校园中美丽而内涵丰富的书香氛围。字如其人，好字要从一笔一画开始，做人要从一点一滴开始。"句号"表示完整一句话，也可以理解为在小学学习六年学业的圆满结束，三个句号排列在一起也可以寓意为省略号，代表着全体育才人能在书香校园中创造自己无限美好的未来。"篇"由竹简展开的造型构成，在校园中一卷宽大的青石竹简上，是一篇满是篆文的《学记》片段，这是育才对中国传统文化的敬畏和传承，也营造了校园中的浓浓书香。它告诉我们，中国的古代典籍中有数不尽的财富，等着每一位育才学子去求索。校园内部的石桌、石凳也构成了"篇"。由一本本书叠加而成的石桌、石凳就是一篇篇的文章。章指的是校园内文化设计的整体构想。在校园里面有许多的小山坡，所有的小山坡都代表着山，在小山坡上错落有致地摆放着小石凳，小石凳做成了一沓沓书的样子，刻着许多名著的书名，全校共有世界名著400多篇。这样的设计其寓意就是书山。坐在石凳上，犹如坐在一册册的"书籍"上，仿佛进入了书的海洋，"书卷飘香"。在校园的每一条小径上，都享受着书带来的乐趣和知识，时时感受着"书山有路勤为径，学海无涯苦作舟"的古训。

在书法教室里，可以看见地上那大大的"笔、墨、纸、砚"四字印章，走进这里，就如同走近了中国古老的书法艺术，时时感受着笔墨纸砚带来的浓浓墨香。教室墙上，有着不同书法字体。"礼、乐、射、御、书、数"是古代六艺的要求，是古代儒生的基本素养，也暗合着现代教育对学生的素质要求；"风、雅、颂、赋、比、兴"是《诗经》的"六义"，也是我国诗歌艺术的源头，同时也是教育孩子们要善于表达自己的情感和思想；"篆、隶、草、碑、楷、行"，告诉学生学习书法要广为涉猎，要博中有精；"易、书、诗、礼、乐、史"，是中国传统儒家要求必读的经典著作，这就说明学习是一个厚实的积淀过程，要学习书本知识，同时更需要博览群书。

走在育才的校园里举目见人文，放眼品经典，到处可见的都是可以感受到由书香形成的视觉冲击和精神陶冶。在这飘洒着浓浓书香的校园里，育才人种下了一种阅读精神，把经典融入到学生的每一天，融入到每一个学生的生命中去。

除此之外，这里拥有标准的 400 米环形跑道运动场、室内篮球馆、羽毛球馆、乒乓馆、健身房、游泳馆等体育运动场馆与设施；这里拥有多媒体会议中心、信息中心、艺术中心、国际中心、科学实验中心等专业教室楼群。

坐落在古朴幽静的西溪湿地公园边，校园内春季生机盎然，夏季绿树成荫，秋季浓墨重彩，冬季素雅清静，四时鲜花不断，处处移步换景，是一所具有浓郁江南风格的现代化学校。

校园里的"和亭"，《弟子规》之墙，融自然、人文、科学为一体的走廊，"中华路""世界路"等都承载着育才的教育理念、培养目标的寓意。尤其是在校园的每一个角落的 logo 标志中，都形象地强烈地传递出了我们的教育思想以及教育理念。这个标志主体为红色演绎的三角形，副体为三色动感带，整体由红、黄、蓝、黑四色组成。红色演绎的三角形象征飘动的红领巾，代表活泼可爱的小学生，凸显在标志前端，反映以育才教育以人为本和以学生为主体的教育思想。下方的黄、蓝、黑三色带的排列具有动感，寓意集团模式为多层次、纵向式，至少由三所学校组成，下方的黄、蓝、黑三色带的排列同时寓意跑道，就是集团的每一所学校的每一位教师都积极向上地在跑道上奋力向前奔跑；下方的黄、蓝、黑三色带还有一定的寓意：其中蓝色象征平和、淡定，寓意为教育的均衡化；黄色象征希望，寓意为教育的发展性；黑色寓意为教育必须博采众长，厚积薄发，真正为每一位孩子的幸福人生奠基。我们不仅要让他们眼下幸福，更要让他们将来幸福，这种幸福品质是需要陪伴孩子一生的。

我认为学校文化不会自动生成，它需要我们在深度把握学生成长规律的基础上有意识地建设，因此，文化自觉是校长办学成功的关键。物质文化是校园文化建设的"硬件"。在选择和优化影响儿童身心发展的综合环境时，我们不仅要考虑显性文化要素，而且要重视隐性文化要素；不仅要注意文化的教化作用，而且要注意文化的熏陶作用。

综上所述，本章主要阐述了我的教育思想、教育理念以及幸福教育框架形成过程。在这期间，我带领育才人做了大量的决策以及教育实践。我的体会是能够做有效的决策，才能成为有效的管理者。一项有效的决策，一定是系统思考的结果，一定是带有根本性的决定，一定是在"不同意见讨论"的基础上作出的判断。它需要的是正确的"战略"，而不是令人眼花缭乱的"战术"。校长要做有效的决策，必须遵循"要事第一"的原则，学会取舍，学会将自己的注意力集中于少数几个主要领域。2004 年 8 月我刚到育才任校长时，首先面临的问题就是如何找到育才的"要事"，特别是找到"要事中的第一"。现在想起来，育才的创业史上，经历了：我的大胆承诺与学校发展规划中的决策；我的"关键事件"与教育理念形成中的决策；我的"挖井理论"与学校品牌建设中的决策；我的"字词句篇章"与校园文化建设中的决策。

我在管理学校、作出决策的过程中，对自己的要求概括起来有三句话：一是"把握宏观的"。几乎每隔两个月，就要将进入视野的全新的信息结合本校的实际进行系统的思考，不断调整自己的管理思想与实施策略。二是"关注微观的"。我始终认为，校长应该到一线研究细节，从而欣赏教师的工作，预测可能发生的问题。我会到学生寝室，翻开棉被闻一闻，掀起席子看一看；会到办公室、教室，翻开学生的作业本，仔细看看作业的质量和批改的质量；会参与教师的专题研讨活动、听课、与教师交流等。在实践中我体会到，把握了宏观就把握了学校发展的方向，把握了细节就把握了学校发展的水准。三是"直面难管的"。校长的许多工作都是别人不可替代的，必须独立承担。这些问题处理好了、决策对了，校长就能在成就学校的同时成就自己，达到有效管理的至高境界。

第四章

幸福教师
——让教师发现幸福、播种幸福、创造幸福、品味幸福

幸福是一种真诚的付出，幸福是一种真切的关怀，幸福是一种真爱的阐释。用幸福唤醒幸福，用教师的幸福唤醒孩子们的幸福；让教师持续发展，享受当下的幸福；让孩子幸福成长，追求幸福人生。

何谓教师职业幸福感？简单地说，就是教师职业的幸福感受。幸福感受是因人而异的。作为特殊职业的教师，幸福应该从何而来？唯有从教育教学研究中才能实现自己的价值观和教育观，感受到职业的幸福感。

怎样才能判断自己是否幸福？我在什么时候才能变得幸福？是否有关于"幸福"的统一标准？如果有，它是什么呢？如果说我们的幸福取决于与他人的比较的话，那么我们周围的人究竟有多幸福？其实这些问题很难有确切的答案。即便有，这些答案本身对提升我们的幸福感也没有什么帮助。

"我是否幸福？"这个问题本身就暗示着对幸福的两极看法：我们要么幸福，要么不幸。在这种理解中，幸福成为一个终点，我们一旦达到，对幸福的追求就结束了。但实际上，这个终点并不存在。

与其问自己是否幸福，不如去探求一个更有帮助的问题："我怎样才能更幸福？"这个问题不但吻合了幸福的本义，还表明了一个长期追求、永不间断的过程。

幸福不是拼命爬到山顶，也不是在山下漫无目的地游逛；幸福是向山顶攀登过程中的种种经历和感受。教师的职业幸福感就是在与学生一起攀登山顶的过程中一路欣赏到的"此时此刻"。

我认为幸福的定义应该是"快乐与意义的结合"，真正快乐的人，会在自己觉得有意义的生活方式里享受到它的点点滴滴。这绝不仅仅限于生命里的某些时刻，而是人生的全过程。即使有时会经历痛苦，但人整体上仍然可以是幸福的。三十几年教师生涯，其中十八年的校长生涯，我经历了从幸福到更幸福的生命历程。

"为什么要追求幸福？"因为幸福是生命的一种基本需要。幸福在所有目标中是至高无上的，其他所有目标的终点都只是去往幸福的起点。

我以为教育要给人以幸福，成为幸福的教育，就必须有教师的幸福。很难想象一个内心没有职业幸福感的教师，会不断地播种幸福，传播幸福，创造幸福；会不断地探索教学改革的真谛，实现教育的价值，培育幸福的学生。

其实对教师职业幸福感的认识，每位教师心中都有一杆秤。对教师个体来说，不同教师认定的职业幸福感是不同的，这就决定了教师职业幸福感具有多重性。幸福感的多重性主要表现在受不同教师的身份、经历、价值观等方面的约束而产生的对教师职业幸福感的不同理解。

从事教师职业的人，每天都要面对一群既可爱又调皮的孩子，忙着处理一件又一件看似小事又是大事的琐碎事，做教师的幸福感到底在哪里？我想，教师的职业幸福感源于学生的一次次成长和学生对教师的真诚回报；源于教师一次次磨课和专家对教师的欣赏肯定；源于家长一次次交流和家长对教师的信任尊重；源于领导一次次表扬和对教师的支持帮助；源于豁达的生活态度，高雅的生活情趣；源于自我统一的人际关系和平等宽松的工作环境。

星云大师的八大观念："春天，不是季节，而是内心；生命，不是身体，而是心性；人生，不是岁月，而是永恒；云水，不是景色，而是襟怀；日出，不是早晨，而是朝气；风雨，不是天象，而是锤炼；沧桑，不是自然，而是经历；幸福，不是状态，而是感受"，这一段话值得我们回味无穷。

第一节　观念引导　调整心态　发现幸福

一位哲人曾经说过："人与人之间只有很小的差异，但是这种很小的差异却造成了巨大的差异！很小的差异就是所具备的心态是积极的还是消极的，巨大的差异就是成功和失败。"良好的心态如同师德一样重要，从某种意义上说甚至超过了师德。心态是教师专业发展、职业幸福的基点，所以教师的心态尤为重要，而心态取决于一个教师的世界观、价值观、人生观。

我以为校长是一所学校的灵魂，担负着对一所学校教育工程总设计的任务，引导学校向何处发展，引领教师怎样发展，把学生培养成怎样的人才，他的责任重大，他必须重视自己观念的摆位，必须重视对学校教育思想以及各种观念的引导。黑格尔曾经说过："我们简直可以断然声明，假如没有热情，世界上一切伟大的事业都不会成功。因此有两个因素就成为我们考察的对象：第一是那个'观念'，第二是人类的热情，这两者交织成为世界史的经纬线。"观念是指思想意识，而思想是指客观存在反映在人的意识中经过思维活动而产生的结果。因此，对"结果"之前的观念引导显得尤为重要，因为观念决定心态，心态决定幸福的程度。

人的一切言行均来自于意识形态里的种种观念，只有面对实际，实事求是地解决了人潜意识里"虚"的东西，将"虚"的东西净化，才能以虚带实，以虚促实。一所学校少则几百人，多则几千人甚至上万人，这些有思想有思维的活生生的人，究竟想些什么、怎么想的、他们的想法是否正确、他的需求是否合理，弄清这些问题是一位校长的首要工作。这项工作做得如何，关系到人与人之间以什么原则相处的问题。如果一个人工作在一个无正确舆论、无正确导向的是是非非的单位里，他活跃的脑细胞又怎么会用在单位倡导的工作上呢？他有幸福感可言吗？因此，我认为学校不能放松对教师观念的引导和思想的管理。正确观念的引导是形成平等、宽松、和谐、融洽的人际关系的基础，是充分发挥师生聪明才智的良药，是产生教师幸福感的源泉。

学校观念引导大概包括两方面：一方面是教师意识形态里的世界观、价值观、人生观的问题；另一方面是教育教学领域里的教学观、质量观、学生观的问题。具体来说，可分解为这样一些主要内容和主要观点。

1. 四种关系的引导。其一是人与环境的关系；其二是人与工作的关系；

其三是人与人的关系；其四是人与做事的关系。2. 三种角色的引导。其一，就校级领导而言，重在树自我——服务角色的引导。明确指出领导就是服务，就是为学生、教师、学校、社会服务。要从服务态度、奉献程度等方面对校级领导、中层干部进行评价。其二，就教师而言，重在育人——育人角色的引导。每个教师都有两个自我，即"道德自我"和"现实自我"。"道德自我"来之于盛名之下，不得不为。其三，就学生而言，重在学会做人——做人角色的引导。3. 几个辩证观的引导。其一是得与失的辩证引导。人一生的得失、利弊，最终是平衡的。人不能把眼光停滞在得失上，得与失本身是动态的，又是辩证统一的，我们分析的眼光就要随之是发展的，辩证统一的。用辩证的观点去引导教师正确对待荣誉、职评、为人处世等。其二是质与量的辩证引导。基础教育阶段的素质教育，不就是需要一种长远的潜在的有一定底蕴的能使它赖以发展的一种教育质量吗？追求有后劲的教育质量就要有重视教育过程的工作量，谁在工作量上投机取巧，急功近利，谁就把握不住真正的教育质量。其三是管与理的辩证引导。"管"与"理"这两种力量的有机整合构成了管理中的动态平衡机制，它们的和谐互动，实现了管理的科学境界，这意味着要把管与理、控制与协调有机结合起来，以理施管，以管助理；管而有度，理而有节；相互促进，相得益彰。其四是一与一百的辩证引导。校长要善于捕捉学校日常工作中的点滴事例，加以深化与引导，让教师领会"1＞100"这个不等式的深刻含义：一位教师产生的负面效应会掩盖 100 位教师产生的正面效应；对一位学生的变相体罚会抹去对 100 位学生的关怀爱护；一位教师的正确世界观、价值观、人生观会对 100 位学生正确世界观的形成产生极深的影响，影响一代人，甚至几代人。4. 教师情感的引导。人是有感情的，是"社会人"，不是纯粹的"经济人"，更不是"机器人"。从心理学角度来讲，"缺乏责任"根源于"感情缺乏"。这里的感情缺乏，是指学生对教师、对学校缺乏感情，教师对学校缺乏感情，以及校长对教师缺乏感情等。古人说"士为知己者死"。校长要善于因势利导，采取解决思想问题和实际问题相结合的方法，使教师和学生真正感到学校是自己的"家"，创造出领导与教师、教师与教师、教师与学生、学生与学生、教师与家长、家长与学生之间平等、宽松、和谐、融洽的工作氛围和心理氛围。5. 教师需求的引导。人是有需求的，而且每个时期每个阶段的需求是不一样的。校长首先引导教师明确自己的个人目标与学校的组织目标已经形成连锁关系，学校的利益与个人的利益休戚相关，认识到组织目标的完成有利于个人目标的实现。同时不断调整教师的正当合理要求与组织目标之间的关系，使其方向一致，协调发展。我是从以下几方面入手的：一是准确把握教师需求。校长不仅对全体教师的需求有一个大概认识，而且还了解各类教师乃至每个教师的不同需求；不仅了解教师的一般需求，而且了解和掌握教师某个时期的主要需求及其需求变化情况。二是正确分析教师的需求。对教师不合理、不正当的需求进行教育和引导，使其主动取消这种需求。教师的正当合理需求可分为当前有条件满足和当前无条件满足的需求，要有的放矢，对前者要积极给予解决，对后者要解释暂时不能给予解决的原因，使教师感到自己的需求被组织所重视。三是引导教师自觉调节需求。四是选择正当的满足教师需求的方法。

作为校长是如何将这些理念渗透在平时的管理之中，用正确的思想观念和一致的教育信念对教师进行引导，并把全体教师凝聚成一股统一的教育力量，理解幸福，带领教师共同追求教师职业幸福感的呢？我举两个载体加以阐述。

一、眼中的精彩，心中的赞美

在学校管理过程中，校长书记一肩挑的我不太喜欢硬生生地读文件、读决定。我往往会有意地创新一些载体，让教师在不知不觉中感悟到一点人生的哲理与人生的美好，同时传达了上级文件精神，渗透了育才的教育导向。育才有一项活动已经几年如一日地坚持开展，那就是"向您学习——眼中的精彩，心中的赞美"千字感文演讲活动，表扬身边的好人好事。至今已累计几万件非常值得表扬的平凡小事，非常值得提倡的思想观念和思想境界。这些观念从教师中来，又回到教师中去。在这样一致的思想观念引导下，又有谁会偏离正确的轨道呢？如果教师们习惯于"心怀感激作为自己的一大人生态度"的话，那我们彼此就会感激合作者，宽容服务者，善意地理解和解读发生在周围的一切教育教学行为。这样，所有的教师就有了一种自我的和谐，当校园里每一个人都达到了自我和谐，自然也就有了教师与学生的和谐，教师与教师的和谐，领导与教师的和谐，教师与家长的和谐，学生与学生的和谐，校园就会处处充满和谐。以下摘录老师的一些内心感言。

"我们年级组的黄林巧老师一心投入到教育事业上，她的那股干劲，那股热情深深地打动着我，多少次累得站不动了，咬咬牙坚持着，多少次病魔缠绕在周围，握紧拳挺着……医生建议她马上住院治疗，可当黄老师想到她的学生们正面临着小学阶段最后时刻，这个时候她怎能离开，学生的毕业升学胜过了她的病情，她没有请过一天假，没有缺过一次岗，看着黄老师医院学校两头跑，她那坚强而又颤抖的脚步深深地打动着我们每一个人，让我们情不自禁为她祈祷，希望上苍能给她一个健康的体魄，希望病魔饶恕这位优秀而又美丽、坚强而又软弱的女人。"——方少雁

"我真的很感动，当其他学校没有一个人自愿报名的时候，我们育才愿意捐献骨髓的教师居然高达 27 位。"——王红侠

……

我对每一篇短文都认真拜读，都做好摘记，做好统计。在摘记统计过程中，你会发现教师欣赏、认可、倡导的一些思想观点，教师喜欢、爱戴、钦佩的一些教师。这就是我们在大力倡导一些正确观念时所用的真实素材。我每读一篇文章，就感动一次，心中升腾起感激之情，然后，我会在适当的时机把感激之情慢慢扩散蔓延，让我们所有的同事都包围在"相互感激之中"。

"向您学习——眼中的精彩，心中的赞美"已经成为我们育才教师相互欣赏、相互学习的一个有效平台，是我校长作为引导教师观念的一个有效举措。我们绝不只是把这系列活动当成一次简单的演讲交流活动，而是当成一次心灵的碰撞和感激的抒发。一次次"眼中的精彩，心中的赞美"，让我们更多地挖掘出身边教师高尚的灵魂，他们是如此可敬可爱，可歌可泣。

"眼中的精彩，心中的赞美"后来上升为一种制度，就是每两年评比"感动育才十大园丁"，并在教师节上隆重表彰。当主持人声情并茂地朗诵颁奖词的时候，我发现那些获得者真是一脸的感动与幸福，在场的其他教师同样分享着这份感动。当我把每一束鲜花献给获奖者的时候，当我把奖状颁给获奖者的时候，当我拥抱我亲爱的获奖者的时候，我也幸福着，一张张幸福满满的感人照片，就是最好的证据。"他的脑中有一座塔——居民膳食营养塔，孩子们在喷香的肉、鱼中吸收'成长维生素'，老师们从新鲜的蔬菜中汲取'疲劳消除液'。他的心中有一根线——食品安全线，为此，他和同事们严格执行卫生标准；为此，他要求自己必须明白每一道菜品的经历。你们猜，他是谁?"没等主持人说完，在场的每一位育才人都知道，他就是铁面无私的"营养师"徐新台。聆听着获奖者的颁奖词，能不感动吗?

二、话题作文

在"话题作文"中生成观点，在传递观点中引领思想，我认为是最有效的观念引导。因为它"取之于民，用之于民"，用教师的语言表达观点；用教师的观点引导教师；用教师的感情感染教师，教师容易接受，具有亲切感、真实感和时效性。"话题作文"题目确定比较灵活，可以有计划地把一个大主题设定成几个小主题进行命题，可以根据当前学校教师的思想动态针对性进行命题，也可以根据教师感兴趣的话题进行命题，比如"小善大爱""你对 100×1 与 1×100 的理解与思考""我的'和谐'观""享受、接受、忍受的辩证关系""适度、无度、过度的辩证关系"等，都是为了引导观念而精心设计的"话题"。

话题一：你对 100×1 与 1×100 的理解与思考

2008 年 2 月 20 日，我对教师们说："因为我是数学教师，我出一道数学题目给教师们做一做，题目就是《你对 100×1 与 1×100 的理解与思考》。我可以在你的字里行间读出你的世界观、价值观；读出你的责任感、使命感；读出你看问题的角度、深度和广度；同时读出你的行文功底。"

教师们当场奋笔疾书，洋洋洒洒，写下自己的感悟，不到二十分钟，教师们就提交了一篇篇短文。

一个人力量再大终究脱离不了集体！在集体中积聚每个人的力量，我们的能量会 1×100 式增加。——骆凌

一个教师可能面对 100 个甚至更多的学生，师生之间形成密不可分的整体是我们共同的目的。——朱立一

我们每个人都有自己的个性化教学手段，但是我们 100 个"1"却有着共同的目标。100 个"1"为了 1 个"100"而努力着，奉献着，奋斗着！——韩霞

100×1 与 1×100 到底是"人人为我，还是我为人人"，这是一个辩证问题。——高英

以上四位教师的话是出于工作环境、成长经历以及对教育本质、对教师职业的独特理解的真诚表达。骆凌是一位才工作六年就成为杭州市教坛新秀的青年教师，她明白一个人的成长离不开集体、离不开团队、离不开师傅，她知道积聚每个人的力量，吸纳每个人的智慧，会使自己更成熟、更优秀、更智慧。"100×1"中的"100"是每个人，"1"是自己，而"1×100"中的"1"仍然是自己，"100"就是积聚了每个人力量之后自己力量的剧增。这是多么深刻的理解与真诚的表达。朱立一是一位即将退休的教师，他把教学与教育密不可分，学生与教师是教学相长的一个整体，表达得清清楚楚。韩霞也是一位善于思考具有自己教学风格的优秀教师，她认为"100×1"中的"100"是每一位教师的个性化教学手段、教学风格，"1"就是共同的教育目标，而"1×100"中的"1"仍然指共同目标，"100"指的是每一位学生。100 个"1"为了 1 个"100"而努力着、奉献着、奋斗着！这是基于韩霞老师对教育本质的理解，要对每一位孩子的健康成长负责。高英是一位思辨的中年教师，她把一个数学算式的理解上升到哲学高度，把一个很难解读的"人人为我，还是我为人人"问题非常形象地表达出来，耐人寻味。

话题二：小善大爱

3 月 21 日的话题是"小善大爱"。我在教师会的前十分钟又开始说话了："请每位教师自主思考，在我们日常教育教学活动中，哪些'小善'可以汇聚成'大爱'？你是怎么理解'小善大爱的'？不需要高谈阔论，不需要高深理论，

更不需要高喊口号，只需要真真切切发生在你身边甚至你身上的'小善'。"

教师们奋笔疾书，发表着自己的观点，抒发着自己的情怀，倾诉着自己的善举。

"为没带勺子的学生递上一双筷子，为发烧的学生递上一杯热水，为忙碌的同事值一下岗……只有每个人献出自己一点'小善'，我们就会包容在'大爱'之中。"——劳燕丽

"第一个理解是'善'的辐射作用。郑老师出了一份复习卷，不但帮我的两个班学生也印出来了，而且还帮我按班级人数撕好分好叠好，放在我的办公桌上。虽然只是一件很小的'善'事，但是深深触动了我。从此以后，再一次我出试卷或做事情时，我都会想到别人是否需要，顺便给别人带上一些，帮忙多做一些。这样从一件件的'小善'中逐渐延伸、辐射，形成'大爱'的氛围。"——金敏星

"善是什么？我的理解是一种好的思想，一个好的行为，一件好的事情。"——唐敏华

"小善无声，小善无痕；积小善成大爱，大爱亦无声、无痕！"——钱玫瑰
……

我在执行校长部署下周工作的空隙里，快速地阅读教师们的文章，搜索着教师们闪光的观点，细微的事例，感人的话语。当我看到副校长许政频老师写道"当你看见有人落水，你不会游泳，呼喊一声，也是一种善举"的话当场进行有意识的延伸："是的，当看见人家的墙要倒，如果不能扶起来，不推也是一种善良；当看见别人喝粥，你在吃肉，如果不想让，那么不吧唧嘴巴发出声音炫耀，也是一种善良；当看见人家伤心落泪，如果不想安慰，那么不幸灾乐祸，也是一种善良；当看见别人过断桥，如果你不经过，但提醒一声也是一种善良……"

"这些小善是一种日积月累形成的习惯，如同台阶，一步一步把做人的美德送往高处！"

"小善是一种爱的衍射，善良其实很简单，如同最简单的哪道数学题'1＋1＝？'在不同的心灵世界就能产生不同的答案。"

"但我相信，只要每一个人付出一份小善，我们就能得到多于两份的爱以及这些爱所散发出来的同事情，师生爱。"

我知道教育是无痕的，尤其对教师的教育，更需要无痕。无痕的教育力量是巨大的，渗透力极强。2008年5月12日汶川发生大地震，育才教师似乎有一种"小善大爱"的声音在指挥，积极行动到抗震救灾捐款行列之中，有意无意之中育才党支部被评为市"抗震救灾先进党支部"，在省人民大会堂接受

表彰。

　　除了以上突出的具体的引导载体，更重要的是引导教师自我学习和互动交流。如果教师把自己禁锢在一个很小的天地里，故步自封是不会发现幸福的，更不会产生教师职业幸福感。有人说过"高度决定视野，角度改变观念，尺度把握人生"，高度的决定、角度的改变、尺度的把握都离不开学习与交流。然而在我们身边有许多教师，因为忙忙碌碌而忽视了学习与交流，很难想象平时只看教科书和教学参考书的老师能够适应社会的发展，适应专业的发展，更难想象他们能与学生打成一片，深入交流。没有精神交流的师生关系是不稳固的，没有精神交流的同事关系也是不和谐的。人最可怕的是灵魂空虚和精神萎缩。让读书成为一种习惯，让读书成为一种享受，是我提出"图书馆中的学校"的一种状态。我认为学校就是学习知识的地方，更是引发学习的地方。因为费类雷曾说过："教育的作用就是为学习自觉化的形成提供援助。"所以说，引发学习才是学校最重要的意义，也是构建学习型学校的最终目标。下面列举三种方式加以表达。

三、首席学习官

　　国际上许多知名的学习型企业都有一条重要的经验，那就是"需要首席学习官"。学习型学校也是一样的，必须要有既重视自身学习，也重视学校学习的校长。有了这个意识，以我为首的校长们先进行"自我发动"，坚持每天看书读书。这就是育才最初的"首席学习官"。

　　为了把全体教师引上读书之路，我曾经借鉴过"鲇鱼效应"。北欧的渔民为了使捕到的沙丁鱼存活时间延长，就在船舱里加入几条鲇鱼。鲇鱼的横冲直撞刺激着沙丁鱼，使沙丁鱼长久地保持着生命活力。受"鲇鱼效应"的启发，我在教师中"物色鲇鱼吸引沙丁鱼"，也就是先挑出几位爱读书的教师，让他们担任读书研究会的理事。我真诚地与理事交朋友，多次与他们研究全校教师的读书问题，渐渐地使这几位理事有了较强的归属感和责任意识。学校利用寄宿制导致师生在校时间长的有利条件及阅览室就在办公室旁边的有利条件，鼓励师生阅读。理事们经常在一起读书，读到高兴之处，还交流几句。这样好的学习氛围在校内产生了反响，很多人的心里有了羡慕和危机感。这时，学校热情地召唤他们，使得更多的人加入到读书的行列之中。

　　很多人都坐下来读书了，就得让大家尽快感受到读书的美好。我及时推出了育才必读书苏霍姆林斯基的《给教师的建议》、郑杰的《给教师的一百条新建议》和加德纳的《多元智能》。这三本书，直面教学实践与直入教育理论相结合，非常平易近人，深入浅出，一下子就把教师们吸引住了。于是我就趁热打铁，开始了"提高鲇鱼带动沙丁鱼"。抓住当时读书和思考比较领先的教师，对他们加大培养力度，用高标准要求他们，使他们在读书中领悟的兴奋越来越多。当读书的氛围越来越浓，读书的效果越来越明显的时候，再适时地开设了"我学习，我推荐""观点报告会"。每周教师会之前的十五分钟，就是分享读书幸福的十五分钟。让他们说出惊喜，发表见解。同时，每个月教师们还要写一篇理论用于实践的"感悟千字文"。学校把这些"感悟千字文"等教师的真实想法，进行点评，汇编成册。有的文章在《教学月刊》《中国体育杂志》《德育》等各级刊物上发表，同时许多教师的文章，在北京教育出版社出版的《为每一位孩子的幸福人生奠基》素质教育丛书上发表。几乎每位教师都有了成功。此时，我们已分不清谁是"鲇鱼"，谁是"沙丁鱼"了。

在抓教师读书学习的过程中，我们要求教师博览群书，因为宽泛才能丰厚。我建议教师读《新华文摘》《读者》《发现》《演讲与口才》以及《中国古代文学》《论语》《菜根谭》《弟子规》，同时推荐《微软公司的小子们》《破解幸福密码》《成长比成功更重要》等，并告诉他们一些网站，让教师们上网查找资料。久而久之，很多教师已经让读书成了一种生活习惯，一天不看书就觉得若有所失，手边拿不到一本好书，也好像少了一个朋友。每天用于阅读查找资料的时间越来越长。现在人人都是"首席学习官"。

学校在渐渐成为学习型组织时，读书就成了一种环境，一种文化氛围。因为读书已经成为我们生活的一部分，所以校园里许多点点滴滴的小事都因读书有了新的意义，有了灵动感。一个人无论取得哪方面的成绩，到最后会发现，精神愉快了，你才能彻底愉快，才能真正愉快。读书可以使人的精神达到一定的境界，因为书中传达的一般都是温暖的、正义的、智慧的内容。所以看书可以获得温暖、正义和智慧，看书也可以平和自己的情绪。人只有当物质、精神世界都比较丰富，才算是一种比较完整的经历，这些经历承载着满满的幸福。

四、深度汇谈

光有自我读书学习是远远不够的，还需要团队学习。团队学习的基本方式是深度汇谈。"深度汇谈"是《第五项修炼》一书中提及的一个概念。它是自由和有创造性地探究复杂而重要的议题，先暂停个人的主观思维，彼此用心聆听。深度汇谈的目的是超过任何个人的见解，而非赢得对话；如果深度汇谈进行得当，人人是赢家，个人可以获得独自无法达到的见解。如果一所学校的决策层有一种平等对话的习惯，有一种深度汇谈的氛围，那么它产生的一个个决策将会准确无误，即便有失误也会降到最低限度。经常深度汇谈的决策层成员之间也会逐渐形成一种独特的关系。同样的，如果教师之间经常"悬挂"自己的假设，不断地接受询问与观察，而在接受询问与观察中，一种超乎平日思维的敏感度会发展出来，这是非常有价值的思想。所以，反思、探询是深度汇谈的基础，如果我们彼此能透过别人的观点来"向外看"，则每一个人都将看到些自己原来看不到的事物，这有利于修正自己偏激的一些观点。有效的深度汇谈必须满足以下基本条件：所有参与者必须将他们的假设"悬挂"在面前；所有参与者必须视彼此为工作伙伴；必须有一位"辅导者"来掌握深度汇谈的集体思维过程。其实，我们每位教师不是缺少思想，而是缺少把自己的假设"悬挂"出来的勇气，或者缺少"深度汇谈"的氛围。育才教师能想会说，育才校长直言交流，那是因为这里有一个宽松的"深度汇谈"的氛围。在育才经常会听到一些大胆的假设，这些假设是思考的结果，是观念的外显，是"深度汇谈"的回报。

所以说，学习从本质上讲是一个人与人之间的交流过程，没有平等对话就不存在交流，没有交流就谈不上"深度汇谈"，没有深度汇谈的地方就不会发生真正的学习。

这些年来，育才教师之所以读书学习能够深入，其中一个重要原因就是我们在读书过程中不时地进行平等的对话，一种深度汇谈。最初，教师们并不认为学习必须要交流，把自己在学习过程中感悟出的新认识看成是"私有财产"。如果是这样的话，学习没有产生效果。于是，我指导科研室把育才教师分成几个小组，每个小组都有两位读书研究会的理事，由他们率先把自己的认识呈现出来与大家共享。在分享中，教师们看到了每个人的亮点，这些亮点汇聚起来就形成了灿烂，每个人奉献的是亮点，收获的却是灿烂。

小组对话有了突破，大会研讨就不再是单兵作战，而是观点对观点、思维碰思维，一个人发言，几个人呼应。在这个形成共识的对话中，有说、有听、有想，还有思想的交汇碰撞。当对话结束的时候，大家都感到不仅是自己的精彩得以表达，同时还有一种比原来更精彩的东西内化在心中。这种内化又促进了读书，因为只有读书，读好书，才有东西拿出来与大家共享。

为了让深度汇谈更加深入，学校对教师规定四问：自己向自己发问，校长向教师发问，教师向校长发问，教师向教师发问。发问中必然出现困惑，有困惑就需要别人来点拨，但是专家的点拨是有限的，更多的是通过读书来互相点拨，别人点拨自己别人需要读书，自己点拨别人自己也需要读书。点拨必然带来顿悟，顿悟促使了问题意识的形成。当我们教师的读书进入佳境的时候，他们对教育教学的行为开始有了审视的目光。

经历了这样一次又一次的研讨对话后，教师们已经渐渐地品尝出了对话——深度汇谈的滋味。大家都认识到学习是在自我中发现他人，在他人中发现自我的事，教师间的对话，教师与领导间的对话，教师与学生间的对话，教师与家长间的对话已不再依赖于组织和召集，而是随时随地自然发生。读书后的对话，锻打了教师们的学习精神，也激发了他们对师生间，生生间对话的关注。在对话和交流中产生的愉悦和被认同感，更激发了进一步阅读的兴趣。随之而来的是校园生活的宽松，师生关系的和谐，师生间、生生间平等的、开放的对话也越来越多。

五、自我反思

一个具有自我反思的教师，必定是处于自我发展的状态。我认为一个人自我反思的能力是由一个人的哲学水平决定的。解决了哲学层面的辩证关系，就具备了自我反思的基本能力，也就会发现"幸福其实很简单！"

教师会上，我经常会以发生在身边的点滴事例为载体，深入浅出地把校园中视而不见、习以为常的教育现象进行剖析，提升到哲学层面加以引导。比如关于认识自我的自我反思。我会说每一个人都是有所长者、有所短者的结合体；每一个人都是有所进步的发展体；每一个人都是是非制造者的矛盾体。于是生活在这个世界上，生活在单位和人群里，要有三个足够的思想准备：一是你生活在矛盾中，没有矛盾就没有世界，你要有足够的心理准备。二是你在工作中会遇到许多不合理、不公平的事，会遇到许多误解，冤枉，甚至诬陷，你要有足够的心理准备。三是由于人的认识水平不同，会无所不有，无奇不有，你要有足够的心理准备。

当然，我的观点不是一定要让教师接受，我在表达观点的时候，一定是伴随着自己工作中的事件来表达，来阐述。其实也是本章第一节标题里写的"观念引导"。

"观念引导"不是一劳永逸的，它需要不断地渗透。如何渗透，就拿自己"反思体"做手术。记得有一次，为了限制群体当中的不良"矛头"，我就在思考如何把不正确的导向扼杀在萌芽状态之中，于是产生了"享受、接受、忍受三者之间关系"与"适度、无度、过度三者之间关系"的两个话题作文。当然，做这样的话题，校长必须要有一定的哲学高度与表达能力，要做一个善于讲话的人。校长对教师演说，先要说服自己，才能说服他人。说的时候，还要讲求融情理、事理、伦理、道理、哲理为一体，讲求激情、真情、动情、深情、热情。说的时候要说畅想，用以激励教师的热情；说理念，用以统一思想，说目标，用以明确方面；说制度，用以规范办学；说方法，用以鼓励创造。对新思想、新观念，我们不能失语，在需要沟通时不能少语，在原则问题上不能无语，在琐碎是非前决不言语。

当我在阅读与欣赏了教师关于"享受、接受、忍受"三者之间关系的个性化作文之后，我在教师大会上作总结讲话：人生必须享受，享受生活，享受快乐，享受成功带来的欢乐，享受付出之后带来的幸福。但是，享受不等于无所事事，不上班，不干活；不等于吃喝玩乐，游山玩水……所以，要享受就必须学会接受。接受知识使人增智；接受法律使人懂得规矩；接受磨难使人变得坚强；接受失去使人珍惜生活。得与失、成与败、付出与收获、自由与约束，总是相伴而存，不懂得接受就不会懂得享受。不接受付出，就不能享受成功；不接受寒冷，就享受不到隆冬雪景。有人这样抱怨，生活中的条条框框太多，受到的约束太多。我告诉他，当你对一件事无法改变时，你就必须接受它。但是，接受不等于不改变现状，无所作为。接受一个班级的现状；接受一所学校的现状；接受一切挑战；所以要接受，就必须学会忍受。失败是痛苦的，失去是痛苦的，付出是痛苦的，约束往往也是痛苦的。对于这些痛苦，你必须忍受。但是，忍受不等于一蹶不振，不等于唉声叹气……在人生的旅途中，要懂得享受，善于接受，能够忍受；要做到杜绝无度，防止过度，把握适度。最关键的还是要加强自我反思，校长是反思体的示范者与引领者。

当然，校长还应该用自己的行为去影响其他成员的成长，做科学办学领域内的学术带头人，用自己不倦的追求去影响并引导教师们在学术上的追求；做善于听取意见、总览全局、集集体智慧为学校发展的策划者；做能够尊重别人、善于协调各方关系的组织者；做善于给大家注入信心，不断以共同愿景激励教师们不断反思，超越自我，激发组织学习、发展、创造的点火者；做能够不断学习思考、大胆实践、乐于奉献的探索者。

第二节　享受讲台　幸福教学　播种幸福

学校既是学生成长的摇篮，也是教师自我发展、实现人生价值的绿洲。课堂是一个教师赖以成长的沃土。离开课堂，教师将一无所有，一事无成，也就谈不上真正意义上的职业幸福。作为崇尚幸福教育的校长，我只有尊重信任教师，尊重教师的主体地位，尊重教师的教学与科研，尊重教师的独特个性，才能让更多的教师在教学和研究中分享喜悦，享受幸福。三尺讲台代表了平凡、具体、琐碎的日常教学工作。只有热爱讲台才能享受讲台。课堂教学是师生人生中一段重要的生命经历。所以，幸福教育的教师团队建设要从享受讲台出发。我们试着从高一级层次——生命的层次来重新认识课堂教学，用动态生成的观念，以学生的全面发展为主线，创造性地使我们的课堂焕发真正的生命活力，让教师享受教学的幸福。

一、引进学术常设机构

刚到育才，对于教师的整体素养和业务水平不是很了解。经历过求是小学、学军小学等优秀名校的锻炼后，我体悟到教师专业水平、职业道德是何等重要。陶西平曾说："什么是素质教育？高素质教师的教育就是素质教育！"育才的教师团队到底是怎样一个团队？教师的精神面貌是怎样一个状态？她们在西湖区优秀的群体中专业水平处于怎样一个状态？于是我调入育才做的第一件事就是邀请了浙江教育科学研究院的专家、教授全方位地到学校听课、诊断，摸清育才的教师团队的专业水平及专业背景，为学校进一步规划和发展提供依据。

浙江教育科学研究院的几位专家经过一周时间的对育才教师全方位的、大面积的专业水平诊断。最后给我一个综合的评判就是育才老师的专业水平还是中等偏下，这是从区域的层面来说。非常突出优秀的老师几乎没有，但是特别不会上课的"问题老师"也没有。这样的评价给了我一个惊喜，我感到特别欣慰和高兴，因为这比我想象的要好。虽然我是从求是、学军等学校过来的，但是我是做好了一个最坏的打算或者说最低的要求想来带领育才团队的发展的。

在大面积诊断教师的专业水准后，我接下去做了一些有利于教师成长和发展的桥梁工作。首先我取得了杭州市实验学校专业委员会黄崇龙会长的支持，把他们请到学校，专门为他们设了一个办公室，叫杭州市实验学校专业委员会办公室。这其实也是为教师成长搭建一个舞台。把专业委员会引进学校后随之而来的是专业委员会背后的学术团队、学术力量，一些大型研讨活动就会随之而来。当时，我出于这样一个想法：首先要找到一个根源，一个平台，为老师们创造一些机会。在学校用房困难的情况下，专门为他们设立了办公室，这是需要决心的。

随着学术委员会的加入，整个学校的研究氛围渐渐蔓延。杭州市参加教改之星评比的所有学校都将要在育才借班上课，说课比赛，交流教改体会。因为教改之星评比是一个课改学术研究的评比活动，会带来新的教育理念、教改思路，会涌现出杭州市教改之星新人。这一次教改之星评比的现场落户在育才，突然之间让全城学校知道有这样一所特殊的教育集团，有这样一群辛苦劳动的老师，更有这样一群勤奋好学的学生。这是一件令我印象深刻的学术研讨会，我让所有的老师积极报名参与到活动当中来，为参赛选手提供了优质服务，赢得了实验学校专业委员会会长对学校组织活动到位的高度评价。"教改之星"评比活动的引进，确实打破了育才多年来的寂静，同时又掀起了学科领域的研究氛围和研究的势头，因为"教改之星"评比是全学科参与的，特别关注"求新、求变、求进"。在活动中，学校团队第一次亮相，就收获了一金二银三铜，确实振奋了育才教师士气。首次获得"教改之星"的周海鹰老师，更是信心满满。我就趁势而上，把这作为一个起点，特别关注教师课堂教学，让教师在课堂里慢慢地感受到一种愉悦，一种成长。

二、引进大型研讨活动

由于我特别关注学术研究与课堂教学，非常希望有更多的机会展示育才，锻造教师。所以一有机会，决不放弃。一次偶然的机会，全国小学语文"不同风格，不同流派"特级教师课堂教学观摩活动10月份将在杭州举行。组委会知道我已经调入育才联系到我，说现在正在寻找学校来合作这件事情，问我是不是愿意。我毫不犹豫地答应了。说实话，其实当时的育才承接全国性大型活动时机并不成熟。

其一，学校规模较小。虽然育才当时有两个校区，但是当时的翠苑校区只有12个班级规模，高新校区自2002年开办以来也只有10个班级规模。不足以满足大规模研讨活动的借班上课所需。

其二，作为国有民办加流动人口子女学校的特殊连锁办学模式，我在思考我的学生带得出去吗？我的学生水平和学习常规经得住考验吗？特别是高新校区的孩子，来自全国20多个省市自治区，他们绝大多数是在杭务工的流动人口子女，这样的担忧更是强烈。

但是我强烈地感觉到，这是一次难得的契机，我们收获的会比付出的多得多。通过这样的活动，我可以把育才放在一个更大的舞台上进行考量，以此来促进教师的专业成长。同时也期望借助学术力量来冲击学校，给学校带来新的信息，新的启示。教师们不用走出去，就能欣赏到精彩的课堂教学和专题讲座。从另外一个角度来讲，这次活动对于流动人口子女的孩子更是难得，他们可以享受到特级教师上课的精彩与高峰体验，也能像杭州本地孩子一样能享受到同城同质的优质教育。

事实证明，这次活动取得了很好的内部效益和社会影响力。活动的顺利进行让我心里有了底。一是教师在活动中成长了，有了承办大型活动的底气；二是学生接受了上课常规和课堂表现考验，有了底气；三是学校管理团队具有组织大型活动组织协调能力，有了底气。有了这样的收获，在间隔一年之后又引进了"全国青年教师杏星杯课堂艺术大赛"，活动是杭州市实验学校专业委员会协办的全国性活动。学校作为一个分会场，来自全国各地的优秀青年教师参与了整个大赛。育才的姚玉明、叶静姿等几位老师也参赛了，均取得了全国银奖。虽然是分会场，但也是一个平台，一个舞台。后来我们又引进了全国小学数学"不同风格，不同流派"特级教师课堂教学展示活动，连续三年与浙江大学教育学院联合举办，让我们的学生高峰体验了全国特级教师的精彩课堂，我们的学生就会把自己的教师与特级教师相比，这是一种对教师无形的鞭策与激励。

图 10　全国"教育创新谋发展"主题论坛、中国育才学校联谊会第六届年会

那三年我们每年都会举行一次大型学术研讨活动，从市级到省级再到全国级的。一级一级上去，舞台慢慢扩大，台阶慢慢提升。这是我培养教师团队的第一步。当时我最原始的想法就是要冲击学校，把学校的一潭水激活。只有扔进石头，才能激荡起阵阵涟漪。我就不断地引进来，走出去。当不断地引进来，走出去参与一些活动展示的时候，猛然回头，眼瞅着青年教师不断地成长起来，这是一种无声的喜悦。

之后，学校又多次承担了全国小学英语、科学等学科"不同风格，不同流派"特级教师课堂教学观摩活动、杭州市第六届"教改之星"评比活动等。举办各种活动，能将专家和名师请到学校，进而把教师和学生推上更大的平台上。通过活动的策划、组织、协调、安排，能通过活动锻炼教师和学生，能让学校流入更多的新信息，给老师们带来更多的实践启示。

教育是智慧的事业，只有让老师们用智慧的眼光才能发现讲台的智慧。教育是激情的事业，只要我们带着激情走上讲台，才能看见教育的幸福，享受讲台的快乐。

三、成立语文骨干教师研修共同体

学术机构的引进，大型活动的举行，确实让教师享受到三尺讲台的快乐，但是一时一事终究不能满足全体教师成长的需求。让教师快速成长，还必须让自己组织内部发挥内驱力，自己帮自己成长。在成长的过程中，我发现因为语文团队比较大，青年教师比例高，教师成长的速度及数量都不是非常明显，如何加速语文教师团队的成长？有没有一种载体促使语文组成长？与校长们商议后，我决定成立语文骨干教师研修共同体。在2010年庆祝教师节大会上，我们举行了语文骨干教师共同体成立仪式。我尤为激动与幸福，当时的即兴讲话还记忆犹新。

尊敬的唐特，亲爱的老师们：节日好！你们辛苦了！

今天的教师节庆祝会，内容非常丰富。三个大议程已经进行完毕，每一个议程的内容都让我感慨，我用三句话来概括：

面对团员们的诗朗诵，我感慨：这是一群朝气蓬勃的育才青年团员们，是育才发展不可缺少的生力军/你们用诗的语言赞美教师的伟大/用诗的行动践行教师的高尚/用诗的旋律展示教师的风采/我感谢你们！

面对师徒结对仪式，我感慨：这是一群先到育才，先行一步的师傅们，是育才文化身体力行的传播者和完善者/你们用先进的理念引领徒弟/用奉献的精神激励徒弟/用规范的师德鞭策徒弟/我敬佩你们！

面对研修班共同体成立仪式，我感慨：这是一群语文青年骨干研修班的学员们，是自我挑战、自我成长的先行者/你们用自我命令的方式决定要成长/用自我提醒的方式告诫要努力/用自我批评的方式强迫要修炼/我欣赏你们！

育才，有了这一群团员、师傅、徒弟、学员，还有不是师傅胜似师傅的同事们，不是团员胜似团员的党员们，一定能托起育才第四个五年的一片蓝天。所以，我在这里代表育才的党政工，慎重承诺：

你们的需求，就是学校的需求；你们的发展，就是学校的发展。

我深知：只有关注教师的发展，才能赢得学校的发展。

老师们！为了团员的健康成长，为了徒弟的快速成长，为了学员的幸福成长，更是为了全体育才人的潜能最大化，社会价值最大化，我们愿意搭建更多的平台、挖掘更多的资源、启用更多的资金，支撑你们的成长。然后真诚地希望用你们的成长，引领学生的成长；用你们的成功，激励学生的成功！达到"双赢""多赢"的目的，实现"共同体"的目标。

老师们！今天是教师节，只有尊重我们自己，才能赢得社会的尊重。让我们好好地尊重自己，热爱自己吧。最后，祝教师节快乐！

语文骨干教师研修共同体成立之后，按照三年规划及学期计划有效组织教师对全国知名特级教师进行专题系统研究，教师系统地了解了特级教师教育思想、教育实践、教育反思、教育成效，并结合自己的教学实践，梳理与调整自己的教学特色，成效明显。

四、成立专家工作室

尝到引进专家、直面对话的甜头后，我想引进更大更高更持久的学术团队来支撑整个学校教师持续发展的需求。通过几年的沟通、努力，学校终于成为了浙江外国语学院附属实验学校。这是一个校长应该思考的问题，因为学校发展需要学术力量的支撑，学术力量怎么把它嫁接起来，这是校长要做的工作。育才与高校成功嫁接之后，浙江外国语学院的学术资源就是育才的学术资源了。2011年9月15日浙江外国语学院附属实验学校成立之际，我们成立了五个专家工作室。其中李更生教授——幸福教育工作室，是统领育才发展的顶层教育，就是幸福教育。我们把践行了整整五年"为每一位孩子的幸福人生奠基"的教育理念，上升为幸福教育。这就是"十二五"规划中的顶层设计，由李更生教授帮助、策划、指导和培训。同时成立了吴卫东教授工作室——小学数学工作室，汪潮教授工作室——小学语文工作室，李涛教授工作室——班主任建设工作室，王春辉教授工作室——小学英语工作室等。浙江省最高级别的学术团队嫁接到育才校本研修的平台上来，这是取之不尽用之不竭的学术资源。育才教师随时与专家教授直面对话，零距离对话，对教师的专业发展起到了不可估量的作用。不但改进了教师的教学行为，而且让老师们享受到了讲台的乐趣。下面与读者分享青年教师余洲渭的成长体验。

站在巨人的肩膀上

进入育才两年多时间以来，经历了大大小小不同层面的公开课。每每顺利地完成一次亮相，成功地结束一次任务，我都会与同事们说笑，我是站在了巨人的肩膀上。确实，学校为我搭建了足够高的平台，为我提供了足够好的"软件"设施。这些软件，包括一个优秀团结的团队，不少身经百战、经验丰富的军师，以及几个"大师级"的专家。

团队：说起育才的英语组，大家都不陌生。看到其中的一个人，便能自然地联想到与之相关的一群人。人人为我，我为人人。正是这样一支团结的队伍，让我一进入育才便有了家的感觉。

进入育才一个月后，我便接到了第一个公开课任务——家长开放日公开课展示。用俞校长的话说："我对英语组放心。"年轻的我尚未掌握如何"hold住"一年级的学生，在英语组的各位师傅师太们的引领下，硬是开始了第一次试教。每一位师傅都提出了各自的真知灼见，即便是同样有上课任务的组长陈亚虹、同样是新老师的刘青也提出了宝贵建议，甚至陶校长临时在课堂上当起了我的师傅，手把手教我如何走好一个个环节。就这样，第一次成功亮相，让我更加深信自己身处一个优秀的团队，让我更加深信自己有能力完成一个个任务。

之后的一个个任务，我背后总有这样一个优秀、有底气的团队为我出谋划策。你做课件，他做道具，我来走环节，大大小小的课堂展示，一次次顺利地完成。西湖区内的一次次教研组集团赛，无论是朗诵比赛，还是配音比赛，育才英语组都取得了优异的成绩。如我在《眼中的精彩，心中的赞美》所写，Miss 陶的大气，Miss 陈的和气，Miss 施的才气，Miss 管的灵气，胡菊萍的霸气，刘青的勇气……让英语组一气呵成。

这样的团队，可遇不可求。让我第一次感觉，我站在巨人的肩膀上。

专家：学校在专家引进方面，不遗余力，先后成立王春晖教师工作室，陶洁首席教师工作室，为老师们提供了专业的指导。

（余洲渭）

2010 年 9 月，学校成为了浙江外国语学院附属实验学校，随即成立的 5 个重量级的名师工作室中，英语组迎来了王春晖教授。挂牌当天，我执教了《where do you live？》一课，王老师第一次细致的解剖，到位的点评，让我重新审视了自己的课堂，对课堂的内涵有了新的认识。这个环节为什么这么设置？有什么用处？能否有更好的方式替代？这个活动为什么采用开火车的方式？能否放手给学生们自己发挥……王老师对我课堂设计的一个又一个追问，至今萦绕在我耳旁。有了大师级专家的引领，我不断地反思自己的课堂是否有效，是否有内涵，而不再仅仅停留于形式的热闹。2011 年 12 月，西湖区首席教师陶洁工作室在育才成立。我又一次接受了开课任务，评课专家同样是王春晖教授。对我来说，经过王春晖工作室的洗礼，再通过陶洁工作室这个平台，我站得更高，看得更远，思考的也更多了。

无论是全国报刊阅读课评比，还是"国培计划"英语骨干教师培训，在陶校长与王教授两位专家的点拨下，我的努力方向更加明确，顺利地完成了任务。我再一次感觉到自己站在巨人的肩膀上。

胡校长说，你的进步代表了育才的年轻教师的一种成长状态。那是因为我们站在了巨人的肩膀上。

五、开发学习优势项目课题

图 11　学习优势教育"全国教学观摩研讨会"在育才举行

专家把脉课堂促使教师站稳讲台，大型活动鼓励教师站上舞台。接着我重点思考了真正改变教师教学行为的课堂教学方式的变革。面对新课程改革的深入，教师的教学行为出现了许多新变化，如何引领教师真正体现学生的主体地位，让学生在小组合作中开展体验式学习成为一个棘手的问题。通过多方争取，我们于 2009 年参与了《基于学习优势理论项目》全国优秀课题的研究和推广。该课题是北师大刘儒德教授组织研究的大课题。说起这个课题，还得感谢中国育才学校联谊会这个平台。当时我在东北育才参加中国育才学校联谊会第三届年会，聆听了刘儒德教授的报告，遇见了刘儒德教授。他正在指导东北育才的课题，其中有关于"学习优势项目"的课题研究。我初步了解之后发现这个课题的理论基础以及现实指导意义，都比较符合我的想法，也符合课堂教学改革的方向，于是我就抓住不放，与刘儒德教授以及《21 世纪校长》刘扬云主编彻夜交谈，深入了解了北京等地区此课题研究实践层面的具体情况。

经了解我才知道"学习优势"教育理论在发达国家已经有近百年的科学研

究历史，全世界 40 多个国家 120 多家高校和科研机构在进行联合研究。该成果早在 20 世纪 80 年代，就已经在全美各州广泛应用，随后在新加坡、澳大利亚、英国等 40 多个国家和地区得到普遍推广。进入中国后，先后被中央教科所立项、被中国教育学会确定为"十一五"科研规划重点课题、被北京市教委作为大力推广的课改项目。2008 年 1 月，由在教育心理学、教育技术和新课程改革等领域有着多年实践经验和突出学术成果的著名教育专家北京师范大学心理学院副院长、博士生导师刘儒德教授领衔组建课题项目组，专门负责该项目面向全国的推动和实施。目前，经筛选该项目已经在北京、山东等地的数 100 多所中小学校应用推广，已形成政府、区域、基地和参与实验四种成熟的合作模式。其方法科学，操作简便，旨在帮助有持续改进愿景的优质校；师资与生源较差的薄弱校；注重教育质量和内涵的特色校；有志建立学习型组织，打造名师团队的品牌校。努力使"学习优势教育"项目的要求与其学校自身特色建设实现最佳结合。

回校之后，我立即与分管科研的副校长商议，并召集科研室相关人员讨论，是不是要加入这个大课题的子课题研究。北京的研究团队每一次来杭州指导，我们有这个经济实力来支撑吗？而且课堂改革是一个持续不断的事情，很难在较短的时间内见效，我们能坚持吗？与其心血来潮几天热度，不如开始就不切入。我把一个个顾虑都提了出来，让大家来决策。我给大家一周时间思考，在这一周里要求大家初步了解"学习优势"是什么，"学习优势项目"又是什么，韩国等国家研究到什么程度，它主要针对课堂教学的什么问题改革，我们课堂教学的问题在哪里，参与这个课题的研究是否可以改变我们目前课堂教学的问题……

一周之后我们坐下来"深度汇谈"，把以上的问题一个一个"悬挂"出来，大家发表意见。最终决定参与"学习优势项目"课题研究。看来育才的科研团队，有勇气改变自己。

我想课堂改革没有那么容易，全面覆盖更不可能。于是我就发动自愿报名，在自己学科，自己班级里先行一步。于是语文组、数学组、英语组、科学组里的黄林巧、金苇、刘理明、管静、叶静姿、姚玉明等部分教师首轮"学习优势项目"课题研究推广工作正式启动，立项课题于 2009 年 5 月在刘儒德教授团队指导下，开题论证。

为了深入研究"学习优势项目"，2011 年全国学习优势项目教学研讨会在我校举行。来自北京、江苏、河南等地 17 所实验学校的 100 位领导与教师参与了研讨。来自"教育部——中国移动校长影子工程"跟岗的校长们和挂职实践的玉环校长们，北京师范大学心理健康学院副院长刘儒德博导，《21 世纪校长》杂志社刘扬云主编，浙江省语文特级教师、西湖区教师进修学校副校长王曜君教授应邀参与课题研讨与指导。

图 12　西湖区"小学数学研讨会"

研讨会上育才的金苇、刘理明教师分别展示《字谜》《三角形面积计算》两堂课，课后全体实验组教师互动交流，从独立思考、组内交流、代表发言、专家点评、自由点击的形式进行了激烈的互动交流。第二天，全体与会专家领导教师观摩了育才外国语学校全校 28 个班的班级读书会，并参与交流及点评。之后全体实验组人员分两个场进行课题专题培训，课题组专家刘儒德、刘扬云分别围绕"高效合作学习问题和对策研究"给全国课题实验的教师进行了专题培训。

一项课题就是一个培训班，一次研讨会就是一个加油站。"学习优势"让我们一起学习、培训、交流。学习是修炼、培训是福利、研讨就是"分享"，通过研讨交流、培训指导，我们进一步明确了课题研究的重点与方向。我们知道教育是慢的艺术，课题研究的收获也是远期的、长久的，学习优势课题走进育才已有三年，我们从认识学习优势、发现学习优势、发展学习优势到收获学习优势，实现了今天的分享与交流。让我们静下心来，驻足思考，理解我们的孩子，尊重我们的教育，让每一位学生都体验成功。一个人的成就和幸福在于最大限度地发挥其优势，学校优势、学科优势、教师优势、学生优势是每一所学校的研究内容，通过学习优势课题的深入实施，学生一定会在师生互动、生生互动的合作学习中发挥优势、发展优势，更幸福、高效地学习、成长。

2012 年 10 月学习优势项目专家组成员对我校第二轮学习优势项目推广实践进行指导。小组合作已经不是新鲜话题了，西湖区教育局目前正在区域推广"先学后教"的教学策略，其实育才已经先行一步，我们先行的是基于学习优势下的课堂高效小组合作策略研究。通过学习优势的课题培训，我们的老师提升了课堂教学的能力，为新课程的全面实施提供了能力保证。在这个过程中成长起来的教师不仅自己享受讲台、享受研究，更让学生享受课堂、享受学习。以下是刘理明老师的一段幸福独白。

结硕果，提升幸福指数

其实，很多美好的东西不是结果，而是一路走来时不经意间欣赏到的风景。在我的教育研究过程中有很多值得回味的幸福事情激励着我前进。区专题论文评比的一等奖，区教学案例评比一等奖，频频获奖，让我品尝了研究课堂给予我的幸福，这种幸福强化了作为教师的职业信念，"学生最喜欢的老师""杭州市教改之星"等荣誉称号，让我永远保持着作为教师的职业激情，执着的教育信念，促使我把平凡升华为伟大，把清苦升华为愉悦。"低头找幸福"似乎是那样的轻松与自然，低下头，看着自己经历的一切，捡拾起哪怕仅一点点闪亮的东西，仔细端详、琢磨、品味，我也能挖掘出教育旅途中最动人心、最怡人性的幸福。低头思考，让灵魂中迸发出思想的火花。而火花也因研究助燃而变成熊火，研究让我养成了"求真"的品质。目前的科研工作，虽然蹒跚学步，但我也学会了抱着平常的心态，高兴的情绪，高效率地做事，学会把平凡、实在的事情做得有滋有味、如诗如画、怡然自得。

第三节　幸福研究　专业发展　创造幸福

苏霍姆林斯基说过："如果你想让教师的劳动能够给教师带来乐趣，使天天上课不至于变成一种单调乏味的义务，那你就应当引导每一位教师走上从事教育科研这条幸福的道路上来。"教师的教学活动要成为教师的一种愉快的幸福心理体验，让每一位教师对课堂充满希望，对教育问题充满解决的渴望。教育科研是一所学校可持续发展的不竭动力，是教师专业发展的催化剂。一项好的课题研究就是一个成功的教师培训班。教育科研是教师专业发展的助推器，教师只有在不断地探索和思考中才能成长，才能实现自我更新、自我发展、自我超越，才能真正体会教育的幸福。

我始终认为"只有关注教师发展，才能赢得学校发展"。校本研修是关注教师发展的一个重要途径，也是引导每一位教师走上从事教育科研这条幸福的道路的一个重要过程。

"研"反映的是教师的活动方式与活动性质，"修"反映了活动的长远目的意义。"它既是教师教学方式、研究方式的深刻变革，同时也是教师学习方式、专业发展方式的与时俱进"。（顾泠远）这从根本上改变了教师在"培训"中的被动地位，突出了教师的自主学习和自主发展（唯一能影响行为的学习是自我发现和自我调整的学习……罗杰斯），以"校本研修"替代"校本培训"，体现了促进教师专业发展的策略从课程取向转向研究取向，要将解决教师教育教学实际中的问题与教师专业发展的目标有机统一起来。教师们从"受训者"转变为"研修者"，将更有利于广大教师积极主动地参与学习、参与研究。

所以，我们把校本研修的起点定位为唤醒教师对自身教学实践的反思；其研究对象定位为：学校教育改革发展中的现实问题；其过程定位为通过实践——反思——再实践——再反思，不断更新教师观念，不断改善教学行为；其追求的结果定位为切实解决教师在课程实施中遇到的实际问题。

我们主要坚持五个基本原则，一是理念，为教育决策服务，为教学发展服务；二是观念，每一个教研组一定要有自己的教学观念；三是组组有课题；四是人人有参与；五是年年有成效，不一定要成果。要达到四个化：常规化，制度化，过程化，一体化。要做到五个结合：与进修学校活动相结合，与学校专题研讨活动相结合，与学校教研活动相结合，与课题研究相结合，最终与校本研修载体相结合。

我认为教学工作是规定动作，而教学研究是自选动作。所以我们要求每一位老师都要有自选动作。这样就不是桥归桥路归路了，而是桥中有路、路中有桥，桥路统一了。

教师真正成长成熟的标志有三：第一，真的要深受学生的欢迎；第二，要有优质的课堂教学；第三，要有优秀的科研水平。在这三个标志面前，教师很明白自己的规划，第一步要走哪几步。我们每个人都可能是从被动走向主动，让他在被动的过程当中尝到一点点成长感和成就感，他才会慢慢走向主动。所以，尽可能走出被发展的局面，走向主动发展；让每一位教师尽可能走出事务性的局面，走向科研型；走出经验型的局面，走向智慧型。

有学习才有研究，有规范才有研究，有交流才有研究。教研是研究今天的事，科研是探究明天的事。让教师明白每天的教育教学活动，用课题科研串起来就是研究了明天的事。而我们的教育，就是明天的事，就是怎么样培养孩子。你有问题就一定有课题，从问题开始，捕捉到研究的切入口，写一个课题，教师每一天的教育教学行为就沿着这个课题去实践。有经验就一定有课题，我们指导教师从经验开始设计一个个小课题。有效果就一定有课题，比如说我们的儿童阅读，第一学段做的绘本阅读做得特别好，我们就指导教师策划课题，沿着课题去做，效果会不会更好呢？果然效果更好。科研最大的成果就是教师的成长和学生的发展。

问题即课题，课堂即科研，教学即研究，成果即成长，成长即成果。科研不只是我要结题，我要有成果，我要获奖，其实有效果比有成果更重要。

一、从新手到专家

图 13 "领雁"工程骨干教师培训

我深知一个教师是需要和学生一起成长的。我以为一个教师的成长任何现实起点"你在哪里"都没有关系，关键是"你去哪里"，有没有迈出实质性的脚步。我所有的荣誉都是数学学科领域的，杭州市教坛新秀、浙江省 2211 名师名校长培养人、杭州市数学学科第二层次学科带头人、浙江省优秀教师、全国教育科研先进工作者、全国五一巾帼标兵。我始终认为一个人的成长不在于起点，只要他愿意付出、舍得付出，那么他可以而且必定能成为某一领域的专家。正如我提出的"挖井理论"，育才要锻造幸福成长的"长、宽、高"教师。这个"长"代表学习能力、习惯和获取信息的能力，"宽"代表与人合作的意识和能力，"高"代表一个人的品质，把这"长、宽、高"打得足够大一点，杯子就能盛更多的水。

正是基于这样的思考，我在育才提出了《从新手到专家——基于阶梯式的校本研修实效性的研究》，本课题中央教科所立项，要求育才的教师应该是一专多能的，是具有"长、宽、高"立体型的教师。

什么是育才的"专家"？我认为在不同领域、不同范畴、不同层面，哪怕是在很小的范围内，比如在一个备课组高段作文教学中有自己的特色，在低年级学习常规引导与培养上有自己的一套，我们就可以冠以"育才名师""育才专家"的称号。根据教师专业发展的一般理论，把教师从新手到专家的过程划分为五个阶段：新手水平、高级新手水平、胜任水平、熟练水平、专家水平。从各个不同层面展现教师职业生涯。在校本研修中要根据不同教龄层次，给出不同的教育主题以及不同的培训内容。根据不同教龄的个性化需求，设计不同的研修活动，达成不同的目标。0～6年教龄的目标是：由新手水平向胜任水平、熟练水平发展；7～15年教龄的目标是：由胜任水平向熟练水平、专业水平发展；16～25年教龄的目标是：由熟练水平向专业水平发展。每一个年龄段的教师都可以找到适应的一个阶梯，当然教龄不是限定的，可以跳级申报专家水平。

在新课标面前，不论是从教十余年的老教师还是刚刚踏上工作岗位的新教师，在教师专业化的成长道路上每个人都是新手，在学科领域内每一天都是新的起点。基于这样的思考，在学校层面上我们提出了实现从新手到专家的"522"工程，提出了针对不同教龄教师的不同发展要求，进而搭建了实现目标的三大途径和七项组织策略。从教师个人层面上来说，我要求教师认真规划个人三年成长计划，争做特色与品牌教师。你可以是数学学科领域有某一风格的特色教师，也可以跳出学科领域成为育才的唯一。在一所学校里，培育属于自己的"专家"，能激发学校内部形成一种良性的竞争机制，有利于学校的教师找到自己原来没有看到的潜在发展点，能更早地促进教师的成长，只有成为"专家"才会成为育才的唯一。

二、"522"工程

《从新手到专家——基于阶梯式的校本研修实效性的研究》课题研究，其目的就是让育才的每一位教师成为专家，成为育才的唯一。于是我们推出了"522"工程。

所谓"522"工程，是指在集团教师群体中，打造一支素质精良、业务过硬、能力全面的优质师资队伍，总数大约在60人左右，占集团全体教师的30％到40％。具体为培养5名左右首席教师即集团的领军教师；20名左右的骨干教师即学科带头人；20名左右的特长教师即特长贡献人。我们知道衡量教师专业发展有效性的标尺应该是教师的发展既满足了学生生命成长的需要，又满足了教师自身生命价值实现的需要，同时也满足了学校发展的需要。在实施该工程的过程中，我们分别对不同教龄层次的教师确定了不同的要求，使得这些不同经验积累的教师获得其各自不同的反思效果，促进其向相应的集团优秀教师群体迈进。于是我们产生了《领军教师（专业引领人）考核办法》等管理制度。

为了使"522"工程深入持久地研究，每一位教师经历了三个阶段："问"——基于自我审视的个人三年规划；"试"——基于个体需要的尝试实践；"研"——基于反思评价的研判能力。

教师的发展除了教育思想和理念上的提升，更重要的是在教学实践中来落实，优秀教师的水平最终是反映在学科教学上，反映在学生的成长上。所以，我们在"522"工程的实施中，也时刻关注教师对课堂教学的研判能力。

对于0～6年教龄教师，主题为"寻找教育的遗憾"，可在课后进行较为简短的案例反思，但是频率要高，每周至少三篇，高质量的案例反思每月至少一篇，一月一交流。对于7～15年教龄教师，主题为"抓住教育的契机"，在课后进行每周至少一篇的案例反思整理，高质量的案例每月至少一篇，一月一交流。对于16～25年教龄教师，主题为"享受教育的幸福"，高质量的案例每月至少一篇。对于25年教龄以上的教师不作"写"的要求，但作"评"的要求，即每月必须对年轻教师作出点评。

对于0～6年教龄的教师，我们着重通过集团评优课的形式来促进其业务钻研。对于7～15年教龄的教师，有希望成为"522"工程中的教师，或者是有能力向上一层次迈进的教师，每学期挂牌上示范课的形式来主动加压，也带动其周围的教师共同发展。对于16～25年教龄已有了丰富教学经验的教师，我们则以原生态课的形式来进行教师教学风格的解剖，来实现教师的进一步发展。注重教育教学反思，紧紧抓住课堂教学这块主阵地，注意不同教龄阶段的教师的培养策略，培养适合新形势下的具有特长的教师，这是育才教育集团的教师培训机制。

三、五项修炼

修炼即锻炼与造就。修，装饰，使完美之意，也有整治，恢复完美之意。炼，用火烧制或用加热等方法使物质纯净、坚韧。修炼指道教的修道炼气炼丹等活动，就是修养陶冶、学习锻炼，特指修行。修炼有自我约束、自我锻炼、自我提升、自我发展的意思，在很大程度上是内驱力在自我命令。

我们认为职业理想是成长的动力要素，教育理念是成长的关键要素，知识水平是成长的基本要素，专业能力是成长的核心要素，外在环境是成长的外部要素。如果这些要素能够齐头并进的话，那么教师的成长期将会缩短两到三年。要成为育才的专家，五项修炼是必需的。我们制定了五项修炼，即心中有规划——主动规划；脑中有理论——更新思想；手中有技术——提升技能；身上有课题——草根研究；骨中有正气——魅力修炼。

心中有规划是成长的前提。怎样来做好自己的专业规划：今年要看专业方面的哪些书，要积累点什么，写些什么，要上哪个内容的公开课，要思考些什么问题，重点做哪些研究，要对自己的专业再做哪些方面的学习与进修等，都要做到心中有规划。我希望老师最好要对自己的人生有一点点的规划，就是规划要到点，执行要到位，反思要到你的心灵深处去。

脑中有理论就是成长的资本，就是引领教师去读书。为了学以致用，我们要求教师写。写，与自己对话，成为名师。35岁以内的青年教师，每一个学年都要有"我的日积月累"，这一年下来把你所有写的、说的、参加过公开课的教案、反思、发言稿，全部收集整理，编辑成册，展示出来，相互学习。有的老师有厚厚一叠；有的老师只有薄薄一点。薄薄一点是因为这一年当中参与的活动少，写的东西少，或者思考的东西少，实践的东西少，这是无声的评价。只要由点到线、由线到面、由面到体用心整理，把一颗一颗的珍珠串起来，就会猛然发现自己的成长。这就是"我的日积月累"所发挥出来的作用。

另外，手中有技术是成长的基本素质。教学技术要过硬，组织能力要高效，教研能力要参与，这些是非常重要的。身上有科研就是成长的结晶。特别是到了一定层面的时候要评小中高，一定要指导教师经验再认知，成为成果。

研修主要任务就是要能给教师个人规划提供服务，要能给教师专业技能提供指导，要能给教学质量提升给予帮助，要能给教师教学研究给予引领。让教师成长起来，让学生成长起来。

四、锤炼新育才人

锤炼就是用铁锤击打，使变成要求的形状。苏联无产阶级作家尼·阿·奥斯特洛夫斯基有着和保尔相似的生活经历，他身残志坚，在病榻上用自己全部的精力和生命，创作了第一部长篇小说《钢铁是怎样炼成的》。作家在解释这部书名的时候说："钢铁是在烈火中燃烧，高度冷却中炼成的，于是它才变得如此坚固，什么都不怕。"教师的成长更是如此。

因为学校发展非常快，需要大量专业教师的支撑与引领，我以"培养为主，引进为辅，培养一大批，引进一小批"的思路来支撑育才快速发展。在这样的思路下，我就开始关注优秀教师的引入。每每看到各地区校长，我就会询问有没有优秀教师，想到杭州来发展或者与家人团聚的，希望请校长们牵线搭桥，让我认识这些优秀老师。如果哪位优秀教师有这种意愿，我就积极与他们联系，希望他们加入到育才团队。2010 年是我第一次引入优秀教师，共引入三位小中高职称的学科带头人，而且均为语文学科。原因主要是觉得语文学科比较大，而且语文专业水平相对薄弱。引入之后，给他们加压，大会小会都说这是起点，不是终点。目的是让每位小中高学科带头人把最专业的最有观点的一面展示出来，与大家分享。所以我就一方面把他们纳入育才学科带头人的体系里；另一方面请他们为教研组作 1～2 场系列讲座，这是硬条件，以此来引领育才学科内涵的发展。渐渐地我发现，蓝慧琴对低段词语积累教学有真功夫，有一种坚韧不拔、细水长流、卓有成效的感觉，展示在教室里或橱窗里的学生文章写得有板有眼，层次分明，用词丰富。看得出来这是蓝慧琴教师语文教学的鲜明特色。樊香萍老师对文本有自己独特解读，尤其是对文本前置、读写结合有深入的研究。她研究的是文章的原文，与小学教材中的文本的不同点，以及学生读了现在的文章再读原文，有什么体会。我想，这样的语文教育是很有深度和宽度的，这样的文本解读是很自然的。宋旭老师对儿童阅读颇有研究，于是就请他引领全校的"班级读书会"，推进儿童阅读教学。

每引入一位教师，我都尽可能地让他们发挥出应有的作用，以使资源共享最大化。我们把老师们的专业化研究成果挖出来形成系列，与团队分享。我觉得做这件事情很有意义，也很幸福，因为他们也有一个再发展的过程。

新进优秀毕业生，也是新育才人，每一年育才都要进十几位年轻教师。他们第一次为人师非常关键。他们的适应期或者说是衔接期，是成为优秀团队一员的重要阶段。优秀毕业生往往会想，我是优秀毕业生，一定能成为优秀教师，其实不然。优秀毕业生未必能成为优秀教师，但是一定是成为优秀教师的必备条件。对于优秀毕业生来说，我的想法是不管他被动还是主动，安排师傅三天两天去听课，教研组十天半月就安排他们去上公开课。我出于什么想法呢？第一个是练胆子，见见世面。第二个是告诉他，育才有你成长的舞台，来到育才就有这样那样的成长机会。记得很清楚的是 2011 年 9 月倪欢欢刚参加工作十五天就被她师傅庞光辉老师请到班里上拼音教学的公开课。2010 年的 11 月沈若静刚参加工作不到三个月，就被我请到宁波舟山岱山参与首席教师工作室支教活动。这样的例子比比皆是。

我为什么会这么自信且毫不犹豫地把年轻教师推向舞台？一是我坚信成长是需要历练的；二是自信是需要培养的；三是历练的过程是最重要的。我告诉他们没什么大不了的，上好上坏没关系，毕竟只有十五天的教学经验嘛。哪怕没有机会出去上课，学校里也是一样。育才有一个传统叫做"密集式听课"。新进育才的所有教师，不论年老年少，前一个月每堂课都有人来听课，一堂课接着一堂课，一篇课文接着一篇课文，把新进育才教师的底细摸得一清二楚。一个个年轻教师就这样走上了大大小小的成长舞台，感受课堂带来的痛苦与快乐，感受学生带来的惊喜与创造。

五、多一次华丽转身

幸福，最重要的是要有目标感。目标感是有方向和崇高意义的精神追索。目标感必定是某种崇高的东西，是在一己生命之外，对整个族群和更大范围内的他人有所帮助的期冀。人是要有一点使命感的，是要有一点崇高感的。一个人可以不信教，但必须要信一点东西，要信一己利益之上的高远的东西。要相信有这样的存在，它会超越自我生命的长度，独立高悬。信与不信，结果是不一样的。如果心中一点使命感都没有，必将埋在世俗的尘埃中，过一辈子与过一天没有多大区别，那就让人萎缩和了无生气。

心理学家弗兰克说过："人类需要的不是一个没有挑战的世界，而是一个值得他去奋斗的目标。我们需要的，不是免除麻烦，而是发挥我们真正的潜力。"

2004年8月，我是经历了一场激烈的思想斗争才奔赴育才来担任校长的。那时的我真的不想奋斗，不想挑战了。但是"我们需要的，不是免除麻烦，而是发挥我真正的潜力"这句话突然钻进心里。什么是我的内在潜能呢？我的内在潜能最大化了吗？要把自己的天分潜能最大化，这是幸福的地基。如果我的天分里有那么一点点管理学校的天分，那为什么不让它最大化？你把它最大化，对教育的发展就是贡献，然后自己又能享受幸福，这样的好事，何乐而不为？天分最大化带来了幸福最大化，贡献最大化，这不是有百利而无一害的事情嘛。于是，带着对教育的使命感和目标感，我来到育才，多了一次华丽转身的机会，使自己沉浸在幸福之中，有了一种越来越浓郁的教师职业幸福感。

曾记得有一位德国的大哲学家费尔巴赫说过："你的第一责任是使你自己幸福。你自己幸福，你也就能使别人幸福。幸福的人，但愿在自己周围只看到幸福的人。"我想创造幸福、分享幸福或许也是我作为校长的重要责任。

于是我关注了一群与我年龄相似的处于高原现象的优秀教师，他们的天分最大化了吗？我想天分的最大化才是这一群教师幸福最大化的根本需求。第一个关注的是中年教师马亚萍，她是当年的浙江省教坛新秀。这么优秀的老师，在育才发展的过程中，我怎么能只让一个班的孩子享受她的优质教育呢，应该让更多的孩子，更多的班级，都能享受到她的优秀教学。我当时就给她量体裁衣，和她聊天。研究到底哪一个领域是她的优势，最有话语可以表达，最能引领别人走进专业领域。调研之后发现，对文本的解读和课后练习融为一体是她最大的特色。我们专门去听她的课，看她的作业布置，看她怎样指导作业。我记得她第一个讲座就是怎样利用课后的提示语，怎样将每篇文章后面的几个关键问题融到教学设计的问题当中去，融到教学设计的课文解读里去。她的文本解读一定是围绕一个中心问题，围绕着学生将要遇到的作业来展开的。教研组讲座之后，引起了轰动，大家就觉得这种教学方式来得近，来得亲切，来得真实，不是一定要听专家的，其实身边就有专家。

马老师是一个低调且有内涵的人。开始她一定不肯讲，说只是想想做做的，不成体系，没有什么可以总结的。但是她带的班学生考试成绩好，而且轻负高效，这一定与她丰富的教学经验有关。作为省教坛新秀，一定有她与众不同的教育价值、教育理念、教育经验，挖掘出来与大家分享，一定是一件非常有意义的事。于是有了上面马老师的示范课与讲座。其他优秀老教师看到低调的马亚萍居然做讲座，上示范课了，而且马老师的讲座有理论依据，有实践案例，有示范课堂，其他中老年教师也就跃跃欲试了。

第二个华丽转身的就是王春妹老师。王春妹也是一个功底深厚的语文老师。据我对她的了解，她对作文教学，尤其是指导与点评是比较有研究的。语文组围绕着她研究了整整一个学年，由她开作文指导示范课，有命题作文、话题作文、游戏作文等各种类型的作文指导课，由她和她的团队来上课。由她做作文指导课、作文点评课的讲座。把她关于作文教学的思考与实践统统整理出来与大家分享。每次分享老教师优质的教育资源，我都会在教师会上或者在教研组会上作适当的点评，目的是让他们的教育价值得到欣赏和认可。

第三个华丽转身就是黄林巧老师。我观察到黄老师的班级管理特别有特色，班级学生干部特别能干，学校提倡的"大手牵小手"的活动做得有声有色。她总能把一件件普通的常规活动，比如春游做得很有教育意义。于是我试着把她推出去，在更高层面做讲座。第一次推出去是关于班集体建设——让班集体焕发出生命活力。从班主任角度去推，居然也把她推成在一定范围有一定影响力的优秀班主任。她既有实践，又能表达，愿意与他人分享她当班主任的幸福。至今，她在省市区级作过十多次班级文化建设方面的讲座，反响都很好。我想分享她的故事的班主任也一定有幸福感。

后来我把不声不响的鲍迪尔老师也推向了高峰。她是属于实干、但无法表达或者说不太善于表达自己想法的黄牛型班主任。但我想，黄牛型的班主任也不能太默默无闻，不能只墙内香，是否也让她墙外也香一香？正巧，首届感动西湖教育十大园丁评选活动正在开展，我们就推荐了鲍迪尔老师。通过层层推选，层层投票，在西湖区几百个候选人中鲍迪尔老师脱颖而出。因为她的事迹太感人了，她的成果太丰厚了。2009年教师节表彰大会上，她捧着鲜花绽开美丽的笑脸，站在领奖台上，多么幸福！她说："我本来想就这么默默无闻到退休了。"我说："默默无闻不等于不把你的经验与人分享，默默无闻也要让别人明白你默默无闻的价值。"鲍迪尔老师感动西湖教育十大园丁成功入选之后，定位发生了变化。她居然有了新的目标：评小中高。她跟我说："胡校长，我想试试评小中高。"我说："好啊，离退休还有这么多年呐。"目标确定后，她就开始试着把自己的经验用一定的理念进行梳理，撰写成文章，去发表评奖，居然篇篇获奖。我记得有一篇文章《小学阶段实施小助手制班级管理的思考与实践》的获了省一等奖。积累到一定程度后，申报小中高顺利通过。这又让她有了新的起点，新的目标：去参评区首届首席班主任。我说："鲍老师，我看你管理班级很有思想，西湖区首次推出首席班主任，你去申报申报，弄个首席。"我跟她说："申报不上没关系，申报的过程就是梳理、整理和提升的过程，也是积极参与的过程。"申报以后，居然也成功了，整个西湖区中小学总共只产生六位首席班主任，鲍老师有幸成为西湖区首届首席班主任之一。从此，她就不是一个人工作了，而是有了一个比较大的团队，她所有的经验、思想、成果不仅要与育才教师分享，还要与西湖区甚至杭州市班主任分享。她现在走到这一步，是自我定位、自我发展的结果。值得欣慰的是，鲍迪尔老师身体也越来越好，每天洋溢着幸福的笑容。

从以上几位中老年教师转变中，我感觉到，每一个阶段的老师，都有成长的需求，都有被认可、被欣赏、被尊重的需求，也都有再认知、再发展的需求。作为校长，目标之一就是尽量满足不同层次不同年龄段的教师再成长再发展的需求。

因为关注了35～50岁年龄段的群体，就形成了《杭州市育才教育集团（总校）学科带头人管理办法》的制度，其中详细制定了准入机制，考核办法等条文。由自己申报，两年一轮考核。两年之中要对挂牌上课、专题讲座、徒弟出师、科研课题等方面全面考核。认定了一批学科带头人和特长贡献人，实现了"522"工程中的两个"2"。

课堂成就了教师，新手成了专家。西湖区首届首席教师认定通过层层考核，育才被认定了五位。实现了"522"工程中第一个"五"。他们是胡爱玉数学首席教师，陶洁英语首席教师，郭立勇体育首席教师，庞光辉语文首席教师，鲍迪尔首席班主任。学科全面，结构合理。

郭立勇老师就是从幸福研究中享受到成长幸福的典型。他 1995 年从中师毕业，到 1997 年成为区教坛新秀，2000 年成为中层，2001 年成为市教坛新秀，2005 年是校区执行校长，2005 年成为区首届十佳教师，2006 年成为第三层次学科带头人，2008 年成为杭州市第二层次学科带头人，2010 年成为集团副总校长，2011 年成为省市领雁工程优秀实践导师，2012 年成为省高端名师培训班的名师。在成长过程中，2008 年我支持他出版了《阳光体育，学校体育新概念》这一科研成果，由北京龙门出版局出版，并获省科研成果一等奖。就这样在育才土生土长的老师，不仅仅是郭立勇一位，还有一群。2012 年陶洁副校长成为西湖区唯一的浙江省师德模范教师，更是育才的骄傲。

从新手成长为育才的专家就是这样自然而然形成的。我就是这样自然而然地为教师的成长铺垫了一条道路，实现了"华丽转身"。

教师发展是一种慢的艺术，教师成长是一种慢的追求。我们不能心急，要等待，我相信等待再等待，总有花开的时候，我相信每一位老师都能成长，在一个重视校本研修的校园里，在一个重视教师成长的环境里，教师必定会成长起来，关键是要有内隐力和意志力。校长要有毅力，教师要有毅力，只有这样才能做成功的教师。一位成功的教师生活也一定会幸福，整个人生也一定非常完美。

第四节　幸福体验　自我统一　品味幸福

幸福是可以测量的，美国著名心理学家赛利格曼提出一个幸福的公式：幸福指数＝先天的遗传素质＋后天的环境＋个体主动控制的心理力量。幸福感不是快感，不是短暂的生命状态，而是指令人感到持续满意的、稳定的心满意足的感觉，包括个体对自身的现实生活的总体满意度和个体对自己生命质量的评价，即个体对自己生存状态的全面肯定。有的人说："幸福的高度是指我们生活中体验到的情绪的波动，它有高潮与低潮；幸福的深度则指我们内心深处基本的幸福感。"幸福的深度就像树根，提供养分，是生命的支柱。幸福的高度则像树叶，美丽而有魅力，但生命却是短暂的，会随着季节而改变直至枯萎。以我终身的教育追求来看，我们在追求有快乐和有意义的工作、生活、学习时我们只会更加幸福——因为所经历的不是树叶那般短暂的美丽，而是根深蒂固那般永恒的幸福。

一、多一个幸福公式，就多一种幸福途径

教师如果无法达到角色自我与个性自我的统一，就绝不会真正享受教师

这份事业，反而会有源源不断的无形压力。幸福无言，幸福的教育在于润物细无声，我们的章雪飞老师就能很好地在角色自我和个性自我里找到幸福的支撑点。

搞卫生一直是一个难题。刚入学的前两个月，每天两次扫地、拖地都是我和周英老师承担。为了在早自修前完成打扫工作，我俩每天都是7点10分左右到校，放下包后就进班开始开窗、扫地、拖地、擦桌面等。那时候主要是看到孩子们太小，天气太热，不忍心让他们做。另一个原因是我想做个实验，看看老师的潜移默化到底对学生会有怎样的影响。那段时间，早来的几个孩子每天都看着我们两个老师忙东忙西，看到我把抹布一块块整齐地叠放好……之后，我开始让几个孩子帮着打水、扫地等。慢慢的，我不用指名帮忙了，有几个孩子只要看到我和周老师进教室，他们就会一起帮着搞卫生。我暗自高兴：这大概就是"润物细无声"吧！

两个月后，天气变凉了，开始安排值日生。一节周一的评价课，我把值日生表张贴在"公告栏"，让每个孩子都搞清楚自己的值日时间和值日区域。尽管值日表排出来了，但是我心里仍旧做好了自己搞卫生的准备，毕竟孩子还小嘛！

第二天清晨，我照常时间与周老师走进教室，眼前的一幕让我好感动：班中的几个小朋友正干得起劲呢！只见他们手拿扫帚，一个角落都不放过；擦桌子、擦窗台的忙着换水、洗抹布、擦拭……我连忙夸奖："哟，真乖啊！你们怎么搞起卫生来啦?"一个小不点说："今天我们是值日生啊！"听到这话，一股热流从我心底涌起：看来我们搞卫生时小家伙们都看在眼里，还学得有模有样，这两个月来的亲力亲为没有白费。原来想着孩子们小，不会拖地，他们却用自己的行动告诉我，小鬼当家，没有什么不可能！

20分钟后，值日生们圆满完成了自己的任务。徐沛哲还跑上讲台轻轻地告诉我："章老师，我昨天晚上就记住今天要早点起床到校做值日。以后，每个星期我轮到值日生，都会这么早!"说完，他蹦蹦跳跳地下去了。

幸福的感觉原来如此甜蜜，哪怕只是一件小小的事情，一个小小的承诺。

日子就这样一天天度过，孩子们在悄悄成长，我的心每天都是满满的，幸福的，快乐的。我相信，在孩子们的努力下，我们的家会越来越美，越来越棒，成为小朋友幸福的港湾！

幸福并不取决于我们得到了什么或身处何种境地，而是取决于我们选择用什么样的视角去看待生活。爱默生说得很对："对于不同的头脑，同一个世界可以是地狱也可以是天堂。"幸福只要你去发现，它就无处不在。幸福的故事说不完，在育才本身就是一种幸福，希望这种幸福一直都在，在每一位育才人身上……

科恩在他的《自我论——个人与个人自我意识》一书中说道："日常意识常把生命活动分为两个部分，其中一个部分是形式上的、凝固的、僵死的，它属于'无人称的'社会角色世界；一个部分则是'个人的'、有感情色彩的，代表着个体不受社会条件影响的'自己本身'。日常习惯上说一个人扮演父亲或教师的'角色'，就等于说他'假装'，等于说他不是'真正的'父亲或教师。对于个体本身来说，只有这样的活动才会觉得是'角色'活动，即据他看来多少是外在的、外围的或有条件的、'做'给别人看的东西，有别于'真正的自我'。而离开了'真正的自我'，他就不成为他。"这真是一段脍炙人口的话。对于我们教师来说尤其需要读读这段话，进行自我反思。因为幸福的教师是角色自我与个性自我的统一。

科恩的这段话其实道出了人要成为真正的自己，必须做到两个自我的统一。对于教师，目前教师多被认为是知识的传授者、道德的引导者、学生个性发展的促进者、儿童心理的研究者、红烛、园丁和"春蚕到死丝方尽，蜡炬成灰泪始干"的奉献者等。然而在这么多的角色定位中，我们看到的只是对学生、对学科、对文化、对社会来说教师"是什么"，而教师对自我来说"是什么"的声音却微不可闻。虽然目前非常注重师德培训，但教师的角色意识太强并不利于教育。教师会把自己想象成完美的人，在学生面前是一个永远正确的超人形象。这样的教师虽也是负责任的好老师，但并不会是真正令学生信服的老师。因为他们并不真正懂得与孩子平等相处，换位思考，只会用一些没有针对性的大话和套话来教育学生。下面是青年教师朱圆圆发自心灵深处的角色换位的体验片段。

……那一次他又和同学发生矛盾，一个人在教室里生闷气。我想和他谈谈心，我想他应该是愿意和我聊一聊的。可是当我问他"你信任老师吗？愿意和我谈谈吗？"，他的回答让我傻眼了——"我不信任你！"他拒绝和我交流。面对着一个不信任你的学生，你要如何跟他沟通才能换来他的真心话呢？如果连沟通都无法实现，那么如何才能帮助他走出心理阴影呢？

当时的我在震惊的同时也感到一丝委屈：为了能让方子豪转变，自己不知道付出了多少努力。多次和他父母沟通，了解他家庭情况；当他的父母回老家留他一人在家时，我晚上打电话担心他的安全；当他爸爸妈妈要打他的时候，我挡在他的面前；当他哭着说不想跟妈妈回家，回去会被打死的时候，我留在办公室里听他倾诉直到天黑；当他发脾气不上课时，我跟在他后面游荡在校园里，就怕他出点什么意外；当他没有吃早饭的时候，我花钱给他买……难道这一切的一切都换不来一句"老师，我相信你!"，都没有办法打开他封闭的心灵大门?

当时面对着方子豪一脸稚嫩但强装桀骜的脸，我并没有和他生气，只是冷处理那件事。静下心来想想原委，为什么老师做了那么多为他好的事情，却换不来孩子信任呢? 是他没有良心，不能体会到老师的苦心吗? 还是青春期男孩子特有的"叛逆"——我的问题不想和大人讨论? 或者是老师自以为替学生着想的做法，并不是学生们真心希望的呢?

很多时候，老师的许多做法表面上看来都是为了学生好，如果学生不接受那就是他们不知好歹，不懂事，但实质上在"爱学生"的同时我们也伤害了他们脆弱的心灵。我自认为自己的所作所为已经很顾及方子豪的自尊，但是可能在无形之中触及了他内心的"伤痛"。……都说要蹲下身子来和孩子谈话，都说要从孩子的角度去理解他们，可是作为老师的我们是不是无形当中用成人世界的逻辑去判断学生的想法，让那些"坏孩子"变得"破罐子破摔"了呢? 方子豪那件事情给我敲了一记警钟，我不能因为做了多年的教师而变得麻木，变得不愿意去倾听孩子们的心声，变得不能换位思考，变得形成"我做的一切都是为了你好，你怎么不懂"那种恨铁不成钢的固定思维。每个孩子都有自身的闪光点，每一个孩子都有着变成好孩子的趋向性。作为老师的我，应该帮助老师搭建走向"转变"的阶梯，给予他们真正的"爱"，一种信任体谅理解的"爱"! 这样一想，我就释然了，有一种顿悟的轻松感与幸福感。

要想做一位幸福的教师，首先角色自我与个性自我要得到统一。我们中国人向来推崇统一和谐之道，大同、交融才是生存发展之道。教育是社会活动，更是人的活动，我们的幸福教育归根到底也是人的存在活动。所以个性自我与角色自我的统一，能够使教师把教师这一职业看成是他终身的事业，而不是谋生混口饭吃的工作。只有做到了把个性自我与角色自我统一，教师才是令人羡慕的工作，作为教师的我们才会有一种优越感和幸福感。

达到了角色自我与个性自我统一的教师往往展现出丰富的人格魅力，因为他把两种自我都融合在个性自我中。他不会把教育活动与自己生活中的其他活动割裂甚至对立起来，他的教育活动就是他的全部生活。对待学生，他也是从个性自我出发，用自己的世界观价值观与学生交流，与学生真正进行思想交流碰撞。这样的教师乐于与学生在一起，甚至乐此不疲，因为从中他似乎看到了真正的自己，他觉得面对的不是不谙世事的孩童，而是一个能够敞开心扉的朋友，他在这样的教育过程中实现自我，成为真正的自己，这样才是幸福的教师。

学校里有一位青年教师，师范毕业后因为太喜欢杭州西湖，毅然决然地放弃江西的在编教师身份，只身一人来到杭州育才，加入到育才的创业之中。八年来，由于自身的不断努力，他有了一定的成长与成果，好几次公开课获得了专家的高度评价，并成为教坛新秀。由此顺利成为育才的在职在编教师，同时引来同行的欣赏与羡慕，并希望得到他的指导与资源共享。下面的邮件来往，就是他在迷茫之际的想法。

尊敬的胡校长：

您是我尊敬的好领导，也可以说是我教育事业的引路人，我感激您！我性情耿直，属于情绪型，但我深深地知道只有学校发展，才有个人更好发展。对于知识、资料我打心底里没有不肯共享的意识，事实上学校里有很多老师都在用我给的资料，但我今天和您说，我是从自己实际出发和您坦诚，我有一定的教学热爱和追求，我喜欢去研究一点点人家不去想的，或人家不去意识的东西，而且很享受这个过程，我追求教学上的发展与提高，也希望自己在教学上有所长进，职称、课题有较快的提高、成长。目前，在您的引领与督促下，也想朝着这方面发展，事实上我对学校是热爱与忠心的，在外面，我可能只用了一点点、很轻的力量就已经深深地获得了人家的认可和赏识，但我皆想抛弃，我想收心、聚力在学校的教学上，毕竟人的精力是有限的。可能有人向我发出邀请，但我决不动摇，因为我是在您赏识、关爱下一步步成长起来的。虽然现在我上班路途远，但我一次次告诫自己，任何困难都能战胜，人是有感情的，不可能一味地为了个人利益，而不讲做人的原则，所以可能有些人对我的认识和评价是不一定知其内情和中肯的，我信任您，也感激您，所以我说了说我现在内心的一些感受，打扰您了！

刘老师于 2011 年 5 月 8 日

读着刘老师的信，我很自然地想到刘次林在他的《幸福教育论》中提到的一段话。教师的角色自我更多的是指由教师这社会职业所要求的客观的规范和原则。个性自我则指教师这个职业要因被个人所承担而必须赋予教师本人的个性特征。人往往会存在于这两个自我的矛盾中。人是立体的，他的生活往往有很多的领域。对于教师来说，角色自我往往是意识层面的，受理性控制，受社会规则制约。他会因为自己是教师而提醒自己什么事情可以做，什么事情不能做，什么事情必须做，这是一种职业良心。虽然没有夸张到假装、做作，但是或多或少有想令别人、社会满意的成分，希望社会认同自己的做法，而得到肯定或赞赏。个性自我则是作为一个单纯的人的自我意识，这是不以职业为导向的,不管任何职业,每个人心中都有一个个性自我。因为这是无意识层面的,相对来说比较牢固。当个性自我比较突出的时候,教师会把自己作为一个真实的存在,充分张扬他自己的个性,追求自己内心的自我满足。在感动与理性的思考中,我给他回了一封真挚的信。

刘老师:

你好!分享成果是一个人大气与自信的表现!更是一个人走得更好更远更稳的根基!你觉得你崇拜的特级教师袁老师智慧吗?她很乐意与他人分享,水涨船高嘛!这才是我理解的智慧。

你的脱颖而出不是偶然的,是你一直努力的结果。你的研究、你的追求、你的智慧,一定会有用武之地,育才更有你的用武之地,因为育才是发展中的育才。如果你的定位在教育事业,那么你一定能成为非常优秀的老师,甚至是特级教师,而你肥沃的土壤或许就是育才这片广袤的土地。

但是人生很漫长,她的酸甜苦乐,需要我们慢慢地体悟、慢慢地欣赏、慢慢地享受……你的教育事业之路还刚刚起步……要禁得住来自四面八方的诱惑与赞美!袁老师是你的偶像,她的成长记录中不知道有多少个一等奖和多少赞美之词,但是她始终虚怀若谷,这就是你的偶像袁老师!

外面的世界或许诱人,那可能只是昙花一现。世界上没有不付出的回报!你如果觉得感恩是一种负担,请你卸下。我不希望我的关爱与欣赏成为你的负担,真的!

我一直怀抱着一个哲理:施人勿记,受施勿忘。更何况我没有任何资本与资源可以施人,即使有,那也是学校赋予的,所以你不必太在意,你所有的一切都是你应得的。

"只有赢得教师的发展,才能赢得学校的发展"这是我管理中的信念。

男孩子需要智慧,但不需要敏感;男孩子需要追求,但不需要激荡;男孩子需要成功,但不需要功利。这是我与儿子聊天时,开玩笑说的一句话,今天与你分享。

胡爱玉于 2011 年 5 月 9 日

二、多一份心灵感动 就多一份幸福体验

学生在幸福教师的观照下,也越来越觉得教师不是圣人,不是超人,是和自己一样的平凡的、有血有肉的人,也有开心和不开心的时候。自己和老师是平等的人,大家都是教育活动中不可忽略的存在,没有谁一定正确或一

定错误，没有谁高于谁，谁低于谁。于是也愿意向老师敞开心扉，也愿意去理解老师，倾听老师，赞美老师，从心底里被老师折服。老师的人格魅力也会深深影响学生，那样，学生也是幸福的，他们的心田也流淌着幸福之溪。袁云娣老师曾经写过这样一篇幸福的记忆：

今天想在纸上写下自己在育才的幸福故事，想写下孩子们留给自己的真心。

在2011年的9月，我与孩子们在育才相识，我担任了五班与六班的数学教学工作，在这一群孩子中间有一个女孩子的生日虽然年份不同，但后面的日期与我相同。这是在暑假的家访中得知的。

孩子们第一天来上课相互介绍着自己，这个女孩也介绍了自己同时也很开心地告诉其他同学自己的生日和袁老师是同一天。日子一天一天地过去了，谁也不会刻意记住生日时间。可是到了我生日的那一天，孩子们给了我很大的惊喜。

片段一：一个比较调皮的小女孩在小纸条上写下了"袁老师：祝你生日快乐！我不会再调皮了，我会好好上课！"并在纸条上画了一个小小的生日蛋糕，这一天她上课的表现特别的好，学得也非常的认真。下课我好好地表扬了她，表达了我对她行为的肯定。

片段二：一个男孩子在一张粉红色的纸上画了一个多层的大蛋糕，在上面画上了五彩的颜色，同时写上了自己对我的祝福。这个蛋糕的绘画是比较细腻的，相信花了孩子不少休息的时间。收到他的贺卡，我表达了我对他的谢意。孩子露出了腼腆的笑容。

片段三：一个女孩子在我上好数学课后送给了我一个手机挂件，送我时她对我说"这是我最喜欢的一个小熊挂件，今天我要送给你，祝你生日快乐！"我说："谢谢你！但袁老师不能要你最喜欢的小熊挂件，今天有你的祝福就够了。"说完我就回到了办公室去了。在中午我吃过饭后回到办公室，孩子把她的小熊挂件放在了我的办公桌上，上面写着"送给我爱的袁老师。"当时自己非常的感动，幸福的感觉难以言喻。孩子回到教室后我给了她一个大大的拥抱，孩子也非常的开心。

至今这个挂件一直在我的手机上挂着，让我时时感受到孩子对我的爱，同时也激发着我对孩子们的爱，品尝着这份爱的滋味……

那一天发生的事件，还引来了同办公室同事的"嫉妒"，大家都觉得我们教这一群孩子是一件幸福的事。确实孩子们就像是夜空中绽放的烟花，不仅能让人欣赏到它美丽的图案，更显现出自己的灿烂和不同，让人深深地记住和向往他们的美丽和璀璨。

想想当天的事，它起源于开学的一次自我介绍，但孩子们却能牢牢地记住，并用自己微小的力量表达自己对老师的爱，让我再一次觉得自己做一个老师是一件多美、多幸福的事！

读完这个故事，你一定会想起哲学家培根的一句话：亲密关系可以"将我们的快乐加倍，将我们的痛苦减半"。袁云娣老师与学生的亲密关系，已经足以让袁老师倍增幸福指数。

读完袁老师的故事，也让我想起了发生在我自己身上的故事：记得那是2008年5月的某一天，我在校园走廊里正在欣赏着孩子们的作品，我经常这样专注地欣赏。突然有位六年级孩子从教室里跑出来，走到我身边轻声地说："胡老师，你好慈祥啊！"当时我惊讶了一下，连忙问："你怎么会有这样的感觉？"他说："我好喜欢你，我们班的同学都很喜欢你。"我说："是吗？为什么呢？"他说："你在校园里走来走去，都是很友善的，笑容可掬地跟我们交谈啊，相处啊，脸上表现出来很慈祥的，和我奶奶一样的。"听到这些话，我很欣慰，我想是不是我有慈祥的气场啊，让学生有一种心灵的感觉，他要把内心的感受表达出来回应你的内心。

在我充分享受此刻幸福的时候，我在想，孩子是用心来感受你的一举一动、一言一行，并不是说孩子不懂，他只是在你的威严之下，不敢表达真实的想法。孩子是能感觉到教师对他的那种真诚的爱护，投入的关怀，宽容的理解的。教育的本质是心灵感应。从本质上说，教育就是"以心灵感应心灵"的过程。教育之道，道在心灵，而不是被动的知识传递和技能训练。在教育过程中，如果我们过于依赖大脑，依赖心理技术，依赖知识传递，就会使我们的心灵失去感知、感觉、感应的能力。回归心灵深处，虽然说起来简单，但它代表着一种生活态度的彻底改变，从向外看转为向内看，从关注向外的索取追求到凝神触摸自己的内心生命，这对于大多数人来说是一种全新的幸福体验。

拿什么让我的孩子产生"心灵感应"，让我们的教育成为"以心灵感应心灵"的过程呢？——传递精神能量！教育就是一种燃烧的气场，教育就是一种灵动的气韵。人都是在一种生动的气韵中生活、成长的，人都是在一种燃烧的气场中感染熏陶的。为孩子提供一种激情燃烧的"场"，为孩子提供一种气韵生动的"场"，是孩子的心灵得以滋养的唯一途径。

什么样的教育是没有用的？有明显教育痕迹的教育是没有用的；教育者居高临下的教育是没有用的；没有教育思想的教育是没有用的；有教育思想

但没有教育状态的教育是没有用的；教育双方没有心灵感应的教育是没有用的……造成教育没有用的原因很多，但是，什么是有用的教育却只有一点：回归教育的本质——"以心灵感应心灵"的教育。

多一份心灵的相互感动，就彼此多一份幸福！

三、多加一盎司　就多获取一份幸福

我曾经在书上看到过这样的案例。有两个村，面对面但是中间隔了一条河，要很长的一段路程才能走到对面的村庄走亲访友。其中有一个人想到了，用自己家里的木头在两村之间搭了一个独木桥。于是，人流的来往就方便了。但是一段时间以后，这个独木桥摇摇晃晃了，有这样或那样的问题出现了。然后人家就开始埋怨了，这样一座桥，老人走上去会怎么样。看到这里，我就会想学校有没有为老师提供和谐的工作环境，成长的展示舞台？我是不是一直在努力为教师成长提供服务？

我记得人生有四个境界，第一个境界：如果一个人做事，只是出于本能，或者是社会的风俗习惯，没有或者很少有自己的理解，那么他的人生境界就是处于自然境界。我们提倡的"为每一位孩子的幸福人生奠基"的教育理念，你必须有自己的理解，如果没有，你就是被动的，是原始状态的。第二个境界：如果一个人做事以功利为目的，那么他的人生境界就是功利境界。就是为自己想得太多了，他没有把自己放在一个人群当中，一个大局之中，一个学校发展的整体链条里面来考虑问题。第三个境界：如果一个人做事，是以服务社会，具有严格的道德意义，那么他的境界就是道德境界。老师就应该处在这个境界，因为教师这个职业，决定了你必须是盛名之下不得不为。第四个境界：如果一个人做事符合整个宇宙的法则，或人类的利益，那么他就达到了最高的人生境界——天地境界，或者哲学境界。这个很难啊，但是我们可以追求，或者说以这个境界来思考问题。作为教师要努力修炼，必须进入道德境界，慢慢进入哲学境界。这四种境界是由低到高，由浅入深，由平凡到高尚的，是一个很长的过程，可能到人死的那一天还在追求呢。但是教育需要这样去做，因为我们肩负着引领人、培养人的职责，肩负着提升"社会人"的人生境界的职责，这不是大话，而是一句大实话。

要做到这一点，启发人生境界的反思相当重要。没有了这种反思，人生境界的问题就成了一个"他者"的问题，而不是"我自己"的问题，一个"未来的"问题，而不是一个"当下的"问题，是一个"外在的"问题，而不是一个"内在"的问题。我认为教师首先做一个有境界的老师，才有可能去启发学生做一

个有境界的学生，做一个有德性的学生，从而做一个幸福的教师，幸福的学生。于是我对自己"多加一盎司——完美行动"作了一次深刻反思：

大家都知道，"1％的行动理论是指，只要 1 度，只要仅仅再加最后 1％ 的热量，水便从液体变成了气体，产生了质的变化，产生巨大的力量。但是，如果没有这么小小的 1 度，这些力量便不会产生。因此，引起事物质变最后的 1％ 起着实质性的作用"。

"如果说成功是 100％ 的话，前面的所有准备：完美的设想，确定的目标，制订的计划，所有的心理准备以及各种技能的学习，能力的储备，金钱的付出等算作 99％，而最后的 1％ 就是行动。没有最后的付诸行动，前面的 99％ 都将是水中月镜中花。这就是 1％ 的行动理论。它说明了行动是达到完美的最好执行，行动是执行效果优质的关键。这就是行动的'完美效应'。"

《没有任何借口》书中提到"多加一盎司定律"，"盎司"是金的计量单位。"多加一盎司定律"的意思是，我们已经付出了 99％ 的努力，已经完成了绝大部分工作，再多增加"一盎司"就获得成功了。但是，我们往往缺少的就是没有勇气没有毅力"多加一盎司"，也就是缺少成功最后所需的那一点点责任、一点点决心、一点点敬业的态度和自动自发的精神。

"多加一盎司"其实是一个简单的秘密。在工作中，有很多东西都是我们需要增加的那"一盎司"。大到对教育事业的态度，小到你正在完成的工作。比如，你的备课、上课、批改、交流，甚至是接听一个家长的电话，只要能"多加一盎司"，把它们做得更完美，你将会有数倍于一盎司的回报。

如果你注意身边同事的话，你就会发现，那些多做了一点努力，多花了一点时间，多思考一点的人，会得到更多家长的支持和学生的敬佩。而所有这些是因为他们比同事们多做了那么一点——"多加了一盎司"。

在商业界，在艺术界，在体育界，在教育界，在所有的领域，那些最知名的、最出类拔萃者与其他人的区别在哪里呢？回答是就多那么一点儿。"多加一盎司"——谁能使自己"多加一盎司"，谁就能得到千倍的回报。

在工作中，有很多时候需要我们"多加一盎司"。多加一盎司，工作就可能大不一样。尽职尽责完成自己的工作的人，最多只能算是称职的教师。如果在自己的工作中再"多加一盎司"，你就可能成为优秀的教师，优秀的校长。

"多加一盎司"在所有的工作中都会产生好的效果。如果你多加一盎司，你的士气就会高涨，而你与同伴的合作就会取得非凡成绩。要取得突出成就，你必须比那些取得中等成就的人多努力一把力，学会再加一盎司，你会得到意想不到的收获。

获得成功的秘密在于不遗余力——加上一盎司。多一盎司的结果会使你最大限度地发挥你的天赋，多获取一份幸福。

"我已经竭尽全力了吗？或许我还有一盎司可加？"经常这样提问自己，将让你受益匪浅，也将促使你实现"完美行动"。当你在分享"完美行动产生的完美效应"的时候，幸福感油然而生。

教师的幸福体验是在追求道德境界反思教育教学细微事件中慢慢实现教师职业幸福感。

康德说：有两样东西，愈是经常和持久地思考它们，对它们历久弥新和不断增长之魅力以及崇敬之情就愈加充实着心灵：我头顶的星空和我心中的道德准则。"道德发展六阶段"理论：第一阶段，我不想惹麻烦——靠惩罚起作用；第二阶段，我想要奖赏——靠贿赂起作用；第三阶段，我想取悦于某个人——靠魅力起作用；第四阶段，我要遵守规则——靠自律起作用；第五阶段，我能体贴人——靠仁爱之心起作用；第六阶段，我奉行既定的准则——靠境界起作用。

教育是一件很久远的事情，如同爬山，要想爬到山顶必须从山脚开始，你必须要不断地爬，这就需要执着，执着也是一种幸福状态。

第五章
幸福成长
——让孩子每时每刻沉浸在幸福之中

美国实用主义教育家杜威说：教育能传递人类积累的经验，丰富人类经验的内容，增强经验指导生活和适应社会的能力，从而把社会生活维系起来和发展起来。广义地讲，个人在社会生活中与人接触、相互影响，逐步扩大和改进经验，养成道德品质和习得知识技能，就是教育。由于改造经验必须紧密地和生活结为一体，而且改造经验能够促使个人成长。他总结说『教育即生活』『教育即生长』，教育即『经验改造』。他提出：我们所需要的是儿童以整个的身体和整个的心灵来到学校，并以更圆满发展的心灵和甚至更健全的身体离开学校。

一个人的成长过程有两种渴望：一种是要求容纳的渴望（被欢迎、亲近、控制、联结、保护）；另一种是分离的渴望（要求自主、独立、体现自己的能动性、自主性）。这两种渴望处于张力状态，有时以渴望容纳为主，有时以渴望分离为主，它们交互变换，促进人的发展。幸福教育就是让孩子每时每刻沉浸在幸福之中，教育活动就是要适时地满足孩子成长过程中的两种渴望。

成长是一件最丰饶的事情。因为成长，今天的麦苗是鲜绿的，明天就会变成金黄。因为成长，今天的麦穗是饱满的，明天就躺进了打麦场。因为成长，今天的玫瑰是含苞的，明天就会娇艳绽放。因为成长，今天的花蕊是芬芳的，明天就融进了泥土的温床。不要为躺进打麦场的麦穗和融进泥土的花蕊悲哀，沉寂也是一种成长。

我们要给孩子"蹲苗"期

> "蹲苗"是农民种植庄稼的一道程序。庄稼出土后，长到一尺多高时，不要急于浇水，要旱一旱。因为这一旱，小苗儿就会往深处扎根，让根系发达了。别看这时小苗儿蔫蔫的，但只要一场雨，它便立刻精神起来，且今后遇风也不会倒伏。庄稼"蹲苗"，是为了更好地适应自然环境，是农民为保障庄稼苗壮成长的重要手段。

世间万象，事理相通。"蹲苗"不仅适用于庄稼，也适合于人生的成长以及人才的养成。对每一个成长着的心灵来说，蹲，从来就是一种必要的积蓄过程。不扎实地蹲，就不可能延展出发达的根系去获得最丰厚的滋养；不扎实地蹲，就不可能在低潮之后充满爆发力地重新站起；不扎实地蹲，就会因快速地虚长而及早地浪费珍贵的契机和希望；不扎实地蹲，就会在烈日的炙烤和风雨的袭击中让娇弱的花朵黯然凋落。在形式上，蹲是一种挫折，本质上，它却是一种胜利的潜伏。它以一种外部的低姿态，隐含着一种内部精神的拔节。蹲，是另一种意义上的成长。

同样的道理，孩子成长本身也要有"蹲苗"期，能在基础教育阶段好好地沉下心来"稳"一段时间，养成良好的学习习惯与生活习惯，形成健康的人格，这样有利于在以后的人生道路上走得更稳、更好、更久。第二章中我已经阐述过关于"等待也是一种教育"以及"人的发展要经历四个区域"，每一个区域都必须要有足够的"蹲苗"时间，才符合人的成长规律。

北宋大历史学家司马光说过，树木如果只种植了一年便砍伐，所得之材只能充作薪柴；若三年砍伐，所得的可用来做木桶；若五年砍伐，可做檩柱；若十年才砍伐，可用来做栋梁。如果把孩子比喻成一棵树苗，我们要做的，要让这棵树苗根系发达，一棵树地底下有多深，上面才能有多高；我们还要让这棵树苗深扎地底，无根之树难成参天大树。因此我们要为孩子夯实基础，打好底子，为孩子的一生发展打下身体和精神的底子。为此，在学校"第四个五年发展规划"中提出："我们希望打造最具童年幸福感的学校——让孩子每时每刻沉浸在幸福之中"的发展目标。我一直希望把育才办成一所幸福的学校，不是学堂，更不是教堂，而是孩子们幸福成长的乐园。

第一节 自主成长的孩子最灵气——做最好的自己

一、让班集体焕发出生命活力

成长比成功更重要[①]。凌志军说。是的，对于孩子来说，成长的过程比任何成功的结果更重要。我认为自我激励、自主成长的孩子最幸福，那是尊重了孩子成长的规律。

班级是学校的一个细胞，是孩子生活、成长、发展的一个场所，是连接过去、现在与未来社会传承的桥梁，班级是学校学习知识、人格发展、社会性发展三位一体的环境。这一环境的教育生态如何，直接影响孩子成长的状态以及成长的速度。班级文化是积极影响学生素质的重要条件，是学生文化、学校精神的根基，把每一个班级的生命力发挥出来了，学校也就办好了。于是，2005 年 8 月我与德育副校长陶洁商议：如何让班集体焕发出生命活力？思路在哪里？载体在哪里？最后我们统一思想，形成基本思路：努力打造班级精神文化，创建特色班级中队。建立班集体自我管理模式，实行自主管理，这与我提出的自主是幸福的，实践是幸福的，分享他人成长同样是幸福的教育主张是一致的。

班级文化的结构主要由两部分组成：显性的班级文化和隐性的班级文化，它们交织组成。显性文化要素主要是班级的物质要素和班级的行为要素。隐性文化主要是班级制度文化和精神文化。显性的班级文化承载着隐性的精神文化。物质文化是班级文化的表层面，是班级文化的硬件。主要包括教室的设计和布置，教室里的设施设备等最外在的表现形式。行为文化是班级文化的浅层面，主要是各个班级里开展的教育活动。这是班级文化中最活跃的一个因素，承载了一个班级的精神面貌。当一个班级被带到操场上参与全校活动时，一眼就能察觉到一个班级的精神风貌和所有教师的作风和管理水平。这是一个班级精神和群体意识的动态反映。制度文化是班级文化的中层面，包括班级规章制度、行为规范和组织机构等。制度文化很重要，它是人与物的中介，是班级文化的关键。精神文化是班级文化的深层面，就是班级在发展过程中形成的独具特色的意识、形态和文化观念。它是班级文化的内核，主要呈现出来的是一个班级的班风、学风、人际关系及班集体中集体的舆论、价值观念、理想追求。

---

① 凌志军. 成长比成功更重要. 陕西：陕西师范大学出版社，2012

在班级文化建设的过程中，我们最终目标就是："让班集体焕发出生命活力。"承认每个学生都是一个生命体，给孩子们一些权利，让他们自己选择；给他们一些机会，让他们自己去体验；给孩子们一些困难，让他们自己去解决；给孩子们一个问题，让他们自己找答案；给孩子们一种条件，让他们自己去锻炼；给孩子们一片空间，让他们自己向前走。

班级文化建设贯穿在每天、每月、每学期当中。班主任一定要有目的、有计划地指导开展形式多样、健康的文化教育活动。

为了把班级文化建设落到实处，让每一个班集体焕发出生命活力，我们大力培训班主任以及班级管理小组成员，制定《班主任目标管理责任书》《大队辅导员目标管理责任书》明确责任、任务、要求。一时间，班级管理小组群策群力，学校掀起了班级文化建设的思考与实践。

二、"踏浪中队"

图 14 踏浪中队

在学校掀起班级文化建设的活动中，我也参与了孩子们的讨论。

有一次，班级同学唱学李白的《行路难》，当孩子们谈到"长风破浪会有时，直挂云帆济沧海"的诗句时，无不为李白的这种自信，这种豪情，这种百折不挠的精神，这种济苍生的远大理想所感动。这是一种积极的追求、乐观的自信和顽强地坚持理想的品格。李白的一生，一直坚信"天生我材必有用，千金散尽还复来"；李白一生，相信总有一天，能乘长风破万里浪，高高挂起云帆，在沧海中勇往直前！的确，李白的一生，是不平凡的一生，是不停地追求理想、百折不挠地抗争的一生。

忽然，有孩子说："老师，我们就用'乘风'来命名我们中队吧！"

"好像'乘风'电扇"，一个孩子接着说。

哈哈……教室里响起一片笑声。

"我觉得'扬帆'也很好！"

"别人用得太多了，很容易重复的。"

"'踏浪'吧！我觉得这个名字既不会跟别人重复，还挺有动感的。"

于是，"踏浪"中队的名字孕育而生。"踏浪"便成了我们指路的明灯，"踏浪"精神就是我们茫茫大海中的灯塔。

在此后的讨论中，我们更进一步确定了：

中队口号——长风破浪会有时，直挂云帆济沧海。

中队队歌——《踏浪，水手》"踏浪"是灯塔/照耀着我们前进的方向/"干部"是舵手/掌握着航行的方向/"人人"是水手/扬起了团结奋进的风帆/我们都相信：长风破浪会有时/直挂云帆济沧海！济沧海！

其蕴含的意思是：班级是成长路上的船，我们是勇敢的水手，只要团结奋进，坚持不懈，踏浪扬帆，一定能驶达幸福的彼岸。

其推崇的精神：成长路上有风有浪，也许是学习的困难，也许是生活的困惑，也许是习惯的改变。面对问题，我们要勇敢面对，团结进取。

在优秀班主任的带领下，学校出现了海豚中队、蓝猫中队、诚信中队、爱心中队等。70多个班级，每个班级各具特色，真正实现了"一个班级都不落下——全面的特色化"百花齐放、百家争鸣的成长状态。

同时，班级全面特色化建设也需要结合实际，与时俱进，长远发展。集团下属一所流动人口学校，响应杭州市青少年学生第二课堂工作会议精神，结合学校实际，在杭城第二课堂场馆中选择更符合孩子深入了解的名人命名24个班级的中队名，以此为载体建设班集体。当时的大背景是杭州市委、市政府正式启动杭州市青少年学生第二课堂行动计划，并出台七个实施文件。省委常委、市委书记、市人大常委会主任王国平在全市青少年学生第二课堂工作会议上强调要深化改革、整合资源、突出主体、建好队伍、用好政策，打造课外教育的"杭州模式"，确保杭州市青少年学生第二课堂行动计划切实取得成效。第二课堂活动的开展为学生提供了学习更多的知识的途径，如何用好、开发好这些场馆资源将会对学生思想道德素质的提高带来直接影响。这也成了班级文化建设的有效资源。于是，我与分管德育的校长讨论，如何将杭州的名人名馆与集团下属流动人口子女学校的班级文化建设结合起来。一方面让来自全国各地的孩子尽快了解杭州、融入杭州，成为"新杭州人"；

另一方面也是班级文化建设与第二课堂实践的有效结合。

我们的具体实施措施：同一个年级四个名人名馆中队共同研究，随着升入高一年级就研究高一年级的四个名人名馆。这样六年就经历了 24 个名人名馆的实践研究。我相信，这是非常丰富的教育资源，更是孩子成长的榜样力量。比如：三（2）岳飞中队口号：莫等闲，白了少年头，空悲切！岳飞（1103—1142），民族英雄，著名军事家，字鹏举，谥武穆，汉族，河北汤阴县人。岳飞 20 岁投军抗金。绍兴十一年(1141 年)，秦桧以"莫须有"的罪名将岳飞治罪而死，时年三十九岁。其率领的军队被称为"岳家军"，金人流传着"撼山易，撼岳家军难"的名句。岳飞坚决反对议和，主张抗战到底。栖霞岭下岳飞庙，杭人俗呼为"老岳庙"。

围绕名人名馆中队建设，我校开展了丰富多彩的主题教育活动，其中为了深入开展第二课堂，熟知杭城名人名馆，我们大队部开展了寒假第二课堂实践作业，就是用自己的方式与语言把杭城名人名馆中名人的事迹介绍出来，来看看育才的孩子们是如何认知名人，又是如何介绍名人的事迹的。

三、Q 版小人书

图 15　学生创意 Q 版小人书

请看《杭州日报：孩子手绘的小人书里藏着他们对名人的认知》的报道。这篇报道充分展示了育才孩子的表现力与想象力，Q版小人书的创意赢得全社会的认可与欣赏，大众评审团投票遥遥领先，获得名人名馆"童版解说词"一等奖。

1. 让我们一起来欣赏——Q版苏东坡　艾丹青 2008-07-14

书名：《吟诗赴宴》　作者：罗若静　情节：苏东坡进京赶考，路遇六个举人。他们都很自负，决定戏弄一下苏东坡。最后，倒是苏东坡以机智和学识让六个人无地自容。

书名：《苏东坡小故事》　作者：张轶云　情节：苏东坡和佛印智慧较劲。苏东坡以为自己用高超智慧取笑了佛印，但其实是佛印取笑了他。

书名：《"童话"苏东坡》　作者：陈烨　情节：内容同作品 B。

苏东坡是什么人？大家都知道，他是中国古代的大文豪。但孩子们眼里的苏东坡，可不完全是头戴乌纱帽、穿一身官袍的文学家。东坡先生的豪迈、睿智、学识，他的童年和少年，给了学生无穷的想象和灵感。

杭州市育才教育集团的学生，来参加"童版解说词"招投标时，送来一大堆自绘小人书。小人书里的苏东坡，有描述童年、少年的，有描述为官之道的，让人捧腹的是，这些苏东坡一改当年形象，摇身一变成了卡通的主人公。

2. 自己做小人书超有成就感

"爸爸是封面设计师，妈妈是编审，我是主创人员。"支业繁给自己的小人书命名为《苏东坡的故事》。6 张画页，全部用黑色的记号笔白描。

平时，支业繁就很喜欢写写画画，甚至连自己的作业本的封面也精心设计过，这回算有了大展身手的机会。妈妈傅女士看着儿子认真的样子，一下想起了自己的童年时光，"画好以后，他又仔细地把几张画裁订起来，加上爸爸的封面，才算完成。那副得意的样子，超有成就感。"

20 世纪 80 年代前出生的人，还知道《西游记》《济公》《七剑下天山》这些小人书，现在的小学生几乎都对小人书没概念了。就像那些古董一样，小人书渐渐远离了孩子们的视线。

但旧东西一样会焕发出生机。"童版解说词"招投标活动开始后，育才第一实验学校组织学生走访苏东坡纪念馆。参观结束老师们发现，这样简单地走走看看，虽然学生有了一点印象，但还不深刻。特别是对苏东坡这个人，怎么样能让学生更立体地认识他？

胡爱玉校长与叶静姿及学生一起开动脑筋，他们最终想到了曾经风靡一时的小人书。从纪念馆回来几天之后，全校每人交上来一本名人连环画，这些连环画多在 10 页以内，每页都配上文字，并贴上封面，把册子装订好，虽然内容和外观还欠精细，但整体上跟过去的小人书毫无二致。

一本一个故事，一个故事表现苏东坡的一种智慧或性格。低年级学生，白描卡通画为主，家长配合完成；高年级学生，根据史料编辑故事，再用彩笔配插图。老师们看到这些简装版的小人书时，甚至不相信这是学生做出来的。

3. "Q"起来的苏东坡很漂亮

这一次，学校选送了20个学生创作的小人书，老师们对这些另类解说词很有信心，因为学生们的作品不仅符合"招投标"要求，而且在完成规定内容基础上，还有创新。

在20多篇特殊的解说词里，大部分苏东坡都有了变化——就像宫崎骏、蔡志忠笔下的一个个卡通精灵一样，学生把日本漫画和中国古代的文化融合到一起，那个大名鼎鼎的苏东坡，也成了一个个俏皮、可爱的男主角。

在所有小人书中，罗若静的《吟诗赴宴》特别显眼。她花了不少心思，从封面到内容，再到装帧设计，每一方面都很精细。苏东坡穿着古代的学士服，头顶扎成髻，长着一双大眼睛和大嘴巴，笑起来给人一种酣畅淋漓的感觉。这种装束和神情，是所有苏东坡形象中最夸张，也是最生活化的一个。不会太夸张了吗？罗若静一点都不觉得，"干吗非要那么死板呢，我把画带到学校里去，同学抢着看，都说画得很好"。

张轶云的苏东坡非常简洁，而且淡化了年龄：短罩袍高束带，背着手，潇洒俊俏；其笔下的佛印，也成了一休哥一般的可爱僧人，参禅悟道也保持着一贯的娇羞。金娴的苏东坡则最具性情：老爸苏洵批评苏东坡太骄傲，苏东坡先是不服气，后又悔悟，还来了一句——原来老爸都是为了我好啊！

四、"雏鹰飞飞"成长银行

图 16　"雏鹰飞飞"成长银行　　　图 17　电视台采访"雏鹰飞飞"成长银行

教育评价起着导向、激励、调控的作用，是教育目标能否实现的关键。寄宿制学校学生 24 小时生活在学校，我们更需要对孩子有一个更完整的评价。基于这种认识，我们在"让班集体焕发出生命活力"基础上提出了在学校经营"学生雏鹰飞飞成长银行"的策略。"成长银行"一改以往单一的模糊式评价，改为数字化评价，模拟银行管理办法，更科学、更贴切地符合孩子们的需求。

学生成长银行将银行运作理念引入学生的成长教育中，通过成长储蓄币的存入与支出、贷款与偿还、储蓄评比等多种手段，实现学生评价定性与定量相结合，操行等第记分法由以"扣分为主"向以"加分为主"转变，强化学生的养成教育，激发学生自主管理意识，为学生成长、成才、成功打下坚实的基础，进而达到全体学生奋发向上、不断进步的班级管理目标。学生成长银行的班级管理经营制度旨在形成一套学生成长评价的具体操作方法，通过成长银行，促进学风建设，激发学生学习兴趣，培养儿童以适应社会发展，同时促进班集体建设，培养学生自我管理、自我约束、自我教育的意识与行为。

我们设置了"学生雏鹰飞飞成长银行"的模拟岗位。班主任担任行长，负责银行全面事务；班长担任副行长，管理银行日常事务；班级学生分成若干营业部（小组），各营业部分别设立一位部长（小组长）负责本部门的日常事务，同时管理本部门成员的一日常规。

根据成长银行的"有劳才有得，多劳才多得，不劳则无获"的操作原则，我们制定了"学生雏鹰成长银行"经营的细则与实施原则。

卡的故事

翻开"雏鹰飞飞"学生成长银行卡，有一个项目让我记忆犹新。2012 年 5 月 28 日的一节评价课上柜员何壮壮给我加了 10 分。

事情是这样的：在 5 月 24 日下午，我和五年级的两名同学、四年级的两名同学去参加西湖区艺术节绘画、工艺比赛的工艺类比赛。比赛时间两个小时。我用了很多材料，做成了一列火车在地球上环游的作品，名字叫《小火车环游地球》。这幅作品不但做工精致，还富有含义：小火车环游地球，让我们学会低碳生活，因为小火车比其他交通工具低碳，符合现在所提倡的低碳生活理念。

后来，这幅作品居然得到了一等奖，参赛的有 513 名中小学生，分两类，我参赛的那类也有 250 多人了。我能获得一等奖，成绩也相当不错了。

柜员何壮壮先生也为我高兴，神圣地写上了日期、发生额、余额、事由，还签上了名字。老师也夸我在这方面有潜力。

这次拿了一等奖，不只是实力还有运气，但是运气也是给那些有准备的人的。(《回忆当初》周铭成)

卡的升级：“雏鹰飞飞”成长银行淘宝网上线

结合“雏鹰飞飞”成长银行的操作实践，我们将线下的成长银行卡做了一个升级，模拟淘宝网的操作模式，升级成一个在线的网络版“雏鹰飞飞”成长银行。具体说来就是为孩子们创设一个更加直观，而且更具竞争力公平公正的网络平台，孩子们能够更加自主地参与管理和评价。

在平台上，我们争取实现五个自主性原则。一是孩子们自主定目标。每个孩子的成长足迹都呈现在这个公开的平台上，孩子们根据自身的基础，选择努力的方向和争取获得的成长积分。二是孩子们自主选择项目。我们通过前期沟通和调查，确定了一些固定的项目，比如班级岗位积分，同时还根据各个班级各个学生的自身特点，加入不固定的项目，孩子们根据自己的兴趣和选择完成。三是孩子们自主评价。孩子们是评价的主体，在线银行的行长，柜台收银等岗位都由孩子们担任，在统一评价体系的情况下，小组合作，评价过程公平公开。四是孩子们自主选择奖励兑换，我们模拟淘宝网在线的操作模式，有奖品的兑换，以及积分的升级，孩子们通过努力，自主选择兑换的礼物和奖励，真实体会一分耕耘一分收获的幸福感。五是孩子们自主合作。这是一个孩子们个体体验的平台，同时也是一个合作互助的平台。我们的平台上，有许许多多工作需要合作完成或互帮互助共同完成，孩子们可以自主的选择团队，选择伙伴，我们期待是一种团结互助的竞争状态，每个孩子们都有机会收获积极成长的状态。

第二节 胸怀世界的孩子最大气——做可爱的世界人

我在第三章“幸福学校”中全面阐述了育才培养“会生活、会学习、会创造的可爱的世界人和永远的中国人”思考与形成过程，实践层面也以十二五规划的《教育国际化工程》为指导逐渐展开，但是仍然有许多困惑一直困扰着我。

首先，我是否理解什么是教育国际化？从国际化的本义来看，其包含国与国之间的交往和国际性变化两方面的意义。国与国之间的交往，表明国际化的主体应是两个或多个民族国家；既然是民族国家之间的交往，其交流是双向或多向的而不是单向的，因而这种交往具有国家性。从教育的本质特征来看，教育就是培养什么人和如何培养人的问题。只不过，我们必须拥有全球化视野并站在本国立场上考虑培养什么人和如何培养人。

其次，我是否理解什么是国际教育？查阅了一些书籍与资料，渐渐明白了教育国际化与国际教育的关系。从目标来看，国际教育是进行国际理解教育和培养世界公民；而教育国际化是民族国家培养本国需要的国际化人才。但是教育国际化与国际教育在全球化背景下，又有着密切联系。例如，在教育国际化的进程中，人们往往把进行国际理解教育作为推进教育国际化的重要内容；随着全球化的进程，国际教育越来越强调"多边主义"和"多元化"，越来越强调国家性。各国之间的交流与合作是国际教育和教育国际化的主要形式。

最后，在推进育才"十二五"规划《国际化工程》的进程中，要注意什么？是不是要防止西方文化渗透、民族性的削弱和教育主权的侵蚀问题？一般来讲，教育交流是从教育比较先进的国家和地区向比较落后的国家和地区辐射、传播；后者通过与前者的交流，吸收其经验与成就，得以发展和创新。

基于以上思考，我认为胸怀世界的孩子最大气，于是我们在培养目标中提出了"可爱的世界人"，但是培养目标的落脚点是"永远的中国人！"基于这样辩证的思考，我们一边实践一边调整教育实践思路。

一、世界访客来育才

育才的定位是国际化、个性化、小班化、多元化。来到育才，我一直在想怎么样才能够推进国际化教育的问题。如何让我们的孩子能够有国际的视野、国际的礼仪，甚至可以跟世界各国的同学一起上学、一起生活？

2008 年 11 月在翠苑五区老校区的时候，有三十几个澳大利亚的校长来参观学校。我们精心安排了学生的民乐表演，剪纸美术课，还有包饺子实践课。这些活动让澳大利亚的校长们赞叹不已。孩子们的民乐表演，以及孩子们跟校长们的沟通与对话，让我觉得非常流畅与自然。我当时想，孩子们这么多才多艺，又能够英语对话，走向国际不是已经具备基本可能了吗？既然我们学校是从一年级开设英语课程，如何在英语口语上面有更大的突破，让他们学以致用，让他们能够直接与国际学生进行一些交流与对话呢？

民族的就是世界的，我们的民乐如何走向国际交流与展示，体现中华民族的传统文化？由于学校知名度越来越大，不久又有一批美国的孩子要来育才交流。美国的孩子带来了表演的节目，看了之后我发现了自己的不足。他们表演节目非常大方、自然、有礼。虽然他们的节目不是很精彩，但是他们在表演过程中会大方地邀我们在座的学生一起参与到他们的节目中去。而中方的节目明显有老师辅导的痕迹，比较精致，但是学生表演完就走了。虽然孩子多才多艺，会拉二胡、吹笛子、敲扬琴，但是显得有点拘束，不够大方。我们提出了"可爱的世界人，永远的中国人"的培养目标，那我们怎么做到与

图 18　世界访客来育才

世界上其他国家的孩子在一起时显得非常可爱呢？他们看上去很可爱，很自然。而我们太过拘谨，不够自然和活跃，不能敞开心扉。这样就显示不出中国人的真诚与热情，就算我们很真诚，但是我们很含蓄。演节目就是演节目，是表演性质的，不是生活化的。就好像我们的学生在完成学校里布置的一个任务。其实表演只是一个交流平台与载体而已，要通过表演来促进双方的交流。我们的教育应该是生活即教育，而我们是教育是教育，生活是生活，两者处于平行状态。

渐渐地来育才的世界友人越来越多，他们走进我们的校园，欣赏我们大气的校园文化；他们走进我们的艺术殿堂，深深地被孩子们的书法绘画作品吸引；他们走进我们的民乐社团，深深地被中国传统文化所吸引；他们走进我们的英语课堂，和英语老师同堂交流，孩子们的精彩表现赢得了所有人的赞叹；他们走进了我们的大课间锻炼，和全校的孩子们一起做操；他们走进我们的升旗仪式，和大家一起交流心情；他们还走进我们的食堂，一起分享传统小吃……站在一旁的我很是欣慰，我愿意把我们的校园真实地呈现给世界来客；我愿意让每一个孩子真实的展现才能，热情交流，哪怕这个孩子的英语不够好，句子说得疙疙瘩瘩，但是一个热情拥抱，大声的英语问好，就已经是非常棒的表现；我也愿意让这样的中外交流形式常态化。

渐渐地我也发现身上的责任重了，我们不仅仅是需要培养孩子们成为"可爱的世界人，永远的中国人"。我们的校园也承载了对外交流的职责，我们告诉世界真实的中国，海纳百川的中国教育，以及我们培养出来的大气、灵气和秀气的孩子们。我的学校,我的师生们也渐渐地赢得了这一批又一批世界来客的欣赏和信任。相信他们会把自己看到的中国教育和中国文化带给更多的世界友人。

二、育才学子走向世界

旧金山之约

如何走出国门,让孩子们真正与世界各国学校的学生零距离接触?我想首先从走入美国开始:走入美国的家庭、美国的学校去感受、体悟他们的生活。我如何去连接这条国际教育线?当人们有思考的时候,就会刻意去捕捉一些信息,有时候你没有思考,很多信息就从你身边溜掉了,信息就是机遇。杭州市少年宫曾经做过一些国际夏令营,与一些西方国家有过一些接触;西湖区求是教育集团的孩子也曾经在美国家庭与孩子有亲密的交往,他们是如何走出国门进行国际教育交流的?我开始思索,我找到了原求是教育集团总校长,时任青少年宫的主任的黄建明。我问他如何跟美国的学校进行连接,如何与美国学校成为姐妹学校,而且建立一种正式的、签约的、合法的、持久的、双向的、有序的、友好的交往,不是短暂的、无序的那种夏令营。黄主任是我的领导,曾经也是我的同事,也了解我做事风格,知道为了孩子的成长我会全力以赴,达成目标。

我有一个习惯就是要求自己每年必须要做几件更有利于孩子成长的事情,也就是说让育才教育附加值增量。2010 年,在黄主任的帮助下,我与美国加州联合国际学校取得了联系。校长周美玲,是从杭州走出去的中国人,在美国已经生活二十多年了。求是教育集团每年师生国际交流就是委托她联系与办理的。我委托她在美国加州寻找一到两所合适的公办学校。首先,必须是当地知名学校;其次,中国孩子必须入住美国家庭并且入校上课;最后,美国学生也愿意来中国住家入学,相信中国,喜欢中国。

2010 年 10 月 18 号,我校与美国加州奥蒙德小学、橡树街小学结为友好学校。我终于如愿以偿。基于国际礼仪和国际信任,首先是我们邀请两位校长来考察杭州育才,然后我再去考察他们的学校。紧接着我们组织了第一批美国游学团,师生共 28 位于 2011 年 2 月 6 号奔赴大洋彼岸。这是育才有史以来第一次走出国门,走到西方国家,去美国住家生活和入校读书。孩子们走出国门,远渡重洋,远离家长,远离父母,第一次零距离感受西方文化、西方家庭和西方的学校。

第一批游学团回来后我们认真进行了总结,发现许多日常交往交流以及生活自理问题。我与陶校长、英语组老师、班主任一直在思考:每年都有三

图 19　旧金山之约

图 20　育才教育集团与美国加州奥蒙德小学、橡树街小学缔结友好学校

十几位师生出国访问,"可爱的世界人和永远的中国人"如何体现?如何调整德育活动?针对出国访问的孩子要进行怎样的一种培训?以及由此而引发的德育活动要作怎样的策划等一系列问题。

　　在第二批游学团出国之前,我们就做好了培训,不仅仅是为了出国访问,更重要的是为了培养所有孩子的一种国际礼仪、国际视野,落实我们"可爱的世界人和永远的中国人"的培养目标。今年第二批出去的孩子,要先一层一层进行申请，包括孩子自己申请，家长申请，然后在班里面进行演讲竞选。你出国访问的主题是什么，为什么要确定这个主题，你打算怎么设计访问日程来完成你了解美国的计划，回来以后你准备怎么汇报，怎样与同班同学、同年级同学分享，你从中遇到了什么问题，你是怎么来解决的等。学生们通过游学日记记载国际交流的收获。

图 21　育才孩子在美国学生家里

三、中美共明月，乐游旧金山（游学日记）

美国时间 9 月 28 日傍晚六点半左右，我们风尘仆仆地赶到旧金山友好学校——Live Osk Elementary School，只见学校门口已经聚集了好多家长，有很多黄皮肤的华裔，但更多的是白皮肤和黑皮肤的美国人，各种肤色，形成了一道独特的风景线。不少家庭都是全家出动，迎接我们这些来自东方古国——中国的小学生。根据事先安排，一个或两个孩子住到一户人家。友好家庭的家长接上我们，热情地张开双臂，用缓慢的速度说英语、加上丰富的肢体语言，传达出他们接待我们的那份热情和真诚。我们开心地坐上美国父母的车，带着强烈的好奇，走进美国家庭，从吃、喝、住、玩等方面亲自体验独特的美国文化。

今天是 9 月 29 日，8 点钟，随团老师早早在校门口迎接我们，我是第一个来到学校。随后陆陆续续地来了一个个新的家庭——美国爸爸妈妈带着中国子女来到校门口。这些美国家长带着中国孩子，笑容满面，似乎一个晚上就成了一家人。我们一见面，就兴奋地向同学介绍起美国家庭生活：他们享受到了美国家庭的高规格待遇——晚餐是美国家长亲手做的比萨、印度的手抓饭、来自上海的华裔特地做的中国菜等，言辞之间，"家"味很足！正赶上今天是北京时间的中秋节，我们与美国家长一起过了一个特别的中秋节！皓月当空，不禁让人吟诵："但愿人长久，千里共婵娟"！

美国圣拉蒙市市长接待育才师生（游学日记）

在友好学校校长的引见下我们参观了圣拉蒙市政厅。令人出乎意料的是，市长居然亲自接待了我们 34 位师生。市长带领我们参观了整个办公楼，在一幅大大的城市地图旁向我们介绍了圣拉蒙市的地理位置、人口、文化、经济等。在市长那个小而精致的办公室里，我们首先感受到的是浓浓的文化气息。市长在他办公室里问的第一个问题就是："你们认为教育重要吗？"当得到肯定答案后，他向我们展示了他所陈列阅读的大量书籍，鼓励孩子们多阅读。随后市长向我们展示了中国朋友送给他的中国剪纸、中国绿茶等，再次表达对中国人民的友好。

最让同学们兴奋的是，市长带我们去了整个圣拉蒙市商讨和作出重大决议的地方。市长向我们介绍了这个会议室的作用，也向我们介绍了在美国，总统候选和国家管理是有政党之分的，如共和党和民主党四年一次的总统竞选，但是地方管理是没有政党之分的，共同管理整个城市。市长还非常热情地邀请我们坐到主席台的五个表决席位，让我们体验那份作出全市重大表决的神圣感觉。最后市长还耐心地询问同学有什么问题，对圣拉蒙印象最深刻的是什么。在市长的鼓励下，同学尝试着用英语和市长交流。近距离接触一个城市的市长，让我们感受到的是那份谦卑，亲和，那种服务民众，大众第一的观念。全程只有他一个人为我们带队参观，为我们介绍，还一一回答同学们提出的问题。

带着对圣拉蒙市市长的崇敬，我们参观了警察局。让我们印象最深的是，这里简直是整个城市的心脏。这里有全市的监控系统，还有全市所有管道和线路的控制系统。比如全市的照明系统、煤气管道系统等，哪里出问题就立即排除问题。在我们参观的过程中，已经有很多警察接受到命令出警赶赴现场。碰到几个刚刚接受到任务即将出警的警察，他们向我们热情招呼并留下了珍贵的合影。离开警察局，游学团的每位同学都收到一份小礼物——一枚纪念徽章。带着这份友好，我们告别了美丽的圣拉蒙市。

图22　美国加州圣拉蒙市　市长接待杭州育才师生

与美国有来有往是我与美国学校结对的初衷，也是结对的前提。于是，经过一年多时间的努力，终于迎来了第一批28位美国孩子入校入家生活与学习。请看发生在洪锦成与美国孩子之间的故事，故事中告诉我们他的收获。

（一）今天对于我来说是一个十分有意义和激动的日子。因为今天有美国同学来到我们家。

一到下午，我便早早地来到学校的北门，迎接美国同学。虽然在照片上见过他们，可还是控制不住我那激动的心情。当汽车缓缓驶入校园，美国同学下车时，我便迫不及待地跑上前去和他们打招呼，他们一个是白人Kaylum，长得帅气；一个是黑人Antoine，是一个风趣的男孩。拿好行李后，我便将他们带回了家。

在家里，我向他们逐一介绍了家里的布局，也了解了一下我们家的作息时间，以便能让他们更好地休息。

第二天一大早，我起了床，开始洗漱。之后，我看见妈妈走进我的房间，对他们说："早上好，昨晚睡得好吗？"只见Antoine耸耸肩说："有点冷。"我想："这样的天，我们盖一床就够了，他盖两床还觉得冷，不会吧！"正想着，只见妈妈去整理床铺了，他们两个牙也不刷，穿着睡衣坐在餐桌前。我见了想：牙也不刷就吃早饭，多脏呀！还穿着睡衣，不怕冷吗？不问不知道，一问吓一跳，原来美国很热，早上起来穿着睡衣都热，而且他们是先吃早饭再刷牙的。就在这时，妈妈对我说："我知道他为什么会感到冷了，他把厚的那床拿来垫，薄的那床才拿来盖。"我听了，恍然大悟。又过了一会儿，妈妈将具有中国特色的早点——油条，烧饼，豆浆搬了上来，它们都热腾腾的。可是他们吃了，却说："Oh, my god! It's so hot!"原来美国很热，早上就吃冷的了。看来，中国人和美国人还是有差别的。

（二）今天是接待美国同学的第二天，我们想让他们了解一下杭州的历史，于是选择了宋城作为游玩的地点。

到了下午，我们便出发了。在路上，我拿着宣传单，向 Kaylum 和 Antoine 介绍宋城的"水浒游戏"，他们很感兴趣，于是我们就到了游乐场。刚到那里，映入眼帘的是"入云龙"。我想：这东西那么高，坐上去还不吓死？而且这么快，玩的是心跳啊！我还是算了吧。可 Kaylum 却说："Can I play this?""Yes!"爸爸回答道。虽然我很害怕，但 Kaylum 那激动的心情还是感染了我，我又觉得：要是不去会让他们觉得我很胆小，再说了，才一会儿，就像小沈阳说的："眼睛一闭一睁，一天过去了。"就在我为难时，Antoine 帮了我一把，我决定试一试。

"叮叮叮……"游戏开始了，我闭上眼睛，准备好好"享受"。可 Kaylum 还是一副很轻松的样子，和 Antoine 谈天。忽然，我感到耳边的风不停地吹，又一阵风，我吓死了，后悔当时选择乘坐了。就这样折腾了几番，忽然，机器停住了，我以为结束了，睁眼一看，哎呀，我们停在最上边呢！这时，Kaylum 竟对我说："Are you ok?"这时，我已语无伦次："Yes，oh，no，no，no，no，no!"突然，机器"嗖"的一声下来了，又"嗖"的一声上去了，又反复了几次，终于降落了。这时，我已经脸色苍白了，可他们却说："Again，again!"整个游乐场越是刺激的他们越是要玩几遍，直到结束。

这次去宋城玩，使我能多用一个词形容他们，那就是"具有冒险精神"！

（三）考虑到昨天以"动"为主，今天我们就要以"静"为主，我们都希望他们能够自己动手做一件作品，所以决定去南宋官窑博物馆做陶艺。

到了陶艺馆，有各种各样的陶艺做法，我们选择了体验"拉胚"的活动。先来看做"拉胚"的机器，这是一个大圆形，按动开关会转动，右侧有个像脚踏板一样的东西，这是变速器。

这时，工作人员拿了三团陶泥出来，教我们怎么制作，一位热心的叔叔过来翻译。工作人员一边说一边演示给我们看，演示完了，形状就出来了，工作人员帮我和美国同学都做了样子，我希望自己做事有始有终。于是重新做了一遍，而 Antoine 做的扁扁的，再一层层搭起来，既像蛋糕，又像喷水池。Kaylum 做得不大好，他的陶艺作品一边大，一边小，转到后来全部塌掉了。

我一边玩，一边想该做个什么，可还是想不出。爸爸对我说，"成儿，你做个酒壶，将来给我拿来放酒。"于是我做了起来。

Antoine 又重新做一个，Kaylum 继续坚持做，可是好像还不行，工作人员想帮他做，可他坚持说：No，no，no，thanks．工作人员只好口头指导，终于他的碗做好了。

今天我又发现了 Kaylum 的一个优点，那就是坚持自己的事情自己做，自己做的一定是最好的。

第三节　爱满天下的孩子最感恩——做永远的中国人

"爱满天下"是陶行知先生一生奉行的格言，也是我毕生要追求的教育真谛。"捧着一颗心来，不带半根草去"，陶先生把毕生的精力奉献给教育事业。他的情至真，爱至深，是我们做人的典范。爱学生是教师人格的灵魂，爱心是教育教学活动的基础，没有爱心便没有教育教学活动。作为教师，我很自豪在人生的道路上能用自己无尽的爱为孩子们的世界添抹一簇缤纷。实践证明，师爱能营造出和谐、温馨、亲切的师生关系。在这种师生关系中，学生不仅乐学，而且个性会得到充分发展，形成积极向上的精神状态。

在育才我们以"爱满天下"的精神、宽容的心理去对待那些幼小的还未成熟的心灵，在孩子们成长道路上，多份宽容，理解并教育他们，使他们按照正常的轨道发展。我们以"爱满天下"的价值取向，引领孩子知恩报恩，"爱满天下"。这个"天下"首先指一个人的心胸，一个人的思想，这是"我"的小天下。因为"我"有了这样想法，成为爱的化身，所以"我"走到哪里，"我"走过的空间，就是一个大的天下。育才人的"爱满天下"无限地蔓延，成为育才的一种常态，一种传统，这样育才"爱满天下"就有生命力了。

我在第三章分析育才教育集团特殊性的时候，特别强调了育才是一所流动人口子女学校。陶行知满腔热情地到农村去当乡村教师的那段经历以及提倡平民教育的教育思想，深深地感染了我，教育了我。如今大量的民工流入城市，建设城市，他们的子女也随迁来到杭州，选择育才教育，我想让孩子们享受优质教育，我们责无旁贷。

一、爱心基金

"一个孩子，一颗心，一份梦想，一种声音。"然而，我们想要成就这一切，不都得先让心安个家吗？就像一颗种子得找到适合它的土壤，才能生根发芽，茁壮成长。那么，我们得给孩子们什么样的教育环境，才能让孩子们沐浴阳光雨露，茁壮成长呢？

记得 2006 年的 6 月 1 日，育才第二实验学校有位叫俞俊英（小名英子）的学生在儿童节当天收到病危通知书：她得了白血病。她家境贫困，爸爸妈妈在农贸市场摆摊，靠卖蔬菜来维持整个家庭的生计，俞俊英是姐姐，家里还有个弟弟。

当天晚上正是我们集团集中教师培训之时，我获得信息后立刻发动老师捐款。第二天，我们就把两万多块钱送到医院。第三天，同班同学就自发在街道社区等为俞俊英募捐，这件事也让我非常感动。后来集团下属的第一实验学校家委会知道此事后也是自发开始捐款，家长也非常慷慨，募捐了好几万送到医院。这两件事被新闻媒体报道之后，全西湖区中小学都自发地在我们学校举行捐款仪式，不到半个月，就为英子捐了 65 万多元人民币，专门为她建立爱心基金账户，给英子治疗白血病，终于把她从死亡线上抢救过来。世间涌动着爱，其实我们人与人之间，向善之心互相激发产生的能量是巨大的。

为了表达我们对社会的感激之情，我们以拯救俞俊英生命故事为内容创作了一首诗，充分说明"爱满天下"产生的巨大能量。以下是 2009 年 6 月 20 日在浙江省人民大会堂由五年级学生、家长、教师组成的 100 多位演员演出的《家安杭州　爱在西湖》剧本片断：（音乐起，育才师生）

……

老生 A：今天，大家约好一起回母校，看看熟悉的校园，看望敬爱的老师……

班长，我来了！我来了！我们也来了。

老生 A：哦，大家都来了！哈哈哈。

老生 D：你们快看，英子姐姐的照片！

老生 D：还记得 2006 年 6 月 1 日吗？

老师、学生、家长：记得，我们永远记得。

老生 D：英子姐姐收到"六一"的礼物却是一张可怕的病危通知书。

老师、学生、家长：急性淋巴细胞白血病。

老生 D：治疗英子姐姐的病至少要 60 万元！她的生命才刚刚开始，我们该怎么办？

老生 ABCDE：怎么办？

老师、学生、家长：怎么办？

老生 ABCDE：怎么办？

全体老师：同学们，让我们一起行动起来，用爱心点亮希望之灯！

老师独：6 月 2 日，学校将第一笔教师捐款连夜送到医院。

全体老师：6 月 5 日，学校又将第二笔捐款送到了病床。

全体学生：6 月 7 日，西湖区教育局所有工作人员为英子捐款，并向全区各中小学、幼儿园发出倡议。

6 月 15 日，西湖区所有中小学、幼儿园的代表聚集一起，举行了为英子同学爱心捐款活动。

老师独：一分、一角、一元……"爱心"在短短半月汇聚成一个数字——

全体成员：651607.99 元。

学生、老师：是你，是我，是他，是大家博爱的心灵。

爱心中奔腾着我们共同的温度，流淌着我们对生命共同的祝福。

学生 D：犹如茫茫戈壁深处的一泓清泉，以一颗颗爱心汇聚起的琼浆，将那脆弱的生命呵护。

全体学生：不是亲情，却比亲情还要温暖/不是友情，却比友情还要宽广/西湖人吟唱着人世间，最美好最美妙的生命之歌，让英子暗淡的生命重新迸发出灿烂的光芒。（停顿）

全体学生：这片片深情，这丝丝温暖，怎能不让我们激动，怎能不让我们自豪！

老生 A：我们心怀感恩。

全体学生：感谢父母，赐予我生命，给我关爱和牵挂/感谢老师，赐予我知识，给我阳光和雨露/感谢同学，赐予我快乐，给我帮助和友爱/感谢社会，赐予我成长，给我勇气和挑战。

家长：感谢学校，像母亲一样为每一位孩子的幸福人生奠基，付出一切/感谢西湖区，教育强区打造品质教育/感谢社会，你们的关爱春风化雨暖人心/把孩子放在西湖区，我们放心/把孩子放在育才，我们满意！……

二、爱心贸易节

既然把育才的价值取向定位为爱满天下，那么我们怎么将它渗透到日常的教育活动当中，怎么来让孩子参与到爱的体悟当中来呢？于是我们有了"爱心贸易节"。贸易节上孩子把自己玩过还可以再玩的玩具拿来交换，交换时需要用人民币做中介。再把各个班通过这个贸易节活动所产生的经费汇总，贸易节收入近万元。贸易节就是献爱心活动，从第一届贸易节开始，以大队部的名义我们一直资助四川的三位孩子从三年级到六年级的学习生活费用。他们毕业之后，我们就将经费存入爱心基金账户。

2012 年 5 月 31 日，本届爱心贸易节的主题为"爱心反哺　情满心田"，我们为一位白血病患者筹集善款。当天现场真的就像是一个爱心的海洋。低年级的同学制作的爱心书签在义卖，一（1）班的同学还打出了"爱心接力，义卖一加一"的口号；现场来到我们捐款箱捐款的同学也源源不断。当时我采访了四（1）班的傅宇童同学，她手拿着一百零二元，她觉得捐款给晓羽姐姐是她贸易节中最重要的任务。一（5）班方一涵同学捐出了自己所有的零花钱五百元……当天我们师生就捐出了六万两千四百三十六元七角。大队辅导员管静记录了当时的情况：

> 当天下午，我们随同本届美德阳光十佳少年的爱心少年汤子宁同学一起，带着我们当天为身患白血病的王晓羽姐姐沉甸甸的捐款来到浙一医院，同行的还有我们特邀代表"英子姐姐"。
>
> 在医院，我们看到了面色苍白的晓羽姐姐，因为化疗头发也掉光了，有气无力地蜷曲在病床的一角。我们把爱心捐款给了晓羽姐姐的妈妈，同时我也将我们亲手制作的卡通绘本递给了晓羽姐姐，每个卡通人物里贴着我们大家为晓羽姐姐写的祝福。当她看完时，开心地笑了，我们仿佛看到了她对生命的坚持和留恋。那位曾经在我们学校读书的英子姐姐也和晓羽姐姐谈心，谈着谈着英子姐姐的眼泪早已落下，因为她深知作为一名白血病患者所要忍受的痛苦是常人所无法忍受的。当英子姐姐面对今天的晓羽姐姐时，怎能不感动，怎能不震撼呢？我们多么希望用尽我们的力量，挽救晓羽姐姐，让她感受到这个社会的温暖，人间的真情。
>
> 相信通过这件事情，每位同学都和我一样，除了感动之外，也会感受到自己的爱心力量！只要我们手拉手，就能把我们的爱心奉献给需要帮助的人。

三、爱心回收站

要将爱满天下扎根在孩子的心里仅仅做这些还不够，还要走向社会，像蒋美仙老师那样从一年级起就组织孩子去养老院，长期看望孤寡老人，开展敬老活动。一届一届像接力棒一样传递下去，不间断，每年坚持做，而不是到了学雷锋日让一个老人一天洗 70 次脚。这是中国式的献爱心，不值得提倡，媒体也不应该报道。包括救灾捐款，应该也是常态的。我在美国考察的时候，看到结对的加州奥蒙德小学门口有两个很大的桶，甚是好奇，走过去一看，桶里全是当天家长捐赠的衣服等生活用品，甚至是食品。这个桶就是为平时家长捐衣捐物而设置的，每天有专门机构来回收。等待什么地方发生地震了，什么地方发生火灾了，不是临时轰轰烈烈发动捐赠，而是把日常回收的物品有组织有秩序地，源源不断地送往灾区。我想，要把这种爱满天下的意识，理念或者爱的能力，爱的方式常态化，让孩子们能够去关注一些爱的表达方式。比如说在平常，每周或者每半个月必定有人会想到老人，会去陪他们聊天，或汇报社会上发生的事，成为孩子生活中的一个组成部分，那才是真正践行育才"爱满天下"的价值观。

为了建立"爱满天下"的长效机制，我们建立了"衣＋衣＝爱（衣服＋衣服等于爱）"旧衣回收志愿者服务站和雏鹰飞飞回收公司。这件事情也是和学校家长义工志愿者合作，共同表达爱的一种渠道。孩子们在家长的帮助下将穿不着了或者是穿了几次不穿的半新衣服全部回收，再洗烫，整理，打包，满满几车，承载着育才孩子们浓浓的爱意，将它们送往偏远山区。每年每月经常不断地回收衣服，赠送衣服，在这个回收过程中，孩子们一定能想象得到：与他们同龄大的孩子穿上温暖漂亮的衣服，一定能感悟得到他们的爱衣所传递的爱意。

学校大队部接连不断地做"慈善"事情，包括赠送字典活动，请贵州支教的浙大学生来学校讲述我们赠送过去的字典在那里发挥作用的故事。孩子的价值，孩子的爱已经传播到那里去了，这是力所能及的。我认为孩子用自己的零花钱买字典送到贵州同龄人手里，和一个企业家捐了几千万元是同等的社会价值，同等的爱心表达，也是同等的生活感受。

四、最美女孩

故事发生在 2010 年 7 月 6 日，新闻媒体连续的采访报道，见证了育才爱的教育与家庭责任教育的成效，这样富有爱心的流动人口子女在育才不止一个，而是一群……我这里讲述一个杭城最早产生的"最美女孩"。

美丽的撑伞女孩，你是谁

雨中，一位骑车女子突然跌倒在地昏迷不醒。一位带着女儿的父亲看到后，马上拨打 120 求救，而他的女儿则撑着伞，蹲在这位女子的身旁，为其挡雨，直到救护车来。

本报好摄之友"傲骨柔肠"当时刚好经过，他用手中的相机拍下了这令人感动的瞬间。

昨天,"傲骨柔肠"将照片发在了钱报网络版"好摄之友"论坛,随即引发了网友热转。

女孩为昏迷女子撑伞 10 多分钟

事情发生在 7 月 4 日下午 3 点 50 分。"傲骨柔肠"当时刚好经过保傲路。"事情发生得很突然,我到的时候,骑车的女子已经倒在地上了。"以下为"傲骨柔肠"的回忆:那个小女孩,大概十来岁的样子,身上穿的大概是校服,正撑着伞,为躺在地上不省人事的女子挡雨,一边还不时焦急地张望着,小女孩说她爸爸已给 120 打了电话。

救护车来了,医生经简单检查,用担架将病人抬上车并送至杭州市中医院抢救。附近的人把女子的自行车推到旁边保管了起来。这对父女的做法让"傲骨柔肠"很感动,尤其是那个小姑娘,一直为倒地女子打着伞,前后有 10 来分钟。救护车来了后,这对父女就走了。

网友:我被这纯净的眼神感动

"傲骨柔肠"的照片上传后,在本报网络版和钱报微博上引起了网友的很大关注。正如网友"古韵龙井"所言,大家都"被这小女孩纯净的眼神所打动",也都很想知道,她到底是谁。网友"Leopard"觉得小女孩的做法触及了很多人的心灵:小女孩单纯而善良,她没有顾及那么多,这种单纯和善良在今天已经成为稀缺资源。

试问当今社会,在遇到类似情况的时候,还有多少人抱有这份善良和单纯?一个又一个"彭宇案"告诉我们,当你伸出援助之手的时候,有可能给自己带来大麻烦。所以,小女孩单纯的眼神,仿佛夜空下的萤火虫,美丽而闪亮,尽管微小,但带给人们以希望。

有谁认识这个小女孩,请告诉我们。

昨天,记者从市中医院了解到,晕倒的女子名叫白珍珍,18 岁,平阳人,她被送至医院急诊,经过救治后,已无大碍,当天下午 5 点多就被朋友接走了。

遗憾的是,那对悄悄离开的父女,我们多方联系,也未能找到他们。

如果你认识照片中这位善良的小女孩,请拨打 96068 热线告诉我们。

平时很爱笑,比照片还漂亮　2010.7.7　本报记者朱韶蓁

这间狭小的阁楼,既是食品店的仓库,也是小婉婷曾经睡觉的地方。

曹婉婷欢快地蹦入我们的视线中,一身红衣,笑声朗朗。

昨天的《钱江晚报》已经买了,放在桌上。她有些不好意思地说:"没想到那位戴帽子的爷爷把我拍了进去,还登报了,其实这事真没什么大不了的呢。"

在雨中帮昏倒的陌生姐姐撑伞的女孩(详见本报昨日 A4 版),在照片中用

清澈的眼神感动无数网友的女孩，正是眼前这个小个子的女生。

关于这个女孩的简单信息或许可以这样介绍：

曹婉婷，11岁，杭州市育才教育集团第二实验学校六(4)班的学生，今年刚小学毕业，开学就要读十三中教育集团丰潭中学。

关于这个女孩的更多故事，也许需要我们花更多的时间来了解。

曹婉婷四年前从江西上饶来到杭州读书。她的父母已经在杭十多年了，打过很多份工，后来在保俶路上开了家小食品店，叫"临湖开心速食站"，兼租自行车。

曹婉婷说，那天下午，她和爸爸从店里去丰潭中学看入学测验的考场，没走几分钟，就看到那个大姐姐躺在地上了，可是"周围经过了好几个大人，看了她一眼就走开了"。"爸爸打了110、120，还叫我给这个大姐姐打伞。我想她刚才在骑车一定很热，现在又躺在地上被雨淋，一会热一会冷，很容易发烧生病，所以我就不敢离开，一直给她撑着伞，直到救护车来。"

让曹婉婷有点不满意的是，她觉得报纸上的这张照片把她拍得好严肃，平时她很爱笑的，比照片还漂亮！

更让曹婉婷耿耿于怀的是大人们的表现，当时来来去去这么多大人，大多都在旁围观，有的居然还说：快让让，快让让，别堵着路了！

"我那个时候其实在瞪着他们呢，所以才这么严肃。我不知道他们为什么要这么说，好像都不会关心别人，要么是真的有急事，要么是对这样的事情熟视无睹、司空见惯了？"说到这里，她特别用了两个成语。

曹婉婷也批评了爸爸："我觉得爸爸有一点做得不对，他应该先打120，再打110，救人比报警重要多了！"……

一次对"美"的寻找

寻找和采访曹婉婷的过程，我都被一种温暖的情绪充盈着。这种感觉，在平时采访的热线新闻中并不常见，因为我们平时接到的很多热线都是突发的车祸或火灾。作为记录现场的我们，常常因此目睹别人的不幸。但这一次，我们和昨天通过96068热线给我们提供线索的许多人一样，一直都在期待美好。寻找"撑伞女孩"的过程，就是期待美好的过程……

（朱韶蓁　徐尤佳）

杭州最美妈妈吴菊萍，最美司机吴斌，最美警察……而最早在《钱江晚报》上出现的最美女孩曹婉婷就是育才的孩子。我想，这就是育才践行陶行知"爱满天下""教育为公""生活即教育"教育思想产生的教育影响力；这就是育才坚持"育才美德少年"引领与评选产生的教育感召力。我们设立了"爱心、诚信、孝敬、勤俭、自强、好学、才艺、运动、环保、创新"十个项目美德少年"奖学金"的引领与评选。当年杭州市第八届"美德少年"评选活动，通过层层封闭式实践考察，集团第二实验学校的周沁媛同学脱颖而出，成为市"美德十佳少年"，杭州市仅此十名。但是我们的教育本意不是评选结果，而是过程的一种感动、一种收获、一种成长、一种幸福的体验。

第四节　浸润书香的孩子最智慧
——让阅读像呼吸一样自然

每个孩子都是失去翅膀、落入凡间的天使。阅读，将让书成为心灵的双翼，让孩子重新变成我们身边真正的天使①。

——朱永新

我要我的孩子爱上阅读。阅读不是一门科目，它是生活的基石，是所有和世界接轨的人们乐此不疲的一项活动。要让在现今这个世界长大的孩子相信这是事实往往是极为困难的，但并非不可能。从重要性来衡量，学校这样的努力是值得的。

要让孩子在长大后成为与众不同的人——能考虑他人的观点、心胸开阔、拥有和他人讨论伟大想法的能力——热爱阅读是一个必要的基础。乐于阅读的孩子能和身旁的世界产生联系，最后具备超越现阶段想象范围的思考能力。他们会在角色、情境和自我之间建立联系，并且把它当作决定时的参考。

我相信：热爱阅读的孩子将拥有更美好的人生。

于是 2005 年 12 月 28 日育才隆重举行十周年校庆之前，我提出了在学校开展"经典诵读"工程。坚持了整整 8 年之久，幸福阅读，让阅读成为孩子的一种享受，让阅读像呼吸一样自然，已经不是一种期盼和未来的状态，而是一种实实在在的当下幸福。

一、经典诵读

为什么选择经典诵读，这与我小时候的经历有关。第一章《我的幸福成长故事》中其实已经涉及一点。小时候我在农村长大，没有书看，也没有电视看。只有几本薄薄的教科书，教科书上几篇极短极短的文章，反反复复，背得滚瓜烂熟。课文尽管已经倒背如流，但还是百看不厌。记得小学五年级的时候，一次偶然的机会，从爸爸的手中获得了一本《少年文艺》，我如获至宝，

---

① 朱永新．阅读，让孩子成为天使——《中国幼儿基础阅读书目导赏手册》代序．http://blog. people. com. cn/open/articleFine. do？articleId＝1338091617370&sT＝7,2012-05-02

图 23　"经典诵读"表演

坐在大门的门槛上，如饥似渴地阅读起来。从来没有看过这样引人入胜的故事，我被故事中的情节、人物、语言深深打动……从此以后，一发而不可收，非得让爸爸订阅《少年文艺》这本杂志，每天每月就期盼着《少年文艺》，在期盼中我享受幸福，在阅读中我享受幸福，在回味中我享受幸福。

　　后来升入初中读书，我初中读书的学校是青溪中学（现为千岛湖初级中学），需要步行五公里以上的路程。在步行的过程中，我会不自觉地回味阅读的内容，享受阅读后的一种天马行空的感觉。

　　记得"文化大革命"期间，在全国掀起"大鸣大放大字报"运动。我记得在我村的大礼堂墙上图文并茂地批判《二十四孝》《女儿经》的内容，还有《增广贤文》等内容，大肆批判。我爸爸不知道从哪里弄来了这些内容，不经意地放在家里，被我发现了，就偷偷地读了起来。当时，不太理解其意，只是喜欢读，不知不觉也就能背诵下了。其中的"女儿经，仔细听，早早起，出闺门，烧茶汤，敬双亲，勤梳洗，爱干净，……出嫁后，公姑敬，丈夫穷，莫生瞋，夫子贵，莫骄矜，出仕日，劝清政，……有儿女，不可轻，抚育大，继宗承，或耕耘，教勤谨，或读书……"影响了我一辈子，使我终身受益。

　　后来走上教育工作岗位，并实践着学校管理，渐渐地了解了阅读流的理论。此理论研究表明，儿童经过 30 分钟或 5～15 分钟的诵读后，情绪会明显稳定下来。诵读古诗文经典时，孩子耳朵听，嘴里放松跟着念，这种直觉的学习方法，能让大脑的压力得到舒解，身心达到安定和平衡，智力潜能得到开发，学习能力自然变好。而且让学生反复训练诵读一篇文章，能训练小朋友的注意力，提高识字率，尤其对于低段学生的效果更为明显。

儿童及青少年涉世不深，阅历也浅，还没有形成固定的人生观，识别能力不强，抗诱惑能力也较弱，易受一些言行和社会时尚的感染。但同时接受能力特别强，可塑性大。提供什么榜样或展示什么样的榜样对青少年成长十分重要。学生有比较充裕的课余阅读时间，如何利用阅读活动，对学生的人生观产生影响，从而为学生未来的幸福人生奠定良好的基础就显得非常重要，而传统文化经典及零碎间断的名人名言正是引领学生道德发展的一种重要而有效的手段。系统地诵读中国传统文化经典如《弟子规》《三字经》《大学》《中庸》《论语》《孟子》《老子》等这些含有至深圆满的修身、处事、治国之哲学智慧的经典著作，在孩子的心灵种下种子，收获价值观和知识的积累，让学生终身受益。就比如："君子务本，本立而道生，孝悌也者，其为人之本与!"（《论语》)意思是在日常生活中，孝顺父母、友爱兄弟姐妹，是做人的根本，百行以孝为先，没有这个作为"根"，就没有成就事业的"果"。一切事情也不会心想事成。因为假如违背了这个"道"，当然方向会错，目标也会走偏。试想想一个对自己父母不好的人，一个心术不正的人，他能为社会作出怎样的贡献呢？而这样的话语在《论语》中通篇累牍，试想学生诵读了论语后，怎么会不受到中国传统道德文化的影响呢？

我们育才的孩子读了经典之后都会有所感悟，鲍迪尔老师带的六（2）班就是经典诵读工程启动以来的受益者。请欣赏孩子们简单但可贵的体会：

> 六年时间匆匆流去，我已经在班主任老师的带领下，诵读了六年的经典名著，有《论语》《增广贤文》《弟子规》《千字文》《百家姓》《三字经》……其中，许多名句至今还在我耳边回荡：《论语》中的"知之为知之，不知为不知，是知也"；《增广贤文》中的"一寸光阴一寸金，寸金难买寸光阴"；《弟子规》中的"弟子规，圣人训；手小题，次谨信"……这些知识就像肥料一样给我们这些祖国的花朵补充营养，感谢班主任老师给我们补充课外知识，真是要"滴水之恩，涌泉相报"啊！

> ——六（2）班储天轶

踏踏实实地开展国学经典诵读，育才的师生们在经典的浸润下，必将"习得一身书卷气，修得一颗高尚心"。孩子们通过经典诵读，懂得了感恩，提高了生存能力，完善了学习方法，这就是经典诵读的价值。

2009 年 12 月 30 日是首届杭州市五城区小学生国学启蒙比赛举办的日子，我们育才第一实验六年级的 3 位同学代表学校、代表西湖区参加了本次五城区国学知识大赛。在杭州电视台的演播室里，我们三位同学充分展示了自己丰富的国学知识，在经过必答题、抢答题、挑战题三关后，力压其他 4 所学校，以大比分领先，取得了"国学小状元"的称号。31 日我们三位同学荣幸参加了西湖孔庙、西湖国学馆的落成开馆仪式。在这个仪式上，我们这三位小状元，拿到了代表冠军的奖杯。这是对我们学校这么多年来坚持经典诵读的充分肯定。

二、儿童阅读

朱永新教授说过，一个人的阅读史就是一个人的精神发育史。而童年的阅读对于一个人的完美人格形成又起着非常重要的作用。儿童文学对于一个孩子来说，意味着成长的伴侣，意味着心灵的雨露，意味着精神的家园，意味着美的存在，意味着笑的源泉，意味着第二个生命。

儿童阅读是 2010 年 8 月在经典诵读基础之上提出的。当时我在思考，如何将经典诵读、儿童阅读、阅读教学与德育更有机紧密地结合起来，更有效地呈现出来。我们校级领导决策层又开始了热烈地讨论。基于育才教育集团一所学校是寄宿制，一所学校是流动人口子女学校（流动人口家庭藏书量极少，更没有阅读习惯与环境），孩子的阅读时间、阅读指导、阅读反馈均在学校完成。如果再不高度重视儿童阅读的质量，将会直接影响语文教学质量以及综合素质。怎么办？我们要承担起特殊学校的特殊教育任务。于是，"提前阅读，大量阅读"的思路基本形成。但是怎样才能有效阅读，甚至高效阅读？我又与科研室商量，是否可以设计关于儿童阅读方面的课题，以课题引领，进行深入研究。经过多方论证，我们申报了《全语言儿童阅读教育的实践研究》，获得省级立项。

为了研究课题，我们在《中国大百科全书·教育篇》里查阅了阅读的定义：阅读是一种从印刷的或书写的语言符号中获得意义的心理过程。《阅读学》中是这样解释的：阅读就是人们透过视觉器官接收符号所标记的意义的过程，这一过程的目的就是交流思想、沟通情况等。

我们研究儿童阅读包括三个维度：谁读，读什么，怎么读。

谁读。当然是儿童阅读，但是不仅仅是儿童自己读，而应该是在成人指导和陪伴下的阅读，指导是指我们成年人有义务帮助孩子们去挑选、甄别，把好书展现在孩子们面前，陪伴是指我们父母和孩子们一起沉浸在阅读的世界里，你会发现，在陪孩子阅读的过程中，整个世界在你眼中也变得不一样了。

读什么。在我们的传统观念里，儿童阅读和成人阅读并没有什么太大的区别，只不过是浅显一些，图画多一些等。我们研究的儿童阅读是有别于我们传统意义上的儿童阅读的，我们提倡孩子们读属于孩子们自己的书，真正为他们而写的，专门写给青少年的书，我们就把它叫做童书，它们是儿童自己的书。合乎年纪，合乎趣味，快活地笑或是严肃地思考，都是立在敬重儿童生命的角度，不假冒天真，也不故意深刻。它们是长大的人一生忘记不了的书，长大以后，他们才知道，原来这样的书，这些书里的故事和美妙，在长大之后读的文学书里再难遇见，只有读过了，才没有遗憾。

怎么读。儿童阅读的方式就各种各样了。我们研究的儿童阅读是通过课堂阅读策略的转变，提高课堂阅读的效能；通过阅读活动的设计，拓宽儿童阅读的内涵；创设儿童阅读的氛围，提高学生的阅读修养；开展班级读书会等，在儿童的交流中提升阅读能力。

我们试图达到：让阅读像呼吸一样自然。当阅读成为一种生活习惯时，阅读其实已经成为享受幸福生活的组成部分。于是我们制定了《让阅读像呼吸一样自然——杭州市育才教育集团儿童阅读三年行动方案》。行动目标是打造"书香气学校，书卷气老师，书生气学生"的阅读天堂。行动策略，一是打造图书馆中的学校，营造良好师生读书氛围；二是拓展自由阅读时空，加强阅读指导与交流，每天的"三读"活动包括晨吟、暮读和晚诵。晨吟：晨读半小时；暮读：晚自修20分钟自由阅读；晚诵：睡前10分钟阅读。三是推行每周一诗，深化经典诵读工程。四是开展师生同读，促进阅读与教学相长。五是开展亲子阅读，建立家校读书互动机制。六是组织同伴共读，深化阅读延伸活动。七是开展班级读书会研究，加强儿童阅读研究。每学期我们都向学生推荐读"引人注目"的书——用绘本开启孩子道德之门；读"国学经典"的书——让道德与生命共长；读优秀世界名著——让学生品质更优秀。读书节只是一个启动，一个号召。以下是语文教研组长的读书节感想："美好的一天，从阅读开始。"当徐徐清风拂过茵茵绿草，大地充满了生机和活力。伴随着春天的脚步，在阳光明媚、花香草绿的季节，美丽的校园中升腾起一股清新的书香气。一年一度的读书节又开幕了。

从2010年7月开始，我校启动了班级读书会研究，举办全国儿童阅读读书会，将儿童阅读教育引向深入。

我们鼓励孩子阅读，同时也鼓励每个班级尽可能开展读书会交流读书心得。六年级某个班级围绕《爱心树》开展聊书会，孩子们把当天的场景记录了下来，多年后，孩子们翻看自己的日记，回想起自己小学时候的聊书会，那是多么幸福的一件事！

"今天我一进教室就大吃一惊，因为我找不到自己的座位了。大伙儿把四张课桌凑在一起，分成六个小组，每组8个人。老师挥手示意我找地方坐，我瞅准一个空位，一屁股坐下来。这时，我才发现黑板上写着三个彩色的大字——聊书会。顿时我明白了这座位的用意，不由得期盼起来。"

"这聊书会么，顾名思义就是拿出一本书来，大家一起来聊一聊。这可是陈妍老师用语文课挤出来的宝贵时间哪，这让大家都有了畅所欲言的空间。这主角么，自然是我们班最近狂热追捧的《轮子上的麦小麦》。这本书我们大家都早早看完了，看着看着，仿佛自己也融入书中，成为书中一个不知名的角色，什么麦小麦、麦小叶，什么麦丰、罗刚……所有的名字都萦绕在我们身边，一时间，我们都沉浸在那古朴的枫叶镇，沉浸在那复杂的家庭关系之中。第一节课的铃声像小鸟般飞进了教室，这才把我的心拉了回来。"

"我觉得这本书里的事情不一定会发生，但是总会遇到类似的故事。这本书就教我们遇到困难时，应该像麦小麦那样沉着、冷静地面对，而不是被这些事吓得不知所措。我真喜欢麦小麦，她活泼开朗，性格大方，和我还有几分相似之处呢！"

孩子们用他们特有的笔触，生动活泼地记录身边的每一件事，不仅内心的情绪得到了抒发，还能够积累一笔可贵的财富。

三、每周一诗

我自己曾经做过语文老师，当过两年的语文教研员，我理想中的语文教育是审美教育的一种，应该是教师和孩子一起品读、欣赏优秀的文学作品，互相交流，从而互相切磋，就像古代文人一样。但现在的语文教育变得没有生气，具有整齐划一的答案，毫无美感可言。

诗歌，是一服拯救语文教育的良药。诗歌不同于其他文学作品，诗歌简洁而内涵丰富。给人无限遐想的空间，对于培养孩子的创造力和想象力来说，是一个很好的载体。诗歌可以涵养人的品格，陶冶人的性情，能够在潜移默化中提高孩子的审美能力。我们不需要功利化的教育，我们要给孩子的是一个幸福的环境。诗歌是有生命的，与有生命的事物打交道是一件幸福的事。因为它有太多未知的空间等待孩子去探索和挖掘。

孔子说过"不学诗，无以言"。作为祖国未来的孩子，我们不要求他们一定会作诗，但也应该有欣赏诗的基本能力。我们每周都为孩子提供至少一首诗在大屏幕上或班级的电视屏幕上，让孩子在这一周内慢慢体味。孩子在这样的氛围中完全有可能激发创作的欲望，那么我们就为学生提供展现的舞台。学校根据学生的作品，编成一本学生童诗集——《幸福花开》。相信一看诗集名就能理解育才幸福教育的内涵。对！就是如此。学生把他们的幸福感受用童诗的形式表现出来，我们就把它们当做珍宝一样搜集起来。这些不仅是学生的成果，更是我们育才教师的财富。从以下的童诗题目就可以看出孩子们对育才有着深深的爱，对于幸福也有自己的理解和体验：《我上铺的小兄弟》（邬玄炜），《幸福的人》（汪哲鸿），《幸福是什么》（廖绮），《感恩是幸福的》（钱妍），《理解是幸福的》（李佳佳）。请欣赏童诗童谣选录：

图24　《幸福花开》诗集图

《育才是天堂》叶雨欣（指导老师：金苇）

中国的天堂在哪里/我骄傲地告诉你——就在我们杭州/杭州的天堂在哪里？/我自豪地告诉你——就在我们育才/它是一本日记，翻开它，盛开满眼的鲜花。那是我们亲手栽下/它是一首歌，倾听它，传来琅琅的读书声。那是我们共同吟唱/它是一个港湾，停靠它，摆放大大小小的鞋子。那是我们进入甜蜜的梦乡/它还是我的家，邀请你来我家做客，游游杭州新天堂！

《幸福的校园生活》金咏真（指导老师：章雪飞）

六点半，闹钟响，大家一起快起床//早锻炼，跳又跑，身体练得壮又棒//八点钟，把课上，勤思考，仔细想，举手发言你我抢，学习知识本领强//艺术节上歌声亮，运动会上喝彩响，英语晚会笑声爽，数学竞赛形式广//同学们，齐欢唱，幸福的生活同分享。

除此之外，学校基本每两年都会举办一次大型诗诵会，给孩子足够大的舞台来表现自己。如前所说2008年10月30日，为抓住改革开放三十周年契机，育才将爱国主义教育与中国传统文化教育、中国古诗词教育有机结合，在杭州剧院举行"纪念改革开放三十周年——中华行大型爱国主义诗诵会"活动。时隔不到一年，2009 年 6 月 20 日，学校又在浙江省人民大会堂隆重举行西湖区"西湖颂——希望之美"大型诗诵会活动。孩子们在经历过大型诗诵会后，都会有不同的感受。在仪式中，孩子们走进了一种心境，体验到一种真实的在场感，即完全投入到情境中，在其中意识到自己的身份，便产生了一种幸福感。

诗歌蕴含着"真""善""美"——这些世界上最美好的事物和情感，我们的教育是要把最美好的事物带给孩子。诗歌教育就是很好的方式。而适当合理的诗歌教育方式，不仅能够给孩子有幸福的体验，还能够令他们过上"有意义的生活"。

四、心灵日记

阅读是内化，而日记则是外化。孩子可以在日记里记些什么呢？当然有很多事情了。日记的类别也有很多，如朋友日记，记一些友情的日记；野营日记，让孩子记录下在外野营的美好时光；梦境日记，让孩子把日记本放在床头上，每天晚上记录下昨天晚上做的梦；电脑日记，如果孩子懂电脑，让他在磁盘上建立一本日记，每天晚上他就可以记录下白天所学的东西；外星日记，让孩子假装自己在外星球上，他的任务是寻找地球。每天晚上，他可以记录下自己当天对地球上事物的看法；自我意识日记，让孩子想想自己是谁，代表了什么，哪些价值对自己是重要的；创意性日记，最好的日记是感受、思想和想法的收集，鼓励孩子去收集他喜爱的歌曲或诗词、有趣的图画、善意的玩笑等。

日记是一种以小见大的方式。也许孩子脑海中会蹦出很多想法，但大部分都是不完整的，一旦用日记的方式把它记录下来，则有可能形成完整的思想。我们育才组织过孩子们养花养草，希望孩子在读书之余，热爱生活，关注自然。一个孩子在他的养花日记中写道：

"说到养花，我会情不自禁滔滔不绝。我已有多年的经验。养花可以说是乏味的，也可以说是有趣的。当你种下一棵种子，看着它的芽破土而出，你会兴奋不已，但是你总是疲于如工作、上学之类的劳事，会渐渐不去'理睬'那些花花草草，任其自生自灭。当然，有些花儿会开得灿烂夺目，有些则会悄无声息地离去，花儿的生命是顽强的，这点毋庸置疑。花儿奋斗过了，努力过了，就会开出胜利的'甜果'，这难道不是真理吗？我喜欢养花，这会让我臻于一种十分高的境界。"

　　这篇日记十分简单，甚至小作者可能思绪有点乱，但却写出了他的真实感受。他在写日记的时候似乎是非常自豪于自己养花的经验，并且自己在看到花儿成长的时候非常幸福，他也似乎从中悟出了一些做人的道理。

　　还有学生喜欢把阅读心得写进日记里。集团下属外国语学校二(6)学生的日记，在语文老师庞光辉老师的指导下，一本《小作家　大作家》的心灵集诞生了。当我手捧初稿时，我忍不住写下：孩子们，我静静地欣赏着你们饱含感情的日记，轻声地朗诵着你们真实纯朴的语言，我眼前仿佛出现了一位位"大作家"，其中一位大作家就是 2012 年获得诺贝尔文学奖的中国作家莫言，而你们就是未来的"莫言"。落款是"爱你们的校长奶奶"。

　　"闻着书香的孩子最幸福——让阅读像呼吸一样自然"，这是育才提出的阅读目标。我提出的幸福阅读，让阅读成为孩子的一种享受，还不仅仅在于眼前，我们还着眼于孩子的未来，是希望以细水长流的方式培养孩子的潜能，当一个孩子的头脑中记忆着众多的经典文字，这些文字和段落充满着前人的智慧，他在诵读和记忆的过程中又以他喜爱的方式整理过滤过，那么等到他需要的时候自然就能调动出来了。这样的有思想有内涵的孩子会写不出好文章吗？他对文字已经非常敏感了，你还担心他不爱阅读吗？他有远大志向了，还担心他成为不良少年吗？成语中的"胸有成竹"，古人所说的"腹有诗书气自华"，指的就是这个道理。

第五节　喜欢运动的孩子最阳光
——让运动成为一种生活方式

风对我耳语："运动使我这样的轻盈岁月！"
雨对我耳语："运动使我这样的淋漓尽致！"
雷对我耳语："运动使我这样的铿锵有力！"
电对我耳语："运动使我这样的亮丽透明！"[①]

一、你不要在岸边徘徊

　　美丽的千岛湖是生我养我的家乡，那里有山有水，从小我就在山里长大，在水边生活。记得在小学一年级的时候，父亲游泳时经常带我去玩水，慢慢

_____

① 胡爱玉."阳光体育"——学校体育新概念.北京：龙门书局，2008：1

的我也学会了游泳，但这可不容易呀！学习游泳是要有胆量的。

我看过许多游泳高手凌空展翅，在空中翻几个跟头，像孙悟空一样一头扎入水中，或在水中跳起舞蹈，做着各种优美的动作，像一条鱼在水中那样自如。那些优美的姿态时常浮现在我的眼前，令我羡慕不已，似乎游泳很容易，更激起我也想在小河里大显身手的信心。可当我第一次自信满满扎进水里时，却狼狈不堪——我一下水就沉下去，在水里使劲扑腾着，溅起很大的水花，把旁边的人都吓跑了！几次下来，不仅喝了好几大口水，而且这样扑腾了三四个小时，回家几乎虚脱，眼睛里面尽是红血丝，难受至极。这让我曾一度丧失学好游泳的信心。第二回，父亲见我又喝了不少河水，连忙说："不学了，不学了，女孩子不用学了。"说着递给我游泳圈，我没有要，我知道如果拿了游泳圈，就学不好游泳了。我想：我一定要坚持，失败乃成功之母！父亲见我有如此决心便在一旁不停为我加油鼓劲，并指导我如何憋气，如何换气！渐渐地，我的头越抬越高，最后可以浮出水面了，不再那么狼狈，游的速度越来越快，我高兴地从一头游到另一头。我喊着：我学会游泳了！向父亲做个鬼脸，共同享受这成长的喜悦。

炎热的夏日午后，避暑的最好方式是能够在家附近的泳池让自己凉爽一下。当然，孩子们必须会游泳才行。所以，不要让孩子们总是只在岸边徘徊。每个孩子都应该学习游泳，会游泳也是一种救生的方式。2009年9月育才终于有了108亩地的新校舍，有了自己的游泳馆，开发校本课程之一——游泳课程，让每一位孩子都会游泳，享受游泳带来的运动快乐已经是当下必要的工作了，体育运动使孩子们度过快乐的童年。我对学校阳光体育运动的重视，还得从2006年说起。

二、骨折的提醒

2006年的某一天，卫生站医生来校长室报告，学生又骨折了。我说："怎么回事？学生怎么这么容易骨折呢，好像上个礼拜已经有孩子骨折了，今天又发生骨折！"听到骨折报告，不由地眼前出现集会时大批孩子晕倒的情景。我困惑：是不是寄宿制的营养不到位？还是寄宿制学生的身体体质锻炼不到位，体质特别差？还是有其他原因？当时正是全国上下关注阳光体育的时候。早锻炼时间有没有质量？早锻炼的项目是不是学生喜欢的？老师的组织是不是到位的？我开始观察、思考，然后与生活老师、体育教师一起商讨怎么把早锻炼的运动量加大，把大课间的时间拉长，长期做一段时间看看有没有效果。

教研组长沈国产老师就开始思考并形成早锻炼的菜单，菜单出来以后，我们进行了合理的安排，组织，尝试。尝试了一段时间以后，从骨折受伤害方面看没有明显的效果。但是集会时倒下去的学生减少了，这是凭一种直觉知道的，没有具体的数字统计分析。但是这说明锻炼肯定是有效的。健康从哪里来，幸福从哪里来，首先肯定是从健康中来。我接着与主管体育的郭立勇谈如何来启动大课间活动的项目，提升运动的质量；如何开发运动器材，就地取材随时运动；如何把学校运动会开成全员运动会；如何开发传统游戏项目等。我就觉得一定得让孩子的体质增强起来，因为身体健康不仅仅是技能的提高，更重要的是养成一种运动的习惯，一种运动的意识。我们摸索实践了五年，形成了一套阳光体育运动体系。

经过反复思考与审视，大家终于明白正是基于"为每一位孩子的幸福人生奠基"的教育理念，我们提出了"阳光体育"的理念——"为每一位孩子的健康奠基"，就是为孩子的终身健康负责。以"健康第一"为指导思想，以"增强体质"为动力，以"阳光体育"为途径，实现"每天锻炼一小时，健康工作五十年，幸福生活一辈子"的阳光体育目标，创建一种积极向上的体育运动氛围。

在 2008 奥运年的十月份《"阳光体育"——学校体育新概念》一书由北京龙门书局出版了，由中国教育学会副会长、中国陶行知研究会会长朱小曼教授题写书名。我在《"阳光体育"——学校体育新概念》一书的后记中感慨地写道："幸福人生奠基"的根本是什么？是"健康"！从某种意义上说，拥有健康，就拥有幸福。"健康"从哪里来？从锻炼中来！从阳光体育运动中来！于是，育才人确立了"阳光体育"的理念——"为每一位孩子的健康奠基"。让孩子们在游戏中运动，在运动中感悟，在感悟中收获成长的快乐。努力营造"让运动成为一种生活习惯，让运动成为一种生活方式，让运动成就学生的健康人格"的阳光体育校园。自开展"阳光体育"以来，育才人有了许多的思考与实践，有了许多的创新和成果。于是就萌发了把思考与实践整理出来，把创新和成果编辑出来。说干就干，学校于 2008 年 3 月组成了本书编委会，历经五个月的努力，今天终于完稿。面对近二十多万字的书稿，我不禁感慨万千：育才人赢在哪里？赢在思考，赢在行动，赢在自我挑战！回顾成书的五个月，它是怎样一个自我发展、自我完善的过程？可以说，它是一个对"阳光体育"再认知的过程，是一个对"阳光体育"再思考的过程，更是一个对"阳光体育"再创造再实践的过程。在书中我提出了"阳光体育"的主张：

图 25　"阳光体育"——学校举行棋类比赛

图 26　"阳光体育"——"两人三足"比赛

图 27　"阳光体育"——爬山

图 28　胡爱玉与孩子们一起跳绳

让运动成为一种生活习惯。培养一个好习惯，给人一生的财富，纠正一个坏习惯，也给孩子一生的幸福，让运动成为一种习惯，必将拥有一个健康身体。

让运动成为一种生活方式。"生命在于运动"，育才的阳光体育就是要让每位孩子活动起来，让每位孩子快乐起来，让每位孩子阳光起来。吸引学生主动参与、乐于参与、善于参与，从而改善人的生活方式。让体育运动融入生活，成为一种生活方式。

让运动成就孩子的健康人格。健康人格是各种良好人格特征在个体身上的集中体现。体育是很好的心理健康教育形式，在开放的环境中学生能得到更多的磨炼与考验。通过团队合作与攀登高峰，增强学生的凝聚力；通过竞争与挑战，提高学生良好的心理素质；通过失败与挫折，磨炼学生的心理承受力。

"幸福运动"就是要让孩子的身心充满阳光，吸引学生走向操场、走进大自然、走到阳光下，激发学生的情感，满足身体和精神的高品质生活需求，提高学生的健康体质与心理素质。通过形式多样、内容丰富的活动，促进学生树立正确的世界观和人生观，正确认识自己，正确对待他人，最终实现学生的身心健康发展，成就孩子的健康人格。

三、阳光体育社团

"让有兴趣的学生兴趣更浓，有特长的学生特长更突出"这是我对体育社团的目标与要求。社团应成为培养特长展示个性的舞台，充分考虑学生对体育的不同需求，满足对体育运动兴趣浓、身体素质好的体育尖子生的锻炼需求，尽可能提供多项目的选择。目前我们育才集团定期开展有田径、篮球、足球、轮滑、乒乓球、中国象棋、国际象棋、围棋、健美操等社团的日常活动，学校充分利用社会力量办学，聘请省、市教练和棋院专业老师来教学，指导社团活动的训练，满足不同学生的兴趣需求，同时也带动学校教师的钻研能力和专业水平，使师生都有展示自己的机会和能力。

课外体育活动是体育教学的延伸或补充，在我眼里课外体育运动就是"第二课堂"，是终身体育的"两个车轮"。我一直要求让体育运动融入我们的生活，要让运动成为一种生活方式，要让快乐成为一种态度，让健康成为一种时尚。要让每一位孩子从体育中得到快乐，提高身体素质、增进健康状况、满足生活需求。

"生命在于运动"，幸福运动就是要让每个学生走入"阳光"，让每位孩子活动起来，让每位孩子快乐起来，让每位孩子阳光起来。"阳光体育"吸引学生主动参与、乐于参与、善于参与，从而改善人的生活方式。开展"阳光体育"就是让青少年经受阳光的沐浴，空气的净化，风雨的洗礼，从而涤净心灵，驱除羸弱，获得健康。

我认为健康的体魄是幸福人生的前提，从某种意义上说，拥有健康就拥有幸福，为孩子的"终身健康"奠基，为孩子的"幸福人生"奠基，这是"阳光体育"的真正价值所在，它是学校体育改革的灵魂和核心，是学校工作的终极目标。因为对人来说，没有什么能比"健康"更重要，比"幸福"更可贵。

第六节　勇于实践的孩子最创新
——让探索成为一种思维方式

陶行知先生的"生活即教育"理论中所指的教育极其广阔而自由，在这种教育观下，学生如同笼中的小鸟被放到天空中，他们任意翱翔，把学校的一切延伸到大自然。生活里处处有教育的资源，孩子置身于丰富多彩的日常生活世界中。生活即教育，让我们摆脱了死教育、死学校、死书本，取而代之的是活教育、活学校、活书本。让孩子们在活动中获得更多的成就感，让他们感受到美更乐意创造美，体验到幸福更愿意创造更多的幸福。

苏霍姆林斯基说过："在人的心灵深处，都有一种根深蒂固的需要，这就是希望自己是一个发现者、研究者、探索者，而在儿童的精神世界中这种需要特别强烈。"探究是孩子的天性，指导学生积极探索周围的环境，进行生活和科学启蒙，抓住学生的好奇心，让他们主动去探究，让学生在探究活动中发现问题，提出问题，解决问题，不仅学到了知识，还掌握了学习方法与途径，更重要的是培养了学生的实践能力与创新精神。

一、幸福娃娃研究院

基于"为每一位孩子的幸福人生奠基"的教育理念，针对寄宿制学校多元需求和多元特色开展依托幸福娃娃研究院促进学生幸福成长的实践研究。通过基于"环保理念宣传"的绿色系列研究所、基于"国学文化传承"的国学系列研究所、基于"学科素养提升"的艺术系列研究所、基于"多元角色体验"的体验系列研究所、基于"阳光体育运动"系列的系列俱乐部的研究，努力探究"幸福娃娃研究院"实践活动的形式及其运作机制，形成有特色的系列研究院及研究院活动体系，为学生的幸福成长搭建平台。

幸福娃娃研究院是基于地方课程和校本课程，以研究为核心内容，以实践体验为主要方式的学生研究和体验机构。研究院是建立在儿童的视角开展的适合学生发展年龄特点，以尊重学生个性发展需求为根本，以提高学生自主学习与合作能力为重心，创造性地开展研究活动的载体。主要运作方式基于孩子实践，并涉及学校活动课程的每一个领域，逐步形成覆盖学生活动各大领域的特色研究活动。选录一份幸福娃娃研究院《绿色环保我先行——幸福娃娃爱鸟研究所》的方案，片段如下。

绿色环保我先行——幸福娃娃爱鸟研究所

1. 我校开展爱鸟研究所的优势：

(1)我校是杭州市少年宫爱鸟俱乐部成员，能够接触到与爱鸟相关的活动，拥有较多与兄弟学校、社会团体合作的机会。

(2)我校毗邻西溪湿地，拥有着得天独厚的地理优势，便于学生观鸟。

(3)我校爱鸟社团有多学科团队合作，大队部牵头，科学组参与，美术组支持，给予社团建设的力量支持。

图 29　科技节　环保秀

2. 爱鸟研究所组织形式：关爱鸟类，爱护鸟类的同学自愿报名。

3. "爱鸟研究所"成立以来的常规活动：

(1) 爱鸟周活动

在"爱鸟周"活动期间，通过开展主题班会、图片展、手抄报、绘画等多种活动，教育大家爱鸟、护鸟，保护自然，取得较好效果。上个学期开始，我校与杭州市动物园科普教育中心合作，邀请鸟类专家为校外辅导员，并且定期在"爱鸟周"来校为学生做知识讲座，丰富学生的理论知识，提升学生的爱鸟护鸟意识。

(2) 西溪湿地观鸟

每个学期，我们都安排一到两次的有主题的西溪湿地观鸟活动。其中在第三届杭州市小学生观鸟比赛中取得了优异的成绩。这次的观鸟比赛在杭州植物园里举行，来自全市 20 所学校的 80 名小朋友参加了此次活动。当时观鸟比赛要求在指定的 2 个小时内，看哪支队在植物园观察记录到鸟的种类最多。每队除 4 名学生外，还有一名来自浙江野鸟会的领队以及一名其他学校的老师。经过两个多小时的激烈比赛，由我校仰毅明老师带领的支业繁、林炜信、吴恩惠、陈烨等 4 名同学获得了杭州市三等奖的好成绩。

(3) "爱鸟研究所"假日主题活动

我们的爱鸟社团活动也常常结合雏鹰假日小队形式开展，定好主题，在小队辅导员的带领下开展多元化的爱鸟行动。比如上个学期，我们进行了一次"寻找鸟儿最好的家"活动。同学们自制寻找方案，寻找路线，寻找结论等等，收获颇多。同学们撰写的"寻找鸟儿最好的家"为主题的小课题，获得了市爱鸟俱乐部优秀课题奖，对爱鸟社团的同学是一个莫大的鼓励。

(4)"爱鸟研究所"动物园认养活动

我校"爱鸟社团"自 2011 年开始，认养了杭州市动物园的金刚鹦鹉，建立了定期交流、互通有无的合作模式。同学们在认养活动中，获得了免费进入动物园照看金刚鹦鹉的权利和义务，从而增添了爱鸟社团同学又一关爱鸟类的途径。

通过多年的努力，我校成为了杭州市爱鸟俱乐部的优秀成员学校，爱鸟社团走出校园，走向更广阔的世界宣传鸟类知识，关爱鸟类生存。

二、机器人社团

每一项重大发现都是从问题开始的。牛顿发现万有引力是从"苹果为什么会落地"这一问题开始的。弗莱明发现青霉素是从"为什么霉菌菌落周围不长细菌"开始的。在校园内，我们并不因为学生提出的问题幼稚可笑、稀奇古怪而故意漠视甚至予以打击。学生提了问题就说明学生进行了思考，哪怕这个问题没有什么价值，但至少对这个孩子是有价值的。

一个个的问题，正是孩子们追求理想的开端，是追求幸福的起点。没有问题哪来的探究，科学史上的每个问题在科学探究中都具有极为重要的作用，它是探索的出发点和动力。有问题，才会有思考；有思考，才会有探究。只有充分让孩子进行思考，满足他们的好奇心，满足他们自己去尝试的愿望，才能让学生主动地去探究，从而从探究中去寻找真正的幸福，从而感受成长的幸福。请欣赏科学老师戚振中在社团建设过程看到孩子成长自己也幸福成长的故事。

"机器人社团是干什么的？不会是让我们造机器人吧?"带着这两个问题和些许兴奋，些许疑惑，孩子们一个一个走进了教室……这是一年多前机器人社团刚成立时的情景。在这个积满灰尘的大教室里用他们自己手上的小机器人，支撑起了一个巨大的梦想。

"同学们，你们了解机器人吗?"就是这么一个简单的问题，打开了孩子们通往机器人世界的大门，从 C 语言编程、模型搭建、自主调试，再到虚拟机器人、灭火机器人、足球机器人、FLL 场地任务，从易到难，从简到繁，孩子们从不了解机器人甚至不明白什么是机器人，到最后"懂"得机器人，从机器人的各种表现了解机器人的问题所在。在孩子们眼中，这个小小的机器人再也不是没有生命的机器，而是和他们一样有感情、有思想的小弟弟小妹妹。至此我相信，孩子们的童年，有了机器人的身影。

参加机器人竞赛的队员只有几名，在经过激烈而又残酷的队内选拔后，胜出的佼佼者肩负着所有队员的期盼和嘱托。我依然记得杭州市机器人灭火比赛的最后关头，成绩领先的我校队员邵倾宇在最后一轮比赛前显得非常焦虑，坐立不安。她问我："老师，最后一轮应该不会失误吧，否则就前功尽弃了！""相信你的小伙伴（机器人），也相信你自己！"我安慰她。在进入赛场前，走在长长的选手通道上，她看了看手上的机器人，突然有了一股力量，脚步变得无比坚定。我想，是她手上的机器人给了她信心和力量，让她在最后关头没有被压力给压垮，最终正常发挥出了自己的水平，夺得了比赛的第一名。

毅力、信心、团结、奋斗，这是我们手上的小伙伴——机器人带给孩子们的童年礼物，让他们的童年在机器人的相伴之下，有了更多收获，有了更多幸福。

三、幸福种植农场

图 30　学生在"幸福种植农场"

　　为了让孩子们亲近大自然，亲近农作物，体悟植物的生命存在状态，我们在校园一角为孩子们开辟了属于自己的班级菜地。孩子们兴趣盎然地领取了菜苗，认真地栽在校园南面的空地上。有的种了黄瓜，有的种了玉米，有的种了地瓜，还有的种了小白菜。他们一边种植，一边开心地讨论着，似乎已经看到果实累累的那一天。秧苗儿一天一天地长大，也牵动着孩子们的心。有的孩子总是时不时地不忘到菜地看看生长情况，看看是否需要浇水，是否需要拔草，是否需要除虫；还有一些孩子，总拉着自己的老师去观赏自己种植的农作物，惊喜地告诉老师："我种的玉米又长高了很多。"等待是美好的，而此时松土、施肥、筑篱种种劳作也是愉快的！夏日，瓜儿在孩子们每日焦急地等待中，努力地成长着！

　　在经历了长达 4 个月的风雨洗礼，在学生们的精心照料下，转眼校园农作一角已硕果累累，孩子们辛勤的努力和付出也得到了可喜的回报！在喜获丰收的同时，孩子们也着实感受到：劳动创造成果，付出终会获得回报！小苗苗的成长，不仅丰富了他们的生活，也让他们增加了更多的知识，增强了责任感。

　　让孩子亲自去体验和感受周围世界。

　　陶行知先生说过："要解放孩子的空间，让他们去接触大自然中花草、树木、绿水、日月、星辰以及大社会中之士、农、工、商，三教九流；自己对宇宙发问，与万物为友，并且向中外古今三百六十行学习。"

第七节　艺术熏陶的孩子最秀气
——让美常驻孩子的心灵世界

　　育才的孩子多才多艺，这是社会对育才的评价，更是育才重视艺术教育，实施校本课程的成效。2010 年教师节前夕，胡锦涛总书记在考察中国人民大学附属中学观看学生们的艺术表演后说，艺术对陶冶情操、和谐身心很有帮助，希望同学们在学好文化知识的同时，努力提高艺术修养，真正做到德智体美全面发展。

　　我认为美育的目的是培养人对美的感受、鉴赏、创造的能力，是为了培养人的和谐、美好的情感，使人的个性得到自由全面的发展。可以说，审美教育的目的也是唤醒和照亮人性之美。育才创办初期就定位"艺术教育强校"。她是浙江省唯一一所一年级就开设钢琴、舞蹈、民乐为必修课的学校。我们认为欣赏艺术总是会让我们感受到一种美，让我们感受到生活的美好与幸福。聆听音乐，能让我们感受到心灵最深处的震撼；欣赏作品，能让我们感受到人类思想的火花；品读文字，能让我们感受到那流露在字里行间的真情。我们所看到的、听到的、感受到的无不都是生活中的美。这就是艺术的力量，它能够创造美，能够创造幸福。奥地利伟大的作曲家海顿先生说过，艺术的真正意义在于使人幸福，使人得到鼓舞和力量。他觉得当他坐在一架破旧的钢琴前面时，全世界最富有的国王也没有他幸福。

当一幅幅稚嫩的作品粘贴在教室的展板上时，当我们在各类艺术舞台上展示美的时候，我看到的是孩子们那幸福的笑脸。于是学校就成为"浙江省民乐考级基地学校"，浙江电视台少儿频道"春天艺术团"，成为孩子们展示美、创造美、欣赏美的最好舞台。第十六届"艺术节"活动主题：童心编织七彩梦艺术绽放幸福花。"童心妙笔"——艺术节海报评比；"童艺创想"——变废为宝工艺制作比赛；"童音缭绕"——2011央视"六一"晚会欣赏；"童园缤纷"——绘画比赛，优秀作品展；"童笔生辉"——硬笔书法比赛；"童声嘹亮"——育才幸福娃小歌手比赛；"童星璀璨"——综合性舞台秀；"童心飞扬"——师生诗诵会。每年的"艺术节"就是孩子们的天堂，但是也有被我们暂时忽视的孩子。

一、"拯救男孩"

故事发生在2010年5月的一天，育才每年的艺术节如期举行。本届艺术节闭幕式是综合舞台秀，陶校长邀请我全程参与，整个下午我都在大礼堂里跟孩子们在一起。活动结束直觉告诉我男孩子太少。陶校长问我怎么样，我直言不讳："整台综合秀确实是精彩，也非常有档次，有品位。但是我总觉得有点遗憾，好像男孩子太少了。"我说，"是我们的节目不利于男孩子参与，还是因为男孩子本身不喜欢艺术，就这个问题我们是不是要思考一下？你在写艺术教育总结的时候，写上这两点思考，有利于我们明年策划艺术节的时候考虑这个因素。"我在想：仅仅是艺术节的现象吗？学校其他领域有此现象吗？班干部啊，大队委员啊，参加各种各样的活动，会不会有阴阳失调的现象呢？于是我就发动大家来读孙云晓《拯救男孩》这本书，并反思自己的教育教学管理。

教育活动真的是大同小异，都是为着孩子的成长去策划活动，开发校本课程，关注孩子的成长。但是有时候，如果我们为活动而活动，为节日而节日，那就失去了活动的意义。如果我们没有跳出校园看教育，没有跳出活动看活动，对于教育的某些现象往往会视而不见，听而不闻，熟视无睹，司空见惯，逐渐麻木，不会思考，发现能力就缺失了，于是觉得这种现象是很正常的，所以就不会去改变。

当时我就在想，怎么去改变这种现象？我曾经有几次突发奇想，六年级毕业要宿营。弄一个晚上宿营，让孩子体会一下。我们不敢到山上去，操场上总可以吧。我甚至在想，学校里这么多大树，是不是弄一个爬树日，让男孩子去爬树，然后举行一个男孩日，这天，所有的事情由男孩子来完成，来为大家服务，来显示他们男人的气概，男人的担当。

现在学校男女生源的比例是按照 1∶1 来进行招生的，学校所有的活动，参与者尽可能做到男女比例平衡。我想小学阶段本身在生理上男孩就比女孩子发育得迟，那在心理方面应该给予他们更多的锻炼机会和担当机会，让男孩子多参与到活动中来，就是一种责任，一种担当，也是一种成长。下面两位学生成长的故事，仅仅是育才学生的代表。

图 31 艺术节之孩子们在表演

二、唱到北京的歌

在成人的世界里，"月亮姐姐"的知名度或许比不上央视的那些著名主持人，但是如果回到孩子们的世界里，"月亮姐姐"这个名字可就无人不知无人不晓了，能和月亮姐姐零距离地亲密接触，是所有少年儿童梦寐以求的事。

图 32　余柯诺与月亮姐姐

2012 年 10 月 24 日，我校三(5)班余柯诺同学有幸被邀请至北京城，与月亮姐姐一起合作、一起歌唱，让所有的小伙伴们惊羡不已。余柯诺同学今年 10 岁，因为从小就热爱歌唱，曾荣获省、市级各类声乐大赛的金奖，被誉为育才的"百灵鸟"。今年暑假期间，余柯诺代表浙江赛区选手参加了"铺满鲜花的路"第 10 届中国少年儿童歌曲卡拉 OK 电视大赛全国总决赛。大赛期间，她充分发挥自己的优势，演唱了歌曲《好一个杨排风》，她声情并茂、沉稳大气的演唱，获得了专家评委的一致好评，尤其得到了中国人民解放军总政歌舞团著名词作家李幼容老师的高度赞赏，他认为余柯诺是众多选手中最出色的一个。最终，余柯诺夺得了儿童 C 组大赛金奖的第一名。

李幼容老师回北京后创作了一首歌颂女航员刘洋的歌曲《神女飞天》，准备献礼十八大。此事得到央视月亮姐姐的大力支持，她想在全国选一名优秀的小歌手和她一起来演唱这首作品。在李幼容老师的大力推荐下，余柯诺同学有幸被邀请到北京和月亮姐姐一起录制了这首歌，并由央视《面对面》栏目组著名摄影师王扬拍摄制作成 MTV。在拍摄过程中，月亮姐姐和李幼容老师以及拍摄工作人员对余柯诺给予了很高的评价，对于她的聪明好学更是给予了表扬。这首由月亮姐姐和余柯诺同学倾情演绎的歌曲已在中央电视台少儿频道和音乐频道播出。

在节目录制之后，余柯诺同学对大家说："我非常喜欢唱歌，能和月亮姐姐一起唱歌是我最快乐的事。""欲穷千里目，更上一层楼！"她把这句话送给现在和未来的自己。让我们共同祝愿余柯诺同学在铺满鲜花的路上快乐地走下去，用更美丽的歌声装点充满阳光的幸福童年！

三、儿童画之奇幻漂流

2011 年 9 月，我们育才设立了一个"育才成就奖"。孩子可以自己申请举办个人画展、摄影展、书法展以及民乐音乐会、舞蹈音乐会等。在这个过程中，让全体学生参与到欣赏与投票过程中，得到 80％以上认可的，就颁发育才成就奖。首位获得者是一位名叫许可的小画家。以下是《都市快报》刊登的有关他的报道片段。

> 杭州一位妈妈网上晒出 10 岁儿子画的画引来十万网友点击　记者张娜
>
> 元旦假期，杭州一位妈妈在 19 楼网站上晒出 10 岁儿子的儿童画，不少网友惊呼：画得太好了！
>
> 一群家长热切回帖：孩子在哪里学画，日常如何训练，父母如何指导等。有的网友想买画收藏。
>
> 近日，我们联系上这位发帖的妈妈沈女士，到她家里，和她细细聊了如何培养孩子的兴趣的问题。……
>
> **网友留言想要买画**
>
> 沈女士说，儿子许可 3 岁涂鸦，之后去城西一家大众化的培训机构学儿童画，凭兴趣和爱好，至今已画了 6 年。
>
> 网上晒出的十几幅儿童画，画面色彩很强烈，很有想象力。
>
> **想当插画师**
>
> 他说画画会让他感到放松而且快乐，最欣赏的画家是几米和凡·高，因为他们的画都很有意境。他将来的理想是做一位插画师，走到哪画到哪，把自己的感受都画入画中。以后可以不用上班，在家画画、出书，很悠闲。

第八节　学会生活的孩子最坚强
——让生活与学习零距离

我一直认为学校应该成为"缔造孩子幸福的场所"。它是教会孩子知识的文化场所，更应该是思想的交流、情感的沟通、生命的对话的场所。苏霍姆林斯基说："在教学大纲和教科书中，规定了给予学生各种知识，但却没有给予学生最重要的东西——幸福。"培养真正的人，让每一个从自己手里培养出来的人都能懂得幸福，享受幸福。这就是教育应该追求的恒久性、终极性价值。

"育才"在办学十几年的风雨历程中，一直在为实现"生活即教育"不懈努力。我提倡在活动中培养孩子的自信心，在品味成长的喜悦中体会幸福，养成遇事乐观的态度，正确地面对竞争，最终孩子懂得生活的真谛，学会生活，并享受幸福的生活。

在发达国家学校、家庭都普遍重视孩子的生活自理、人格自立能力。因为他们深知，社会竞争绝不仅仅是知识和智能的较量，更多的是意志和毅力的较量，是生活创新能力和人格自立能力的较量。日本有人就公开向我们挑衅："你们这一代孩子不是我们的对手！"留美教育管理学博士黄全愈在《素质教育在美国》一书中也深刻地揭示了我国现行基础教育中存在的种种弊端。

基于陶行知"生活即教育"思想，我们育才自1995年开办初期，结合住宿制学校的实际情况，提出"以养促教、养教结合"的思想，积极探索"生活实践"校本课程教育实践，努力探索培养学生自理能力的新路子，积极开展安全自护教育活动，确立自主、自立、自律、自护的生活要求，提高学生的生活质量，从小享受幸福生活。

学校一直从基本生活技能着手，让学生学会自己的事情自己做。我们因材施教，每一年段的孩子都有着不同的特点，所要掌握的生活能力也有所不同。下面几个生活小事的处理可见育才生活管理的思想。

一、一个电话三个盆

2005年10月的一个星期天下午，傍晚时分我接到一个家长的电话，他非常有礼有节地说："胡校长，我到寝室里观察到了一个现象：女生寝室里每个孩子只有两个脸盆，一个是洗脸的，一个既是洗脚的又是洗屁股的，作为女孩子，会不会有一些细菌的交叉感染？从卫生角度来说，是不利于孩子健康的。"我说："哦，我知道了，谢谢你，我还没关注到这个细节。"挂下电话，我立马打电话给管理生活的楼慧萍老师。礼拜一这位家长送孩子到学校里来，就发现寝室里已经是三个水盆了，每一个盆不同的颜色不同的用法。这位家长又打了一个电话给我说："想不到你们工作这么及时，这么快速，礼拜天刚打电话建议，礼拜一早上就做到位了。"后来在家长群里就有了一种流传：育才的校长是很容易接受家长建议的人，非常关注细节并积极去完善它。为了对得起家长的赞美与信任，我开始关注校园里的每一个细节，尤其是关注寝室里的生活细节。

这些生活例子让我思考什么是优质服务。当时我提出了"优质服务兴校"的目标。那么什么是优质服务，服务哪些内容，服务到什么程度，才是达到了优质的水平？这是第一。第二，哪些是应该服务的，哪些是应该让学生锻炼的，必须让学生面对的，让学生自主去解决的，不能保姆式包办的？否则，选择寄宿制学校又失去了寄宿制和家里的区别，它既有家里的那种服务细节的到位和温馨，更要有家里没有的，寄宿制学校必须锻炼学生的自理能力。

于是《教育服务直通车——教师篇》就诞生了。我在前言中写道：教育被看作一种"服务"，而学生则是学校教育最主要的"服务对象"，学校的各项工作构成了一种服务链，最终由教师将一种优质的教育服务提供给学生的观念在国际上早已流行并成为一种发展趋势。孩子需要个性化的教育服务，我们需要提供个性化的教育服务。"做教育就是做服务，做服务就是做细节，无数次完美的细节叠加就是完美的服务，每一个细节都有可能是一次教育成败的关键。"所以，教育是一种服务，教育品牌更是一种优质服务。在《教育服务直通车——教师篇》中，梦游孩子的服务、哮喘孩子的服务、尿床孩子的服务、生病孩子的服务、踢被孩子的服务等都有明确的细节服务要求。这里面有很多的细节，符合寄宿制学校的一些特点。这就产生了一种相对固定的制度化的优质服务承诺。

二、一个电话一番建议

2009 年 11 月初期，我接到一个家长的投诉电话。这位家长也是非常有礼有节的，毕竟都是有文化素养的家长。他说："胡校长，寝室楼道里的饮水机怎么被生活老师放进房间里去了？本来是在走廊里的，大家喝水都很方便的。为什么不放到楼道了，是不是不让孩子喝水了，你们是不是怕增加成本？"我听了非常纳闷："有这样的事吗？暑假里是放在楼道里的。现在天凉了，为了让孩子喝到热水才放到房间里了，因为走廊里没有插座。""我的孩子不敢进生活老师的寝室倒水，一个晚上都没喝水，这样子不利于孩子的健康。"说着说着他的口气越来越不满。我跟他说："我去了解这件事情。但是我可以肯定一点，这么做是为了让孩子喝到更有利于身体健康的水，这是毫无疑问的。第二点，从你孩子的成长来说，你应该考虑遇到这种事怎么与孩子沟通。如果你跟孩子说：'学校为了节约成本，水都不让你们喝，把水都藏起来。'那我说，这完全不是教育。你要从孩子成长的角度，从孩子解决问题的角度来引导他：'孩子，如果你很渴，但是又不敢进寝室里去倒水喝，那么怎么办呢？首先，你可以邀请同班同学，两个人一起去。'也可以告诉你孩子：'你口渴了，哪怕寝室里没有水，找到校长也要喝到水。'这才是有利于引导你孩子解决问题，有利于你孩子成长的教育引导，这才是学校和家庭共同要配合的教育，不是一味迁就孩子，一味听信孩子的一面之词来判断学校管理是不是出了问题了，来指责学校的管理是不利于孩子成长的……沟通首先建立在相互信任的基础上，建立在为孩子的成长服务的基础上，寄宿制学校本身就是一个生活的状态。"

"胡校长，我真的没这么去想，我只是一味地想你们学校是怎么服务的，竟然让孩子连水都喝不到，就是一味埋怨学校。我没想到这是一个教育的契机，这是解决孩子生活问题很好的一个锻炼机会，特别是你说哪怕寝室里没有水，整个校园里都没有水喝，找到校长也要喝到水。可能我的教育观念要改变一些了。"

过了一段时间，这位家长参加学校里的亲子运动会，在食堂里遇见我，坐到我旁边，提及那件事后说："胡校长，你那天晚上说的那两句话，真的让我顿悟了，原来让孩子经历解决问题的过程就是成长。"

三、自助售奶机的来历

在学校食堂门口有两个自助售奶机，每天 24 小时为学生服务。关于这个事情是有过一段风波和争议的。学校管理有时候是从现象再到本质的。因为是寄宿制学校，孩子 24 小时都在学校里，营养是最重要的。尽管学校里有专门的营养师在考虑孩子的营养平衡，包括牛奶充足量，但是孩子的体质是因人而异的。我在教师办公室、教室里看到一箱一箱的牛奶放在那里，按照规定是不能带零食到学校里来，也不能带零钱到学校里来的。要相信学校有足够的营养保证孩子的成长所需。但是有的家长还是偷偷摸摸地把牛奶放到医务站、老师办公桌下面。发现这个现象之后，我就在想，制止是不人性的。无论是从提供优质服务的角度来说，还是从多元化满足孩子成长需求的角度来考虑。

如何才能既能满足部分孩子喝牛奶的需求，又能规范学校的管理，解决食品安全问题，比如食品过期以及保管的问题。于是我提出了校园里能不能安装一台自助售奶机，让有需求的孩子来进行自主购买以满足他们身体营养需要的问题。这个提议在行政会上引来了一场风波。分管德育的校长坚决反对。我们在行政会上争论了一段时间之后，没有结果。之后他发了长长 5 页纸的关于在校园里放自助售奶机的危害分析，把国内、国外各个案例给我看。确实有很多管理的问题存在，比如打群架的问题啊，拐骗的问题等等，他表达了坚决反对售奶机进校园的意见。但是我认为这是德育的管理问题、学生的素养问题。如果引进了售奶机，爆发了那么多德育问题，说明我们的教育是失败的。如果引进了售奶机，既能满足孩子营养的需要，又能培养孩子的道德素养，那不是很好的吗？我们还是决定要尝试做这件事情，引进自助售奶机。在一段时间里面，确实也发生了分管德育校长提到的一些问题。我想，暴露这些问题，也正是我们要解决的问题，早暴露早解决，早发现早引导，没有发现以后就带出校园，带到社会，那么我们的教育功能就没有发挥。我们就开始引导，包括售奶机前有序的排队，牛奶要在什么时间段里喝掉，当你牛奶卡掉了之后，怎么来解决等等。慢慢的，这些问题几乎没有再发生了。

喝了这么多牛奶之后，牛奶盒到哪里去了，"雏鹰飞飞环保回收公司"应运而生。公司成立之后，一直坚持做。每个人喝了牛奶，牛奶盒放到哪里，怎么进行清洗，班级里有人专门进行管理。放在哪里，什么时候回收，回收之后的钱去了哪里，这些都成为了一个体系，正常运行，成了一个教育的载体。

我以为幸福具有道德感。孩子们在一起生活的友谊不仅具有巨大的幸福潜力，也具有极高的道德感。寄宿制学校的"生活即教育"，培养了他们团结、信任、忠诚、同情、感恩等道德品质。我们一直为"幸福教育"不懈努力追求着，幸福的孩子就是要让她能成为最快乐、最优秀的自己。我希望每一位学生都能成长为：自信、大方、有幸福感的孩子；爱阅读、会阅读，能从阅读中享受幸福的孩子；有教养、有良好行为习惯的孩子；热情、开朗、善良、乐于助人的孩子；爱运动、懂健康的坚持每天锻炼的阳光孩子；爱思考、爱幻想、坚持每天进步一点点的孩子；不否定自己，会欣赏他人的孩子。我们的教育只有贯穿在学生学习生活的一点一滴、一言一行中，才能培养出真正的人才，使学生做最好的自己，并产生一定的幸福感。因为"没有什么事比在自己铺的路面上行走更幸福——阿莱因"。

第六章

幸福陪伴

——让家庭与学校共同见证孩子的成长

教育的理想，就是尽可能地创造一切条件，让每一个孩子都成为幸福的人。孩子的幸福成长，需要有家长、老师、朋友、同学及其他所有人的幸福陪伴。真正幸福的人，不仅仅指的是他生活中的每一个时刻都是快乐的，而且指他的整个生命状态都是积极向上的。因而与孩子有关的一切人和事，都要呈现一种幸福的状态。无论家长还是学校、老师，乃至整个社会，都要为孩子营造一个幸福成长的乐园而努力。

育才的第十二五规划三个目标指向之一就是『打造最具合作力的家长学校——让家长成为孩子成长的合作者见证者』，这是育才践行幸福教育的行动之一。

我是教师，也是校长，更是孩子的母亲与家长。我的成长与儿子的成长同步，我深深体会到孩子的成长需要家长的陪伴，也需要同龄儿童的陪伴。陪伴的意思是随同做伴。它的同义词是相伴、做伴、陪同等。

《妈妈的陪伴》是我儿子在六年级即将毕业时的一篇命题作文，当时，儿子的语文老师郑方明，特意让我阅读了儿子的作文。

光阴似箭，岁月如梭，泛黄的书页是时间流过的痕迹。小小的日记，记载着你和我的经历，淡淡的话语，露出你对我的关心。一路走来，一路有你。一路上有你，让我的生活多姿多彩；一路上有你，让我的生活充满意义；一路上有你，让我的生活无限美好。

记忆犹新，初识新字的时候，你最先教我的就是呵护。小时的我，记忆不好，教了忘，忘了你又教，反反复复，认识的字多了，学习的兴趣也就来了。你教我学字的方法，至今还记得。你说"呵护"时要用嘴巴去关心，要用双手去保护，于是想得到意义，字也就记住了。

回顾往事，你总是给予我温暖与鼓励，用双手来保护我前行。

印象深刻，刚学骑车的时候，是你在炎炎烈日下陪着我，帮着我。初学时，一切都很生疏。你说，别怕，有你在。于是，我也安心了许多。摔倒一次，你叫我自己站起来，两次，你依然叫我站起来，三次……在你的鼓舞下，我不放弃。我紧张地叫你别放手，你悄悄地松开了手，当我发现时，自己已经学会了，不需要你再扶持。阳光下，两张笑脸在汗水的浸泡中，愈发灿烂。教我围棋、象棋、国际象棋的第一位老师，就是你啊！

忆起当初，才发觉，你对我做的所有，不就是关怀的真实诠释吗？

而现在，我即将小学毕业，正在为自己的未来努力奋斗。而孤单黑夜里陪伴我的，还是你。厨房、卧室、我的房间之间只有几步之遥，而你，却又走了多少步？夜间，一杯香茗，一杯温牛奶，或一碗米粥……你总是知道我想要什么。于是，每个疲惫的夜晚，不再劳累。

想起过往的点点滴滴，才猛然发现，我的生活里总有你。我想，你用行动，对我诠释了呵护的意义。

十几载春秋，风霜雨雪，你陪我度过，有你的日子里，我快乐，我开心，我成长，我幸福！

这篇作文深深地收藏在我的脑海里，我感谢自己的孩子认可了我的陪伴，我也在回味这一路陪伴的日子中幸福满满。我认为不是为人母、为人父就能做到"陪伴"二字的全部内涵，"陪伴"不是时间上在一起就是陪伴，"陪伴"不是物质上给予满足就是陪伴，"陪伴"更不是放弃自己的工作和事业，保姆式地陪伴在孩子的身边。这里"陪伴"指的是关注孩子生活、学习的点点滴滴，发现孩子成长的微小变化，指导孩子与人为善的社会准则，伴随孩子一起成长，见证孩子成长的喜怒哀乐。

三十几年的教育生涯，让我明白了学校教育离不开家庭教育，孩子的成长离不开家长的陪伴，要让家长关注孩子成长的状态，分享孩子成长的喜悦，一定要引导家长陪伴在孩子身边，小心呵护孩子生理心理的生长，及时欣赏孩子的健康成长。

第一节 幸福陪伴 让家长成为孩子的良师益友

家庭是孩子成长的幸福港湾。我一直觉得，学校教育的成败，有一半要来自于家庭教育。如果孩子在家庭生活中没有养成"三好"（身体好、性格好、生活习惯好）孩子，那么这个孩子就很有可能会成为学校里的"问题儿童"；如果孩子在家庭里养成了坏身体、坏性格和坏习惯，那么，无论学校的教师和校长多么能干，他们也很难改变。因此，我将父母视为学校和教师最重要的合作者，而家庭教育则是学校教育的重要延伸。

客观地讲，一个孩子的真正成长、成才，教师或者说学校教育的功劳最多占三分之一，还有两个三分之一则分别是家长的教育培养和孩子自身的天资以及勤奋。在我看来，一个孩子健康成长，乃至以后成就一番事业，这首先要归功于其父母。因为父母是孩子的第一任教师——从某种意义上说，也是伴随终生的老师——父母永远是孩子人生路上最重要的良师益友。

一、"培根教育"

华南师范大学刘良华教授曾说："所谓'受过教育'，就是使身体趋向强健、强悍甚至野蛮；使性格或人格趋向健全、勇猛、锐利、热烈。现代学校教育中已经看不到激情、狂奔、激荡、翻腾，这些精神只能从家庭教育开始。"

家庭教育有着学校教育不可替代的重要功能。从孩子出生开始，父母就承担起教育孩子的重要使命：教孩子牙牙学语、蹒跚起步、吃饭、穿衣，培养孩子的兴趣、习惯，教孩子为人处世……这些事情看似稀松平常，却为孩子的未来打下了重要基础。即使到孩子入学之后，家庭仍然是孩子最重要的成长之所，家庭的氛围、父母的榜样，影响着孩子的一生。可以说，家庭教育是"培根教育"，它是孩子成长、成才的根本所在，它培养的是孩子的独特人格、品性、气质和精神。学校教育关于知识的授受，只是孩子成长之树的树枝和树叶而已，这些都是细枝末节，而孩子的身体和性格才是树根，家庭教育的目标就是培养这个"树根"。

我一直很赞同苏联教育家马卡连柯送给家长们的一段话："你们自身的行为在教育上具有决定意义。不要以为只有你们同儿童谈话，或教导儿童的时候，才是教育儿童。在你们生活的每一瞬间，甚至当你们不在家的时候都教育着儿童。你们怎样穿衣服，怎样跟别人谈话，怎样谈论其他的人，你们怎样表示欢欣和不快，怎样对待朋友和仇敌，怎样笑，怎样读报……所有这一切对儿童都有很大意义。你们态度神色上的转变，都会无形中影响儿童，不过你们没有注意到罢了。如果你们在家庭里粗野暴躁，夸张傲慢或酩酊大醉，那么你们已经误导了你们的儿童，你们的不良行为将会产生不良的后果。父母对自己的要求，父母对自己家庭的尊敬，父母对自己一举一动的要求，这是首要的和基本的教育方法。"

家庭教育也是我们学校教育的重要组成部分。如果家庭教育出了问题，孩子在学校就可能会过得比较辛苦，孩子很可能就会成为学校的"问题儿童"。对孩子来说，家庭环境类似母亲的子宫。母亲的子宫是孩子的第一宫殿，家庭环境是孩子的第二宫殿。在第一宫殿里，孩子接受了父母的"先天遗传"。而在孩子出生之后，父母的责任是尽可能让孩子接受好的"后天遗传"，也就是要为孩子提供一个适合成长的第二宫殿——家庭环境，让其充满关爱和鼓舞。我认为，对孩子的早期教育应该是"培根教育"的重要阶段，因而即使孩子入了小学，也仍要十分注重对孩子的家庭教育。很多家长总是以为自己的事业是大事，但实际上孩子的教育如果失败了，那才真的使全家陷入灾难之中。要知道，家庭教育对孩子的影响可是一生的。

> 什么是幸福的教育？源于幸福，写满幸福，为了幸福的教育。幸福的教育在哪里？紧握在父母的手心里，生长在儿童的心尖上，印刻在亲子同行的足迹间，盛开在家校相视的微笑中，珍藏在童年深浅的脚印里，摇曳在家庭宁静的臂弯里。这是写在《教育服务直通车——家长篇》扉页上的一段话。

那么，重视"后天遗传"意味着什么呢？对于家长来说，就是要把家庭环境的重要性提到类似遗传的高度，父母的第一使命就是提供一个好的家庭环境。如果我们能在这个层面上来认识家庭环境，家庭教育就会到位，就会产生一定的引领作用。而所谓好的家庭环境，就是父母成为"家庭环保主义者"，让整个家庭充满民主、平等、关爱、和谐的氛围。我常说，幸福是一种持续时间较长的对生活的满足和感到生活有巨大乐趣并自然而然地希望持续久远的愉快心情。在这样的家庭环境中，孩子就能感受到这满满的幸福。

从本质上说，教育是"以心灵感应心灵"的过程，父母需要用内心去感受孩子的成长。我一直强调的成长不是一大堆做成的事情所构成的一种结果，而是一种积极进取、不断思考、勇于实践所形成的状态。"用内心去感受"，说起来简单，但实际代表着一种生活态度的彻底改变。父母需要意识到自己在孩子成长过程中不可替代的位置，是家长，是老师，是朋友，也是知己。家庭永远是孩子成长的避风港，父母永远是孩子成长路上的最佳伙伴。也就是说，孩子的成长父母要时时参与其中，任何有关孩子的事情都不是小事。

一般来说，父母把孩子送到学校里来，是希望孩子能在学校接受良好的教育，收获知识，成长、成才。但是，真正对孩子有益的教育，并不是把孩子送到学校里来就完事了。我很希望能把我们育才的幸福教育理念传递给每位父母，得到他们的认同、理解、欣赏并支持。

我们幸福教育的家庭教育观有这样几个浅显易懂的教育观念：第一，家长是第一任老师；第二，有教养比有知识更重要；第三，表扬孩子就是表扬家长；第四，教育就是培养良好的习惯。我希望每个家长都能真正意识到，自己永远是孩子最重要的榜样，自己的一言一行都会对孩子产生影响；孩子真正的成长不是学习成绩的进步，而是德行和良好习惯的养成；在我们陪伴孩子的成长过程中，我们也在不断学着做更好的父母。

二、五个重要角色

日本研究儿童早期教育的鼻祖木村久一先生提出过一个"潜能递减法则"，大致意思是这样的：生来具备100度潜能的儿童，如果从0岁就对他进行理想的教育，那么他就可能成长为具备100度能力的人；如果从5岁开始教育，即便是教育得非常出色，也只能具备80度能力；如果从10岁才开始教育的话，充其量只能具备60度能力。这就是说，教育开始得越晚，儿童能力的实现就越少。由此，我们不得不要引起对儿童进行早期教育的重视，尤其是对早期家庭教育的重视。上面已经提到，家庭教育是儿童重要的"培根"阶段。

其实，家庭教育就是父母与孩子在家庭生活中的互动、交往过程。它不像学校教育那样正规，充满了大量规章制度，强调纪律，而是极为轻松和自然，生活即教育，当教育拒绝生活时，生活也必然拒绝教育。父母是儿童人生中的重要组成部分，是儿童生活的重要依靠和良伴，儿童身体的成长、个性的塑造、品格的养成都要受到父母的影响。因此，在与儿童一同生活的过程中，父母要十分注意自己的言行举止，以给孩子树立起良好的榜样，给予孩子成长最重要的东西。我认为，好的父母起码要扮演好五个角色：倾听者、发现者、期待者、合作者和学习者。

第一，父母要成为一个良好的倾听者。倾听是一种了解别人的方式，更是一种与人交往的智慧。朋友之间需要倾听，父母与子女之间需要倾听，爱人之间更需要倾听。戴尔·卡耐基告诉人们如何成为一个谈话高手，那就是学会倾听，鼓励别人多谈他自己的事。在生活中，许多人没有耐心听别人讲话，因为他们是事业家，是大忙人。确实，现代社会竞争激烈，一个想成功的人要做的事太多，整天疲于奔波，因而，时间一久，性情也变得急躁，倾听别人谈话显得腻烦，甚至别人刚一启齿，还未等对方把话说到正题上，就予以否定，一口咬定不行，然后以十分武断的口气阐述自己的观点。为人父为人母的家长更是如此，但这样做的结果，表面看好像达到了目的，事实上却得不到孩子的认同，无法建立真正的友谊，所以父母与孩子的沟通尤为重要。

我建议家长当孩子放学回到家里后，一定要让他表达他在学校里经历的点点滴滴。比如说，今天早上到了学校，看到胡校长在门口迎接我们，跟我说了一句什么话；比如说，今天在课堂里老师问了什么，哪个同学回答了什么，我回答了什么；今天老师很高兴，因为什么原因等。每个人都有表达的欲望，耐心地倾听孩子的诉说，能养成孩子愿意和父母沟通交流的良好习惯，也能让孩子体会到父母对自己的重视和关心。同时，父母也能从孩子每天的诉说中了解学校的信息，知道最近这段时间学校在重视什么，了解学校的发展方向，更重要的是了解自己孩子处事的态度以及处事的观点，这样才能更好地参与到对孩子的教育中来。然而，一般的父母往往回来第一句话就是，放学了？今天考试了吗？考了几分啊？89 分？你怎么考的这么差呢？最高的几分啊？100 分？你怎么不能考 100 分？然后，下面就没话了。这就是父母和孩子沟通的最大误区。父母应该敞开心扉，真正去了解和读懂自己的孩子。

第二，父母要成为良好的发现者。我所说的发现者，就是父母要能在对孩子的日常观察和交流谈话中发现孩子与往常的细微不同，也许是一句从未说过的话，或许是对一件事的独特看法，或许是细微的表情、语调、神态的细微变化，或许是习惯、动作的细微变化……都要及时与孩子沟通交流，及时加以鼓励、纠正和引导。比如说，孩子这次考试比上次进步了，父母就要及时加以表扬，让他体会到一种成长感，但同时进步的原因是什么，强化原因，再接再厉，给予他不断进步的动力。再比如，孩子今天回家乱发脾气，就是不肯写家庭作业，这时父母就要细心观察并耐心询问他到底发生了什么事，找出原因之后加以恰当引导和教育，而不是一味严厉地斥责，那样只会让事情变得更加糟糕。教育也是要讲窍门的，父母成为发现者就要不断地摸索这些窍门。而且，只有成为了一个良好的发现者，你也才会发现、了解并享受孩子成长的许多秘密。

第三，父母要成为良好的期待者。"皮格马利翁效应"，体现了积极的期望所带来的巨大效果。孩子的成长空间其实与父母的期望是密不可分的。父母良好的期望如果能够给予孩子恰当的暗示，就能让孩子对自身的成长充满信心和勇气，从而获得巨大的正面能量。父母应该看到自己孩子的优点和长处，尽可能地挖掘孩子的无限潜力，并给予他们足够的信任。当然，父母对于孩子的期望也要恰到好处，不能过高。"望子成龙、望女成凤"的心态每个家长都有，但是需要看到自己孩子的成长现状和趋势。为孩子的发展设定恰当的目标和期望，那才是一个良好的期待者。

第四，父母要成为良好的合作者。这里的"合作者"有两层含义，一是父母要成为学校教育的合作者，一同为孩子的成长、成才而努力；二是父母要成为孩子生活和学习中的重要合作者，成为孩子的重要伙伴。第一层意思还会在后面章节中具体提到，这里只讲第二层意思。家长是孩子的合作者，倒也不是完全平等的意思。父母是孩子成长路上最重要的良师益友，孩子的生活不能没有家长参与，这是其一；其二，孩子在成长过程中会不断面临多种选择，这时需要父母给出意见和建议，但首先又要尊重孩子自己的意思，所以说是合作者；其三，孩子会有许多遇到困难或迷茫的时刻，既需要父母的帮助，又要养成独立去克服困难的习惯，孩子始终是自己成长路上的主角。因此，这里强调"合作者"的意思，是要父母能够平等看待正在成长中的孩子，一方面相信他们的能力，给予他们充分的独立发展的空间；另一方面则要在恰当的时机给予恰当的引导和帮助，成为真正意义上的合作者。

第五，父母要成为一个良好的学习者。"终身学习"概念的提出已经有好几十年了，而这里的"学习者"主要是指父母要不断地学习做更好的家长，做父母是没有现成的经验的，即使是已养育多个孩子。对每个孩子的教育过程都是一番全新的经历，因为每个孩子都是大不相同的。因此我觉得，做父母是一个边学习边体验的过程。那么，父母需要学习些什么呢？简单地说，父母最重要地就是要学习"懂"孩子，懂得孩子的性格、脾性、兴趣、爱好、优点、不足，懂得孩子的身体状况、心理情绪，懂得孩子的已有水平、发展趋势，懂得孩子的一切一切。父母要学会真正地了解自己的孩子，正确地关心自己的孩子，懂得如何做才是对孩子最好的。学习如何做一个好父母，将会是持续一生的过程。

> 知心姐姐卢勤说：过高的期望，带来的是孩子的无望；过度的保护，带来的是孩子的无助；过分的溺爱，带来的是孩子的无情；过多的干涉，带来的是孩子的无奈；过多的指责，带来的是孩子的无措。好的父母应该随时都在孩子的身边，把握好自己所扮演的角色，给予孩子恰当的关爱、鼓舞、指导和帮助，并与孩子一同成长。

三、"八要八不要"

父母对孩子的教育是一个极其自然的过程，不需要任何刻意，因为父母的一言一行都会对孩子产生教育的影响。在孩子眼中，父母是生命中的独特存在。著名家庭教育专家徐韵安老师认为，在孩子眼中，"父亲是大世界"，"母亲是大自然"。

在孩子成长的过程中，父亲的责任与作用是不可缺失的，父亲就像一盏灯，照亮孩子走向世界的路……面对社会、事业、挫折、困难、人际交往等，父亲的影响力更胜一筹。父亲对孩子的影响在于向孩子提供了一个进入这个世界的形象、一个范型、一个规则……父亲还是孩子第一个真正意义上的玩伴，而不像母亲会故意让孩子在游戏中轻易获胜。简单地说，是父亲把儿童引向母亲怀抱之外，更宽广的世界。

母亲是孩子呱呱落地后的第一位启蒙老师……母亲对孩子的教育及其影响主要在最初的3～5年，而孩子人生最早的几年对一生的影响极其巨大，孩子学走路、学说话、学思维、学交往、学习惯，都开始于这一时期。人生早期的成长和教育的责任只有母亲承担，母亲给孩子最多的是爱，是精神……母亲应当做好孩子的老师，给孩子以母爱、心气平和的品格，以及执着的精神。

无论是父亲还是母亲，都会在孩子的成长过程中留下深深的足迹。父母要做得"恰到好处"，就要给予孩子足够而恰当的父爱和母爱。在我看来，父母实施良好的家庭教育需要注意"八要八不要"。

(1)教育孩子，父母要主次分明，不要忽你忽他。这尤其是对孩子的学习习惯培养而言。教育孩子是父母双方都不可推卸的职责，但是要分清主次，分工合作、配合一致方能形成合力，使教育产生效果。一般的家庭往往是父母双方哪个有空哪个来管，使得对孩子的教育前后不能对接。家庭教育特别强调一致性，如果父母双方主次不分、或你或他，且不说孩子无所适从，就是父母也把握不住孩子的学习情况、成长情况，教育也便失去了一致性。

(2)教育孩子的心态要平和淡定，不要操之过急。孩子是正在成长中的未成年的人，总会在学习和生活中犯一些错误，或者老是学不会某样东西，这时家长们需要放宽心态，静心地分析原因，并耐心地给予期望。要知道，孩子们的真正成长都是在这些错误和挫折中发生的，这些都是孩子们人生中的宝贵财富。相反，如果家长操之过急、拔苗助长，反而会浇灭孩子们的兴致，使其产生厌恶情绪，甚至还会自暴自弃，留下阴影。

（3）教育孩子的热度要恒温常驻，不要忽冷忽热。教育孩子是一项长期而又艰苦的工作，贵在有恒心。父母要始终以一个恒定的温度，时刻关心孩子的学习和成长。我不希望父母每时每刻都保持100℃的热度，这是会烧焦幼苗的。孩子刚刚一年级入学的时候，有的父母热度都很高，这没必要；同样，等到孩子上了六年级，父母的热度也已经逐渐消失殆尽了，这也不行。我希望父母要以80℃的温度常温常驻，这样，孩子才不至于随着父母的热而被动的热，随着父母的冷而主动地冷了，这样对孩子的学习和成长无疑是不利的。

（4）教育孩子，要正确引导，不要越俎代庖。这与上面提到的父母"合作者"的角色是一致的。在孩子的成长过程中，他们永远是主体，而父母则处于辅助的地位。知识的获得、能力的发展、习惯的养成，都要经过孩子自己的努力。有的父母心疼孩子，愿意替他包办一切，给他铺好了路让他走，这不仅不利于孩子自主能力的养成，反而助长了他们的依赖心理。对于父母来说，正确的做法应该是注重启发和引导，而不是越俎代庖。"让人自由地游戏，让人自己往前走，让人自己决定自己的生活——这就是进步的教育。"

（5）教育孩子的诀窍要用心发现，不要视而不见。这与父母"发现者"的角色是一致的。发现是一种留心的观察和关注，体现的是父母对子女真正的关心。很多时候，孩子会有许多秘密不想让父母知道，也不愿意与父母多做沟通。这时候就需要父母去留心地观察、耐心地询问，把自己当成孩子的朋友，设身处地地考虑孩子的心情，从而发现孩子的"问题"。只要父母留心去发现，孩子也会对父母真正敞开心扉。

（6）教育孩子的途径要及时沟通，不要固执己见。这与父母"倾听者"的角色一致的。有时候，父母总以为自己与孩子的关系没有任何问题，却恰恰是问题百出。但是，出现问题不可怕，可怕的是出现了问题不沟通，越积越多，越积越大，使问题更加难以解决。随着孩子逐渐长大，孩子也会有与父母意见相左的时候，而父母往往觉得自己阅历深而固执己见，不肯倾听孩子的想法，从而造成了孩子与父母之间的嫌隙。"有修养的父母总是在孩子很小的时候已经开始耐心地征求孩子的意见。"真正的沟通应该是平等的，父母需要放下身段，真正去聆听孩子内心的声音。

（7）教育孩子的效果要纵向比较，不要横向比较。我一直倡导，每个孩子都是独一无二的个体，每个人都是不同的。我们学校追求孩子差异化地发展，父母也应该要看到自己孩子身上所具有的独特品质和发展潜力，而不要随意与他人做比较。父母需要关注的是，我的孩子今天比昨天进步了没有，今年比去年成长了多少？明天、明年又要争取多大的进步？用发展的眼光看待孩子，你才会真正看到孩子的点滴进步。也就是说，我们既要看到一片片森林，更要看到旁边的一棵棵小树。

（8）教育孩子的基点是做人做事，不要急功近利。很多父母往往只关心孩子的学习成绩，认为只有学习好才是真正的发展，这是最大的误区。教育的基点是"育人"，首先需要教孩子"做人"，"做正直的人""做有担当的人""做合格的社会人"。对于孩子来说，身体健康、德行高尚才是最重要的。当前的父母普遍都比较浮躁，一味重视孩子的成绩，让孩子参加很多培训班、考各种证书，却忽略了孩子品行的养成，扭曲了孩子成长的真正意义，也抹杀了孩子童年的乐趣。

作为孩子的长者，父母应该要理解孩子的苦衷，同情孩子的处境，宽容孩子的过失，保护孩子的天性（尤其是好奇心），鼓励孩子的进步，撞击孩子的成长，关注孩子的幸福。父母应该与孩子们共同学习，共同品尝学习与生活的乐趣。

四、比分数更重要

印度哲学家奥修有一本书叫《当鞋合脚时》，值得教育者反复阅读，书中提到："当鞋合脚时，脚就被忘记了。"我觉得它对教育者的启迪就是："给不同孩子提供适合其个性的教育，让孩子不至于感受到'硌脚'的痛苦，甚至感受不到自己在接受教育，那么教育就是很自然的了。"然而，当前的父母们却几乎都用同一个"模子"套牢了自己的孩子，不顾孩子的个性如何，一味跟随潮流，任其在"独木桥"上挤破脑袋。其中最厉害的，就是对孩子考试分数的过分追求。其实比分数重要得多的是孩子"积极向上的成长状态"。

父母们需要知道，分数只是一种压缩的、简化的、用符号表示的评价，它具有不可比性。对待分数，父母需要树立正确的认识。第一，父母需要认识到分数的局限性，任何考试都不可能完全测试出一个孩子的创造力、毅力，以及在将来漫长的竞争中能否成功，同样没有任何分数能预言孩子将是一个成功者或失败者，父母认识这一点非常重要。诚然，分数在一定程度上反映了孩子各门学科的学习水平，但它不是衡量孩子实际学习水平和能力的唯一尺度。分数高，并不完全说明孩子聪明，或今后有所作为；分数低也并不说明孩子愚笨，将来没出息。第二，父母要既不迷信分数，也不忽视分数。分数有它明显的局限性，如果过于迷信分数，把分数的作用推至极端，达到凌驾于一切之上的崇拜程度，后果可能不堪设想。但是，没有分数又是绝对不行的，张铁生的一张白卷不是耽误了整整一代人吗？我们知道，正确的客观的分数本身是一种知识技能水平的象征，也是推动学生求知欲和兴趣发展的动力，因而作为家长又不能忽视孩子的每次考试分数。第三，父母既要分数，也要能力。我们说分数能体现能力，但它不等于能力。高分低能者有之，低分高能者也存在。我们既不重分轻能，也不重能轻分，而要两者兼顾。追求教师给予的大家公认的好分数，只是单纯追求分数的表层意义，而分数的深层意义在于其所内含的知识与技能。

最后我还想强调的是，分数并不代表全部，在孩子身上永远有比分数重要得多的东西存在。孩子的发展包括德、智、体、美、劳等多个方面，"智力"增长只是其中一部分而已。前面我已经提出过"教养比知识重要"，更何况分数还只是知识的表面代表。改变对孩子分数的认识，改变对孩子成长的认识，用多一把"尺子"来评价孩子，我们就会发现，孩子的发展空间变得更加宽广，孩子的特点、特长会凸显出来，孩子在成长过程中也会感受到更多的快乐和幸福。

> 家长会上我的主张：成长并不是一大堆做成的事情所构成的一种结果，而是积极进取、不断思考、勇于实践所形成的一种状态。我希望这种状态在育才教师身上能够持久，更重要的是在育才孩子身上能够持久。这是育才教育的价值之所在。

五、等待也是一种教育

我常常向家长表达一个观点：期待就是等待，等待也是一种教育，希望家长做一个好的期待者。我认为在孩子成长过程中我们家长要给予学生引领、完善、帮助，但必须在尊重他内在发展规律的前提下去做事情。所以，我觉得它是一种慢生活的教育，这个教育是在生活、成长中形成的。在某种意义上来说，是你中有我、我中有你的，无法分离，尤其是在义务教育阶段中的家庭教育。我们必须理解、掌握孩子的成长规律，适当的时候加入教育因素。我们就像是在烧柴火，要想有熊熊烈火，必须有不断的添加柴火的过程，时不时地扇一扇，耐心地等待柴火点燃并且越烧越红火的时刻。因此，教育仅仅是一个因素，在恰当的时间、恰当的人、事件，加入适当的教育因素能够促进孩子的成长。反过来，如果加入的时间、人物、事件是错误的，虽然对孩子的摧残和伤害在眼前没有明显的体现，但一定会在某个时候有所显现。当教育的负面效应显现出来时，我们发现已经晚了。

我倡导的慢生活教育，就是希望家长不要做出违背孩子成长规律的事情，说出有损孩子尊严的话。我曾经在家长会上不止一次地提出"期待就是等待，等待也是一种教育"。等待中是有期待的，是在期待中的等待。等待不是放弃，不是自生自灭，不是失去信心。我特别强调期待中的等待，老师、家长、包括我们的管理中都要做到期待中的等待。每一位孩子都是一个世界，它需要教师用师魂之爱去开发与塑造，使之充满活力，透明清晰；每一位孩子的成长史，都是一个动听的德育故事，它需要家长用教育的技巧去构思与撰写，见证孩子的成长。

家长必须明白每个孩子起点不同，家庭背景不同。作为家长如何面对这种差异？如果家长不懂孩子的现实起点、身心发育速度、家庭教育的差异性，一直盲目进行横向比较的话，极有可能将孩子扼杀在起跑线上，令其一蹶不振。所以我提出等待也是一种教育，我们要习惯慢教育的过程，等待不等于不作为，期待不等于好高骛远。对孩子要多一份等待和期待，少一份强硬和干涉。

家长还必须明白孩子习惯、品质的形成过程中是一个量变到质变的过程。但现在的家长很少真正意识到这一点。有的家长时刻关注孩子点滴的成长，一直陪同孩子经历着量变的过程，见证孩子顽强地成长；有的家长等不到质变的瞬间，耐不住"寂寞"，或选择彻底放弃，或揠苗助长采用不科学的教育方式。我们要等待，一起等到孩子蜕变的时候，这时候不仅孩子幸福，家长也是幸福满溢。

综上所述，新式父母与旧式父母的区别在于：使孩子感到被关心，使孩子感到被尊重；希望孩子更优秀，希望孩子更快乐；关心孩子的分数，关心孩子的能力；让孩子做父母喜欢的事，让孩子做自己喜欢的事；严格，宽松；严肃，幽默；不放心，信任；焦虑，随意；替孩子做决定，让孩子自己做决定；替孩子做所有的事，让孩子自己动手；关注孩子的一举一动，让孩子自己管自己。

第二节　家庭如校　让家庭成为学校的合作者

孩子每天都要花 6、7 个小时在学校里，尤其是寄宿制学校，老师、同学几乎成了与孩子相处时间最多的人。如果家长下班时间晚，那他们一天能与孩子相处的时间就更加少了。我认为，学校与家庭对孩子的教育应该是一体的，父母对子女的陪伴也不能仅仅局限在家庭之中。家长不能认为，只要孩子上了学，他们在学校中发生的任何事情都与我无关，只需要老师负责就行，而我只要关心他的学习结果——学习成绩就够了。这是父母对子女教育的又一大认识误区。

我一直非常强调，家长是学校最大的教育"合作者"，教育好每一位孩子不仅是家长和学校的共同愿望，也是我们的共同责任。父母关心并参与孩子的学校生活学习，不仅能增加自己与孩子聊天的共同话题，也更能让孩子体会到父母对自己的关注和关爱，从而变得更加努力和专注。让家长全面参与到孩子的学校生活学习中来，孩子的学校生活也需要有家长常伴左右。

一、教师入家，家也是学校

教师入家就是家访。我们的第一次家访是前置的，是在孩子没有上学之前就进行家访。暑假期间，担任一年级所有学科的教师团队，以班级为单位，前往各个家庭深入家访。我对第一站家访，非常重视，我要对家访的教师团队进行培训。因为我认为，这是育才展现在家长面前的"第一形象"，也是家长对育才教师团队的"第一印象"。这一"形象"所带来的这一"印象"，将一直伴随着小学六年，将直接关系到孩子入学之后家校的信任关系以及合作关系。所以，我们对第一次家访，要做好充分的准备。首先，家访的教师团队（至少两位以上的教师）必须深刻理解与解读育才的教育理念以及培养目标；其次，必须知道第一次家访的目的是什么，想获取孩子以及家庭的哪些信息以及怎样获取。最后，必须知道第一次家访要让家长进一步了解育才，信任育才，欣赏育才，迫切期待与教师9月1日再见。班主任黄林巧和鲍迪尔的《班主任家访手记》可以充分说明孩子入校之前，教师入家的价值所在。

2007年8月20日　　天气晴好

今天，我们一年级组的全体老师冒着大大的太阳，来到学校，提前7天进入了紧张的工作。因为，我们7位老师将在后面的10天时间里，对班级中的学生进行一次家访。对于这项工作我是早有思想准备的，因为育才一直以来都是"孩子未入学，教师先家访"。

拿到我们一(2)班的花名册，我就对所有学生的家庭住址进行了分区域划块，以便能高效率地完成这次任务。

用了大约3个多小时，我们对班级中35位同学的家长进行了电话联系，约定了联系方式，我还主动告知了我的手机号码。大多数孩子如我所预料的，都还没有回到杭州，暑假期间孩子们大多在爷爷奶奶或者外公外婆家。家长们都表示尽快把孩子接回来，一回到杭州就与我们联系，非常欢迎和期待老师的到访。

下午4点左右，我和胡莹就出发了。太阳还是那么明晃晃的，可风挺大。我们家访的第一户家庭来自温岭，孩子名叫陈杨江。在翠苑农贸市场，我们见到了孩子和他的父母，还有姐姐。这是一对纯朴真诚的夫妻。他们热情地招呼我们，可在他们店门口有3、4个孩子，我不知道哪个是陈杨江。只看见有一个小脑勺后面留着一细条小辫子的小男孩，正专心地画画，一幅荷花图已见雏形。妈妈见我低头看孩子画画，就说："陈杨江，快叫老师啊！"孩子这才抬起头，腼腆地看着我，低声地叫道："老师好！"我摸着孩子的头说："原来你就是陈杨江啊！你的画画得可真好！想不想贴出来给大家看看啊？"他迅速地抬起头，看着我，我用充满喜爱的赞赏的语气又问了一遍，他肯定地点点头，"想"。"好，那老师等着你31号报到那天看你的画。"孩子又低下头，一笔一画地认真画了起来。我和家长聊了几句，便告辞了。

回到家，忙着做晚饭，可做完饭已经快6点半了，我约了家长在7点家访，所以饭也来不及吃，匆忙洗个澡，出门了。第二户家庭孩子名叫梁俊诚。在翠苑3区。登上6楼，见到了一个有着一对亮眼睛的小男孩。妈妈告诉我，孩子比较内向，喜欢看书，我让孩子念首儿歌，孩子很快地找出一本儿歌书，哗哗地翻着，找到一首就念了起来。我发现，书上汉字是没有注音的，可见孩子认识这些字。我问孩子妈妈，她说，小俊诚已经认识很多汉字了，会看很多故事书。离开梁俊诚家，我心里不住地感慨道：现在的孩子教育提前，可真了不得。

第3户家庭是个高知家庭，从客厅悬挂的字幅，侧门边摆着一台功能齐全的健身器械可以看出。小姑娘名叫叶新怡，名字不错，孩子长得也可爱：扎两个羊角辫，白嫩的皮肤。在回答问题时还不时地朝着爸妈做怪样，哈哈，整一个小可爱。妈妈告诉我，孩子学小提琴已经一年多了，还在学画画，在汉字学习班学写汉字。孩子马上到房间拿出了作业本，妈妈爸爸在一旁笑话她说："你是玩玩的，自己写的字都不认识呢！"小姑娘的脸色有点暗了下来，眼睛却盯着我看。我很专注地翻阅着她的作业，一页一页，一直到全部看完，我指着孩子写的"戈"说，这个字写得真不错，特别是斜钩，很有点意思了，接着又翻到"心"字，说这个卧钩写得也很好。孩子脸上开始有了笑容，我又问还有什么爱好啊？她说："画画。"说着又跑进房间拿出3张最新"作品"。"啊，画得不错啊，31号拿到学校和同学们的一起展出，好吗？"她快活地点点头。

告辞出门，一股热浪扑来，把我本就火热的心吹得更热了。想起19楼中有一位网友发了一个帖子，说孩子的老师要来家访了，该怎么办？我想，这位朋友大可不必如此紧张。老师家访目的只有一个，了解孩子，了解孩子的成长环境。一杯清水招待老师，足矣。

回到家接近9点，一天工作接近尾声，我想，我应该写点什么，毕竟，这一天还是很有意义的，过去了，遗忘了，就可惜了。这也是我生命乐曲中的一个章节。等到我老的时候，不断地回想这些珍贵的、精彩的、动听的、感人的乐章，那是多么令人陶醉的事情啊！

2012年8月25日　天气晴　　鲍迪尔老师

小方家在临安，这次家访中他的家最远。小方的爸爸接我和张老师到临安后直接要把我们接到饭店，路上顺便接上了小方。这短短的几分钟，他的言行，给我的印象是孩子太调皮，太没有规矩，甚至有些油腔滑调。吃好饭，我们到他家去，从一进家门，我和张老师都感受到这个家太特别了。我首先要求小方拿出他的书，想看看他的识字量。结果他只拿出了小小的、薄薄的一本书和一本拼音本。他妈妈看了这本本子后，就开始批评起他来。他妈妈说："最近很忙，没看你作业，原来你只做了那么一点，而且做得那么差。"一顿数落，我也跟着帮腔，本来一脸兴奋，不停说话的他在我们的批评声中躺在了沙发上，一声不吭。过了一会儿，我们要走了，爸爸妈妈要叫他起来说再见。他躺在沙发上，说了两个字。用临安方言说的，虽然我听不懂，但我猜到了可能是在骂我们。这时他的父母非常尴尬，一遍遍地说跟老师再见，他无动于衷。看着他气愤、委屈又倔强的样子，疼爱之心油然而生。我把他从沙发上抱起来，就这么一个简单的动作，竟让这孩子一下子流下了眼泪，紧紧地抱着我，哭着跟我说再见。此时，我心里想的是：这个孩子需要爱。爱是拥抱！

二、家长入校，学校也是家

完整的学校教育，应该有家长的积极参与。孩子在学校里学习了一天一周，学校里发生了什么，孩子学到了什么，许多家长往往不满足于仅仅从孩子口中说出的信息。我们也认为，家长有权也很有必要了解孩子在学校里所经历的事情，因为这更加有利于家长和学校的合作，从而更加有利于孩子的成长。因此，在家校联系方面，我们除了上面提到的常规组织和制度之外，还积极开拓多种家校联系的途径，让家长每天都能了解到孩子在学校里的信息，时刻知晓孩子的成长与进步，见证孩子的幸福成长。

我一直有一个信念，就是孩子入学即家长入校，父母与孩子都是育才人，因而对家长的培训与教育孩子同样重要。我把家长视作我最重要的合作伙伴，因此，让他们了解学校的方针、政策，理解学校的办学宗旨、教育理念、培养目标，感受学校的办学氛围，进而与他们建立起有效联系和有效沟通的途径、达成教育共识，是我一直努力在做的事情。

其实在每年的新生入学前，育才都会进行为期半天的"幼小衔接，入学体验"活动，让报名入学的家长们带着孩子来体验和感受小学的课堂、同学、老师、活动——这是我与家长朋友们了解和沟通的开始。在与新生家长联系方面，育才有几个特色：新生入学咨询前置、家长培训前置、家长会前置、家访前置。也就是在新生入学之前的那个暑假，我们会提前做好新生家长的联系和培训，让家长和孩子提早融入到育才的大家庭中来。比如每年的新生家长培训，我会对家长进行"孩子的成长需要我们携手创造美好的未来"的专题讲座，提高家长对孩子生理、心理变化的认识，帮助家长了解小学生活、学校常规等，从物质上、精神上为孩子进入小学学习做好充分的准备，注意培养孩子的生活和自理能力，帮助孩子尽快适应小学生活。

我很重视对家长的教育和培训工作，因为我认为只有将我们育才的教育理念有效传达给每一位家长，使家长能够认同和支持我们的工作，那么我们对孩子的教育才算成功了一半。然而让家长真正"入校"，更需要从机制上做好保障。我们十分重视家校组织的建立，如成立家长委员会、家长学校、家长开放日、家长会、家长义工站、家庭教育指导站等，从多个方面、多种途径让家长参与到学校的各项活动中来，一方面学校会对家长进行定期的家庭教育培训和指导；另一方面家长也可以为学校的建设和发展献计献策、提供资源。

三、家长委员会

家长委员会是家长参与学校事务的一个独立机构。在家长委员会里，还可以成立爸爸委员会、妈妈委员会，或者其他的科技委员会、体育委员会、艺术委员会等，由家委会自行决定和组织。家委会的选举时间一般在一年级期中的时候，由班主任推荐懂得教育、热心教育、有威望、有组织能力、有沟通能力并有一定时间的家长参与竞聘。我们还专门制定了家长委员会的章程，用于规范家委会的日常组织和运行。学校每学期必须召开一次家委会，如果班级有事，家委会也要随时召开会议商议。另外，家委会拥有组织各种"亲子活动"的权力。近几年来，在各年级组家委会的组织下，家长与孩子们前往杭州市内外各地举办了各种类型的"亲子活动"，如赴外桐坞艺术村茶园写生、太美农村烧烤等，受到了广大家长和孩子们的欢迎。

跟着课本游中国　在育才有这么一个家委会的团队，多少年来都坚持做着一件事，那就是开展"跟着书本游中国"的亲子游活动。这个团队已经先后游历了北京、贵州的黄果树、西安华山、安徽黄山等祖国山河。下面分享一段这个团队贵州行的故事片断：

> 蓝天白云，
> 同龄的孩子，
> 你们生活在贵州，
> 我们生活在杭州，
> 今天我们一起手拉手。

我们和沙坪乡民族小学五(1)班的孩子在一起跟着课本游中国，我们这次来到了贵州。除了去看看书本里的黄果树，我们还有一个重要的目的，就是亲自去看一下贵州贞丰县沙坪乡民族小学，让我们杭州的家长和孩子实地去了解贵州大山里孩子的真实生活。

沙坪乡民族小学的龙锋校长是去年来我们学校学习的西部校长培训班的成员，在我们学校学习了将近半个月。我们五年级刚好有这么一个单元，走进西部，还有和西部孩子手拉手结对的任务。在培训过程中，结识龙锋校长，和他几次聊天，就定下了今年暑假带着孩子和爸爸妈妈亲自赴贵州沙坪小学的计划。

四、家长学校

家长学校是学校进行家长培训的重要组织。为了促进家长更好地融入到孩子的学校生活中来，学校积极探索对家长进行培训的多元模式，如开展多种家庭教育的专题讲座，将家长培训与家长会相结合，辅之以个别指导和咨询，发挥家长的教育潜能让家长来授课等。学校还特别建立"学习困难学生"、行为个性不足学生的辅导档案，针对孩子在校情况的记录和调查情况，与家长个别进行辅导交流，尽可能及时解决不同类型学生的家庭教育中出现的"个性"问题和"心理健康"问题。

四方论坛　我们坚持在家长学校里开展"四方论坛"的活动，即创设一个公平对话、平等交流、分享教育心得、增进彼此了解的平台。我们会定期征集关注点高的话题，邀请孩子们、家长们、老师们和专家们一起参与讨论。我希望大人们能够通过这个论坛用心去读孩子、懂孩子，从而真正的爱孩子；孩子们通过这个论坛更好地理解父母、感恩父母，并且收获幸福感悟。

最近我们确定了"关注孩子们的课余生活"这个话题，主题是"读我、懂我、爱我"，开展了一次四方论坛。下面和大家一起来分享几个精彩的片断，也许会引起您的共鸣。

潘朵爸爸：其实我是非常尊重我孩子的决定的，因为孩子的幼儿园是在日本度过的。中国的孩子双休日会有很多兴趣班，国外的孩子是没有兴趣班的，总是去旅游。就是陪着家长，爷爷奶奶或是外公外婆，一起到外面去玩。他们是以玩为中心。我回来以后发现，很多小孩子是以学为中心，这是孩子的不同。家长的不同，家长碰到之后，在国外的话往往会问，你孩子快乐吗，健康吗，开心吗。中国家长碰面了之后往往会问，你孩子在哪个学校读书的，上哪个兴趣班，成绩好不好。这个不能下结论，说哪一个好，哪一个不好。那我个人认为，适合孩子的是最好的。

主持人：刚才这位家长说得也挺有意思的，就是讲了不同国家对于孩子的不同期盼。而且孩子们的现状确实不太一样，你现在的想法是我不希望双休日孩子被课外的一些课给占据了，现在你的孩子还是一年级，还是希望能够随着自己心中的愿望，去实现一些小小的要求、目标，更注重的是孩子快乐、开心，或者周六周日的时候可以举家做一次小小的远足，更多的是一种亲情的团聚。但是我在想你孩子到了四年级、五年级、六年级的时候，我不知道你会怎么想，我们希望你能够一直保持一个很好的心态，让更多家长受到感染，尝试着让孩子自由地安排和处理自己的空间和时间。

专家：我概括了一下，有些孩子的课余时间的安排是根据孩子的先天禀赋来的，就是要适合孩子。实际上语言，特别是艺术，跟孩子的先天禀赋关系尤为密切。应该说搞艺术的前提就是天赋。我读一本书叫《傅雷家书》，他的儿子傅聪是一个钢琴家，这个爸爸为什么给儿子选择弹钢琴这条道路？因为傅雷他发现了他儿子有弹钢琴的天赋，他们在这个专业有个词汇叫做绝对音高，如果没有这个的话你要成为一个钢琴家是不可能的。刚才有个家长讲得非常好，就是在报兴趣班的时候，让孩子自己选择。我们现在常常讲，孩子没有责任心，一点事情不能坚持。为什么？就是因为我们大人叫他做，老师叫他做，不是他自己想做，所以他就消极被动。所以如果我们要培养孩子的责任心，让他自己做选择是一个不二法则。这一点有一个家长讲得非常好。第三位家长选择双休日的时候跟孩子在一起，并且全身心地跟他在一起玩。在一起还是简单的，在一个家庭里大家都在一起的，但是各干各的事。表面上大家都在一起，实际上大家都没有精神的交流。但是这位家长是跟孩子一起玩，你加了一个字，就是"全身心"的，充分地享受这种亲子之爱。我们还有家长讲到了出国，从你的话当中，主持人有一点疑惑，我似乎也有。你的孩子，我们认为是很听话的孩子，她会主动要求参加多个兴趣小组，家长说是孩子说自己需要的。我当时也在想，孩子一天中有五个项目，是孩子自己需要的吗？可能有一个情况会被我们大人忽视，好孩子往往会迎合我们的需要。他知道你父母希望他怎么做，迎合我们需要的同时，孩子会忽略他自己的需求。比如说，作为一个孩子来说，他的天性是玩耍，而且不仅仅是跟父母一起玩，还要跟小孩子一起玩。这个在孩子的成长过程当中是必需的。因为在玩耍交往的过程中学会了如何做人这一课。做人是在与人交往的过程中学会的，所以我们鼓励小朋友自己玩，一旦跟小朋友一起玩的时候，就会产生一种现象，就是规则。你不能自己玩自己的，不然的话人家不跟你玩了。我们学会做人，走向社会的道理在其中。我就是有个担心，担心我们的孩子，特别是好孩子，会迎合大人的需要而忽略自己的需要，甚至他忘记了自己，这是很可怕的。

五、家长义工站

家长义工站是学校最新推进的一个组织。国外学校在这方面做得比较突出，这也是我从美国考察回来之后推出的新举措。成立家长义工站，旨在让家长朋友们更多地参与到学校的各项活动中，并贡献他们的智慧和力量。同时，通过家长们的志愿服务，为孩子们树立起榜样，让他们从小就在心中种下"义工"概念，播下爱心的种子。家长义工站虽然成立不久，但是却已经在积极组织活动。比如在运动会上，操场上到处留下了家长志愿者的身影，每班都有家长过来，并且天天都来，着实令我感动；家长义工们还把社会上的"微公益"带入校园，比如爱在"衣加衣"活动，免费午餐活动，关爱留守儿童等等，在传递爱心时，孩子们也体验着点滴微幸福。另外还有家长们自动发起的"让爱心延续，让善心点燃生命的火花"募捐活动，为我们学校一个患了白血病的学生募捐，15天里共筹集了65万元。这些都是家长义工们的功劳。

除了上述组织之外，我们还建立了家访制度、家长会制度、家长评议学校制度等，进一步保障家长与学校的联系，促进家长与学校的合作、让家长监督学校。家长评议制度是由教育局在每年的十一月份组织实行的，较为客观和公正。这么多年来，我们育才教育集团每一所学校的满意度一直都是99.9%。我觉得，这与我们良好的家校互动是分不开的。

六、家长开放日

家长开放日是促进家校合作的一个有力举措。学校每年都定期开展家长开放日活动，把家长请进学校、请进课堂来了解学校的教学工作、教师的教学情况和孩子的学习情况。"家长开放日"与"家长会"有所区别。在家长开放日那天，家长跟学生一起走进课堂，作为学生的一员一起来听老师上课，一起感受在学校学习的氛围。很多时候，有些家长不理解自己的孩子为什么在课堂上开小差，往往是因为家长不了解或者遗忘了自己小时候在课堂中上课的感受，从而不能与孩子好好沟通。我觉得，只有让家长重新亲身体验一下孩子每天的课堂生活，才能让家长更多地从孩子的角度出发去考虑事情，体会孩子的感觉才能真正知道孩子的所思、所想以及教师的所思所想。

但是"家长开放日"因为是全方位真实地、即时地呈现学校、教师的教育教学行为，难免会出现一些不和谐的因素，这时候教师的智慧显得非常重要。曾记得 2009 年的一次"家长开放日"活动，一年级家长与自己的孩子一起坐到座位上听课，数学老师方静按照教学设计方案有节奏地在上课，孩子们时而小组讨论，时而大组交流；时而站起来发表意见，时而静下来深入思考……突然一个家长站起来大声训斥方老师："我儿子举手已经好半天了，你为什么不请他发言？"方静温柔地与家长对视了一会儿，继续上课。等到课堂里出现第二次回答问题高潮的时候，方静老师大方地请了这位孩子回答问题，孩子回答得非常精彩。课后方老师与家长沟通："课堂上的问题是有难易层次的，什么问题最适合什么孩子回答，教师是要思考过的，我们要关注每一位孩子在课堂上的表现与成长。刚才第一个问题不适合你孩子回答，那是因为太简单，后来的问题越来越难，思维的层面也越来越深，需要组织语言表达自己的思维过程，比较适合你孩子回答。这不，你孩子不是回答得很精彩吗？"这位家长连连点头赔不是。

《教育服务直通车——家长篇》 《育才教育集团教育服务直通车——家长篇》是我们精心编写的、让家长最快捷地了解育才的教育理念和日常活动的指导手册。在《教育服务直通车——家长篇》中，我们对家庭教育的行为规范、育才的办学理念和办学宗旨，以及学校的教学服务、作息时间、课程设置、节日活动、生活和医疗服务，学生的日常行为规范和建立家长委员会的有关事项等都作了详细的介绍，每个家长都能轻松地从这本小册子中找到自己所需要的信息。我们也希望能通过这个《教育服务直通车——家长篇》，首先架起学校与家长之间沟通的桥梁。我们在《教育服务直通车——家长篇》序言"家校之间"中写道："从家到学校的距离有多远，泥土知道，家是孩子坚实的土地，一只只小脚在这里奔跑；从家到学校的距离有多深，浪花知道，家是孩子梦的港湾，一个个小音符在这里舞蹈；从家到学校的距离有多长，花瓣知道，家是孩子成长的根，一朵朵小花在这里欢笑；从家到学校的距离有多重，育才知道，你我的一路陪伴，奠基孩子幸福的骄傲。"

七、学习型家庭：有意义的"图书漂流袋"

前面章节已经提到，家长要做一个良好的"学习者"，不仅孩子需要学习，家长也需要不断地学习。因此，我对每个家庭都提出了创建"学习型家庭"的要求。在一个充满学习氛围的家庭中，家长会懂得如何更好地与孩子沟通、交流，而孩子也会受到书香气息的感染，更加热爱学习和求知。

为了鼓励和引导家长朋友们积极参与到创建"学习型家庭"的活动中来，我们特别制定了创建学习型家庭活动方案《与我们的孩子共同成长——杭州市育才教育集团创建学习型家庭活动方案》作为家长的指导和参考。为了推进学习型家庭发展，我们提出创建学习型家庭的十个基本要求和十大基本策略。其中假期的"四同活动"以及有意义的"图书漂流袋"做得极其有效果有价值。

（一）幸福假期 四同活动

每到假期，我们都会在《给家长的一封信》中写明"与我们的孩子共同成长"的四同活动要求。例如在 2011 年的寒假，我们要求家长和孩子在假期中一同完成四件事（当然，每一次的菜单会有所不同），目的是让家长陪伴在孩子成长的瞬间。（1）同做友谊灯：家长帮助孩子制作一盏灯笼，可以利用身边的废旧材料制作南瓜灯、小橘灯或迷你掌上小灯，也可以尝试改良和"研发"，把迷你灯串在手机链上，做成摆设的一套、一组灯等。让孩子把灯送给邻居亲朋、结对伙伴，帮助孩子拍摄下这一场面。（2）同做安全达人：快乐过年，安全不忘。家长和孩子共同完成家庭火灾疏散预案的家庭作业，主要内容包括填写一张"家庭消防安全自查表"，制作一张家庭每个房间的逃生路线图，完成消防安全作业。（3）同学国学小知识：杭州市将举办首届中小学生国学知识网络大赛。请低段的家长帮助孩子完成网上注册等工作，让我们和孩子一起同学国学知识，完成网络大赛。（4）同乐献爱心：家长推荐一本好书给孩子，并指导他写下读后感。最后，让孩子把读后感和书一起寄给他的"手拉手"朋友，让我们的孩子共同学习、一起成长。

2013 年春节期间，大队部又发出倡议："幸福传递，一站到底"活动，很有意义。

2012 年，大家问的最多的是"你幸福吗？"其实幸福就在你身边，就在传递幸福的过程中。在这个寒假，在感受传统中国新年合家团聚、欢乐喜庆的同时，希望大家能够主动跨出家门，为陌生的朋友们送上一份新年的祝福，进行一次情感的交流，让融融的欢乐萦绕在彼此之间，使新的一年生活有个美好的开端。我们采用"一站到底"的模式，总共把这次活动分成了三站，你可以选择将幸福传递到哪一站哦！我们期待有更多的冲关达人出现！

幸福起点第一站：结识新朋友，用照片定格祝福瞬间。向一个或几个陌生人送上新年的祝福，他（她）可以是你的同龄陌生小伙伴，可以是社区独居老人，可以是小区里坚守岗位的保安叔叔，也可以是"手拉手"结对的队员等。祝福形式可以多样，可以是你温暖的新年祝福，也可以是你送出的对联，也可以是一份小小的礼物等等。看看谁的祝福能够收获陌生人脸上最灿烂的笑容！

幸福陪伴第二站：牵手新朋友一起做一件事，用文字记录心情，用照片捕捉幸福时刻。如果祝福送到后，尝试着相互交流，互相了解，了解你我他，并且留下联系方式，一起再把幸福传递下去。可以是一起做一件好事，可以是一起去看场电影，也可以是一起为身边的独居老人表演一个节目、包顿饺子送保安，更可以是邀请对方到家里来做客。在整个活动过程中用相机定格几个"幸福瞬间"，吃的、笑的、玩的、乐的都可以。记住哦，不要摆拍，拒绝平庸，快，拿起相机捕捉幸福一刻吧！

幸福珍藏终点站：制作幸福卡。用照片和文字的形式记录下幸福传递的点滴感受。可以记录送祝福时成功的喜悦；可以记录与小伙伴一起传递幸福的点滴过程；还可以记录春节习俗的变化；当然也别忘了和你认识的新朋友一起畅想一下未来，记录新年的愿望，写下新年的目标，一起努力，保持联系！最重要的还有写下自己、家人和新朋友的幸福感言。至于幸福卡的样式嘛，就请你发挥自己的创意好好设计一下吧！

（二）有意义的"图书漂流袋"

在推进"学习型家庭"的创建过程中，我们开展了一项非常有意义的活动——"图书漂流袋"。图书漂流起源于20世纪六七十年代的欧洲，读书人将自己读完的书贴上特定的标签后，随意放在公共场所，捡获这本书的人可取走阅读，读完后再将其放回公共场所，让下一位爱书人阅读，继续一段漂流书香。没有借书证，不需付押金，也没有借阅期限。这种好书共享方式，让"知识因传播而美丽"。我们借鉴这种做法，在我们班级的家长中间也设置了这样的"图书漂流袋"。每个班的班主任各自推荐经典教育书籍给家长阅读，并给每本书专门配备了一个笔记本，家长之间相互流通。每位家长在阅读完一本书之后写下读书心得，然后传给下一位家长，让家长之间能够针对同一本书进行讨论、交流。家长们阅读完这些书后，都自觉感触颇深，受益良多。很多父母对孩子缺失的不是爱，而是正确的引导和方法，这些教育经典给了家长们很多有益的启迪。老师和家长之间，也因为知识的传播而日益亲近。

读《父母怎样为孩子的情绪解套》

蒋妮烨妈妈：我们应适当给孩子提供探索实践的机会，以满足孩子的好奇心，不要以过来人的身份告诫孩子而抑制其好奇心，孩子在实践中虽然走了弯路，但其成长经验远比家长的说教强上百倍。要留给孩子一定的独立空间，给他们一定的自主权利……当孩子产生各种情绪时，应该让孩子有机会把它表现出来，而不是要去压抑它，当孩子在倾诉心中的不满和怨气时，家长要耐心地洗耳恭听，不要轻易打断，更不要以教训式的口吻训斥他，让孩子认识到自己的情绪找到了合理疏泄的途径。……要让孩子的情绪健康发展，不但要给予他们良好的教育，更要每一位做父母的给他们做出良好的榜样。

读《做最好的家长》

姜山妈妈：对待孩子的错误，宽容的心态比斥责更重要；关注孩子的分数，不如关注孩子的幸福更重要；面对学习压力，让孩子感知求知的快乐更重要。学而无疑，远不如在学习中质疑问题越来越重要。面对孩子的缺点，有时需要轻描淡写。面对孩子的优点，需要用放大镜来观察……作为家长，对孩子的教育是一个漫长的不断变化的过程，它需要你源源不断地付出耐心、精力和时间。爱的教育在孩子身上会春风化雨，润物无声……孩子的成长只有一次，为人父母与孩子一起成长，是责任，是幸福。

如今，我们的图书笔记本上已经记录了许许多多家长们的读书心得，里面有家长关于自己以前错误教育的认识、对孩子心理和教育的新认识、对老师的感激之情等。其实，这些图书笔记本不仅拉近了家长与家长之间的距离、家长与老师之间的距离，也拉近了家长与孩子之间的距离。只有父母好好学习，孩子才能真正天天向上。

创建"学习型家庭"活动自提出以来已经过去几年了。在这几年中，幸得各位家长的积极配合和帮助，我们已经取得了一定的成效。譬如，我们培养了一支家庭教育指导的骨干教师队伍，家长们已经开始积极参与到"学习型家庭"的创建活动中来；家庭和学校之间的了解更加深入了，初步形成了家校合力、共同育人的良好氛围；更重要的是，学生的独特个性和主体地位开始受到了家长们的关注，家长和孩子们共同学习，在家庭中也营造出了浓厚的学习氛围。我的体会是：(1)家庭教育的指导工作要持之以恒，十分注重环境的创设和活动的创意。(2)家庭教育的指导工作要因家庭而宜，在符合总体标准的前提下，充分体现家庭的个性与特色。(3)创建学习型家庭要十分重视学校、家庭、社会的融合，共同形成促进各方发展特别是学生发展的合力。

第三节　学校如家　让学校成为孩子成长的见证者

孩子成长所需的幸福陪伴不仅来自于家长，还有老师和同学、伙伴。对于育才寄宿制的孩子来说，他们一天 24 小时都生活在学校中，与他们更多朝夕相处的就是他们的老师和同学，因而老师、同学对孩子的幸福陪伴就显得格外重要。对于他们来讲，学校不仅是他们学知识、长才干的地方，也是他们学习如何与人交往、养成良好生活习惯的重要场所。

基于"为每一位孩子的幸福人生奠基"的教育理念，育才让每一位老师都能播撒幸福的种子，让每一位学生都带着幸福的种子从育才走向坚实的人生。如前面所述我们的目标是，努力建设成为杭城最美丽城区的最幸福校园之一，打造最具童年幸福感的学校——让孩子每时每刻沉浸在幸福之中。那么幸福的学校是什么？在我看来，它首先应该是孩子第二个温馨的家。

一、亦师亦母：教师是孩子们的"父母"

学校如家，教师就应该成为孩子们的第二任"父母"。教育的内涵是极其广泛的，它不仅仅包含知识的授受，更在于情感的熏陶、德行的养成。这对于教师来说，就不能仅仅教好课就行了，还要在实际的日常生活中注意怎样更好地关心孩子、教育孩子，以一个"父母"的心态来对待孩子。

孩子们最喜欢的砾姐姐

教师的幸福源于付出，我常常静下心来细细体会孩子们给我的幸福。"Good Morning, Teacher!"每天走进校门，总有很多学生在亲热地和我问好；下课的时候，被孩子们邀请参加游戏，上课的时候孩子们听得津津有味；吃饭的时候，孩子们挪出凳子的一角请我坐下，空空的茶杯总有人默默地往里面倒上水放在我的讲台上……我喜欢带着放大镜去发现这些幸福的事情，小小的幸福也可以带来大大的快乐。同时，我也希望自己能给孩子们带来更多的幸福。

试着做每一位孩子的父母，对于我们这个寄宿制学校来说非常重要。在"父母"眼里，每位孩子都有可爱的一面；在"父母"的眼里，不管是哪个孩子犯错了，都会公平对待。我们这个"妈妈"的工作是琐碎细致的：每天早上催促他们盥洗；天气变化的时候提醒他们脱换衣服；晚饭过后陪着他们看动画片；帮女孩梳梳头、给男孩整整衣服。他们开心的时候陪他们开心；他们伤心的时候哄得他们开心。对于几个长期住校的学生，我会给他们更多的关爱，有时候给她们买零食，有时候为他们添置课外书和生活用品。其实，每天只要和孩子们在一起，我就能感受到满满的幸福。

孩子幸福成长的童年需要家长和老师共同营造。在学校中，老师就要承担起父母的职责，用责任和爱心为孩子搭建成长的桥梁。孩子想要的其实并不多，也许只是一个关爱的眼神、一个善意的微笑、一次温暖的抚摸、一句真诚的赞美，仅此而已，但这些却能给孩子注入巨大的成长动力。如父母般地关爱孩子，教师也会得到幸福的回报。

在育才，有许许多多感动的故事，孩子们忍不住会叫老师们"妈妈"，这种感动是世界上最最幸福的。我可以和大家分享几个幸福瞬间：

孩子们最爱的鲍妈妈

鲍老师爱班里的每个孩子，像爱自己的孩子一样。她常对班里的同学说："我是你们的妈妈，你们是我的孩子，班级就是我们的家，我们都爱这个家。"天冷了，她提醒孩子们多添衣服，天热了，为孩子们擦去脸上的汗水。流鼻涕了，拿出早已准备好的纸巾帮他们擦掉。病了，提醒他们吃药，这样的小事不胜枚举。一年级的孩子离开爸爸妈妈独自在学校生活，更需要老师的爱。每次晚自修结束送孩子们回寝室，他们一遍遍地说着："鲍老师再见，鲍老师晚安。"有的甚至还带着哭腔，有的还要追出来再说几遍。她知道，这几个孩子是把她当成了他们的妈妈，他们想妈妈了，鲍老师就让每个孩子都亲她一下，孩子们才开开心心地去睡觉。

记得多年前一个冬天的晚上，鲍老师家传来了敲门声并伴有哭声，她打开门一看，只见一个小男孩穿着内衣，赤着脚站在门口，脸上分不清是泪水还是汗水，哭得连气都喘不过来，因为跑得快，内衣都湿透了，她马上给他洗澡，给他换上自己孩子的衣服，然后听他说说发生了什么事。原来他爸爸妈妈在家里吵架，吵着吵着就打起来了，他一害怕就跑到学校找鲍老师，门卫说鲍老师已经回家了，他只好又跑回家，看到爸爸妈妈还在吵，甚至还拿起了刀，他害怕得连鞋也顾不上穿，那么冷的天，只穿着内衣跑到了鲍老师的家。鲍老师听了孩子的话后，第一时间联系到家长，可是家长来接他时，他却不愿意回家。是鲍老师再三劝导，如妈妈般地哄着受到惊吓的孩子，让家长做出不再吵架的许诺，他才放心地回家。一晃多年，如今那孩子已经是高中生，他经常来看她，这时他已经改口叫鲍老师为干妈。她用博大的爱心赢得了他的信任，这是多么珍贵的情感啊！

对那些谁见了都要挠头的学生，鲍老师的办法就是用爱去感化他们。二十六个春秋，记载着多少这样的感人故事。鲍老师用一颗爱心，温暖了多少冷寂的心灵，转化了多少个特殊的学生。她以极大的耐心和爱心来对待她的学生，她用自己的爱心塑造着孩子们美好的心灵，用爱滋润着孩子们的心田，用爱赢得了孩子们对她的爱，对她的信任，用爱赢得家长的尊重。

二、亦哥亦姐：学哥学姐也是"父母"，睡前陪读

谁都经历过童年，谁都有权获得美好的回忆。第一章中我的幸福成长故事，是我记忆深处美好的回忆。是的，我的童年是美好的，我一直幸福地拥有着。是什么让我感受美好？

> 孩子的成长需要同伴，只有孩子才能理解孩子，也只有孩子的同伴才能陪伴孩子成长。孩子从来不期望庞然大物似的成人能够理解自己，孩子也从来不把居高临下的成人当作自己的朋友。孩子可以独生，但不能让孩子独长。若既没有兄弟姐妹，又没有伙伴，"独生"子女就跌入双重的孤独：不仅独生，而且独长。

每一个孩子都应该有至少一本喜欢的书，伴随我童年生活的一本书就是《少年文艺》。第一章我曾经说起过：我的父母白天劳作非常辛苦，母亲又不识字，所以我自己小时候没有那么好的条件，不能每晚都能伴着妈妈讲故事入睡，幸好父亲是教师，父亲在自己村任教期间，我享受了在星空下月光下聆听故事的美好童年。现在不同了，年轻的爸爸妈妈们越来越重视孩子的阅读，睡前讲故事的现象也越来越普遍。我始终认为每位孩子都应该有自己最喜欢的书或睡前的故事，但是，育才是寄宿制，我们的孩子不就缺少了这样的条件？这是我当时担心的，但不久就想出了对策——学哥学姐给低段孩子讲睡前故事。我一直持一个观点：孩子可以独生，但不可以独养。寄宿制学校更有这种条件让孩子在集体的环境中成长，学会生活，学会做人。每一个刚入学的孩子，我们都会组织高段的学哥学姐给他们讲睡前故事至少半个月。这样，低段孩子就会在这段时间内培养阅读兴趣，高段孩子也从中锻炼了自己的口才和照顾弟弟妹妹的生活能力，我们何乐而不为？

在学校绝大多数的孩子也都是独生子女，但是同学之间应该是兄弟姐妹的关系，在育才这个大家庭中互帮互助、相亲相爱。

其实，活动本身如何并不重要，重要的是孩子们在这些活动中最终体会到了什么、收获了什么。我们的宗旨是让孩子能够在学校中感到幸福，但同时也要学会去分享幸福、创造幸福。只有一个懂得珍惜自己的幸福、乐于分享自己的幸福并勇于去创造幸福的人，才能真正拥有一个幸福的人生。

三、亦校亦家：学校应该给孩子一种家的感觉

教育家朱永新在他的新教育理论中说过："儿童的学习不应该只是'为将来的工作与生活做准备'，教育本该是生活的基本方式，儿童今天在学校里所接受的教育，在为长远的人生与社会理想服务的同时，本身就应该是幸福的生活。"没错，孩子们如今在学校中学习，就是他们现在的生活方式和生活状态，他们有权利过上幸福的学校生活。因而，我们的责任就要给在学校中的孩子们营造出一种家的感觉来。

我一直认为，教育就是一种服务，但它又是一种促使学生发展并令其愉悦的特殊服务。家长送孩子到学校来，不仅仅是为了受教育，他们还有其他方面的需求，这就是愉悦的需求、幸福的需求——在寄宿制学校和流动人口学校尤其如此。"优质服务"的含义，不同的人有不同的理解，但有一点是共同的，即优质服务含有超出常规的和一般性的服务内容和服务满足。一般理解是"规范服务＋超常服务＝优质服务"，即优质服务是在规范服务的基础上有超乎常规的表现。我觉得我们育才的教育品牌就是寄宿制学校的"精神服务"，即让孩子们有一种在家的感觉。我们的孩子来自全省各地、全国各地，甚至全世界各地。当然，杭州的孩子占绝大多数，外籍学生也占了一定的比例。所以，孩子最需要的是"精神服务"，一种多元的、温馨的、和谐的"精神服务"。因为教育是培养人的，最重要的是人的精神教育，特别是真正的品牌教育。

打造孩子喜欢的幸福校园和幸福教育生活：让学校成为孩子们理想中的好地方，成为他们天天向往的地方，看到学校就欢呼雀跃，而不是愁眉苦脸，这才是理想中的好学校。如果孩子厌烦了校园，那么，我们的教育还没有开始，就已经失败了。走进我们的学校，首先看到的是一列正在奔驰的"幸福号"列车教室，孩子们在里面幸福地生活。

给孩子营造"家"的感觉，我觉得需要特别关注孩子的"四感"，即让孩子有被人呵护的安全感，被人欣赏的愉悦感，克服困难实现一个个小目标的成长感，以及受人尊敬关爱他人的幸福感。

安全感。孩子到学校里来，首先必须要有安全感，不仅包括硬件设施的安全，更重要的是心理的安全。育才集团非常特殊，其中一所是流动人口子女学校，孩子们来自全国各地，有一定的自卑感、腼腆、不自信，有些甚至家里很贫穷，来到杭州这个陌生的城市难免会缺乏安全感。另一所学校是寄

宿制学校，父母不经常在孩子身边，甚至是一些不完整家庭，所以孩子心里也总会有些不安。因此，首先给这些孩子以安全感就显得格外重要。

愉悦感。孩子每天在学校，幸福的童年大部分时间都是在学校中度过的，每天过得开心、愉悦、满足就很重要。只要孩子喜欢某个老师、就一定喜欢这个老师所教的学科；喜欢学校的一草一木，喜欢这所学校的校长，就一定喜欢这所学校。

成长感。成长比成功重要。我们要十分关注孩子的成长感，让他感到自己每天都在进步：今天比昨天好，并相信明天也一定会比今天好；我在这方面不是非常突出，但我在另一方面肯定比你突出。总之，给孩子成长感就是给他树立起自信心来，积极地面对每一天，产生更强大的成长动力。

幸福感。这是最终的目标，也是教育工作者一辈子追求的东西。虽然不敢说来育才读书的孩子都有着很强的幸福感，但我确实把它作为我们的理念和目标。我们会不断努力，让越来越多的孩子感到越来越幸福。我认为，教育只有让孩子每时每刻都沉浸在幸福之中，它才发挥了教育的功能，体现了教育的价值。

教育就是帮助孩子在未来的生活中更成功地寻求自己的幸福。蹲下来，设身处地地为孩子着想，帮助孩子解决实际问题，让孩子在育才学习有安全感、愉悦感、成长感和幸福感，让每一位孩子享受育才的优质教育，这就是我们幸福教育的目标。

在路上，以最美丽的姿态

缘起

帘外雨潺潺，雨下了许久了，窗前我也站了许久许久……

1995 年 8 月，开学前两天，学校通知我去报到。接待我的是一位高个、短发的女教师，笑容很美，很是精神。"欢迎你加入我们实验小学的大家庭，你将作为专职音乐老师任教五、六两个年级的音乐课，好好干!"没有多余的客套，累赘的语言，直奔中心，条理清晰……十天后，全体教师庆祝教师节，刚好是金老师的八十大寿。当大家齐唱生日歌后，胡校长把话筒递到我的手中让我为金老师献上一首歌。于是，我深情地唱起了《牵手》，这是我由衷的与实验小学牵手，与全体老师牵手，祝福老师。在场的每一位老师都非常感动，特别是金老师和退休老师，幸福感弥漫全场。就这样，这些年来，每当有老师过八十大寿，他们无一不要求我唱《牵手》。96 高龄的金老师更是如此。这便是我与胡爱玉校长的初见。没想到我是在这般美丽善良的女校长下面工作，我何德何能。很多年过去了，在我内心深处还时不时涌现初见时的情境，不知不觉我的内心中注入了追求教育事业发展坚实的因子。

开学半月过去了，我渐渐适应了新的工作环境，很是充实，心中满满的都是同事们带给我的帮助与惊喜。有一天，刚刚把学生们带到音乐教室，待学生们与我唱完师生问好歌后，我抬头猛地发现不知什么时候胡校长已坐在孩子们中间。"她是什么时候进来的? 她是来听我的课吗? 我该怎么办? ……"慢慢地，好一会儿，我才平静了忐忑的内心，认认真真地上起课来。总觉得那堂课时间过得好慢好慢，好不容易挨到下课零声响起，哦，终于下课了。我跟孩子们唱起师生再见歌，没想到，此时，胡校长带领学生们鼓起掌来。直到今天，我清晰地记得，当时的我呆呆地站了好一会儿，恨不得地上有洞让我可以钻进去。更没想到的是，在接下来的周前会上，胡校长大大地表扬了我，并要求全校老师都来听我的课。我实在没想到胡校长会在全校老师面前这般表扬我，这般真情，让我何以为报。当时的我，暗暗下决心，一定要把每堂课上好，一定要对得起胡校长对我的认可。就这样，一年一个台阶，我从县教坛新秀到市教坛新秀到市教改之星，以至于成为后来的学科带头人。后来，慢慢知道，胡校长不仅仅是对我一人这般关爱，她对学校的每一位老师都如此用心，说事时总会说到让对方触动，而做人上会做到让对方感动。可以说，当时学校的每一位同事跟我都有一样的想法，都在暗暗地自觉努力，不停地往前伸展，再伸展。

第二年，学校成立了睦剧业余艺术学校，我有幸成为艺术学校两个班的班主任。从学员的挑选到培训，胡校长总是一有空就亲临现场，也正是有了胡校长的重视，培训老师非常负责，从基本功的训练到保留剧本的排练，学员们得到了实实在在的锻炼，也掌握了一定睦剧的精髓。终于到了汇报演出的时候了，剧目排好了，可五十个学员的服装怎么办？当时我们无法找到专业制作戏剧服装的店铺，借到的也都是成人的服装。胡校长找了学校里几位年长的老教师一起想办法，然后把成人的戏服借来，利用空余时间在操场上自己动手做演出服。就这样，美丽温馨的一幕在操场上呈现：在冬日暖暖的阳光下，几张课桌一字排开，先是几位年老的女教师戴着老花眼镜在忙碌，慢慢地，参与的女教师越来越多，裁剪、缝制、绣边……下课了，孩子们就围在旁边，叽叽喳喳甚是热闹。一周后演出顺利开场，当孩子们穿上学校老师自己缝制的戏服时，在场的所有人都被感动了，演出也异常成功……只记得当时的大家都只有一种概念，学校的事就是自己的事，孩子的事就是大家的事，做事的氛围非常好，同事之间只看得到相互的帮助，只看得到像兄弟姐妹一样的情愫，谁也不会说谁的不是，谁也不会因为言语的不妥而面红耳赤，有的只是奉献，实实在在的奉献。大家心往一块想，劲往一处使。一起铆足了力气一件一件地做事……短短几年时间，学校口碑异常地好。所有的教师都很自豪，干劲也就越发大，以致人们都说实验小学的孩子就是与众不同。今天想起，当时正是因为有胡校长的以身作则，把所有老师都装在心里，真诚对待老师，真诚对待孩子，真诚对待教育，才有大家的一致理解，一致认可。每次周前会，胡校长总会有理有据地表扬很多老师，老师的一言一行她都看在眼里，放在心里……胡校长几乎每天都是最晚离开学校的那个，然而，她每天都是那般精神，那般让人信服。那几年，学校师生凝聚力特别强。当时的我们都感受到了教育的成就感，感受到了爱心和奉献之间的那份诗意魅力。正如苏霍姆林斯基所说：学校领导重要的不是对教师的领导，而是对每个教师进行有关心灵的、有思考的、个性鲜明的人的培养。是呀，师德讲爱心和奉献，但爱心和奉献必须同教师的生活质量、生命的意义相联系，只有当我们教师感受到了教育的成就感和诗意时，师德才能真正成为教师的自觉行为。

追随

"面对孩子们纯洁的眼睛，我愿付出真诚的心灵，无论多么伟大的道理，都必须经过现实土壤的孕育，才能根植孩子们的心中。"这是我在 1998 学年学校中层竞聘会上说的一句话。当全体老师鼓掌时，我知道，我得到了老师们的支持，我走近胡校长，追随胡校长，参与学校管理。此刻，我终于明白，胡校长在开学典礼上对全校师生发起的倡议《竞争是一种精神》，就是要营造赛马场，让我们大家都跑起来，老师与老师，孩子与孩子，师生共同成长。

"以学生发展为本"是素质教育的核心。胡校长在校务会议上强调最多的理念是"全员参与，个个参加"，要求是"每一位孩子"，关注的是每一位孩子的每一个方面，多元化、多领域、多层次地去认可孩子。她总说，让所有的孩子都参与到活动当中来，让他们在活动当中体验活动的过程，体验活动的乐趣，感悟活动对他成长的促进。她教育我们只要是发生在孩子身上的，每一件小事都是大事，都能跟教育联系起来，都能影响孩子的成长；此外，不要孤立地开展一次活动，不要孤立地对待一堂课，课堂上的一言一行都是潜移默化的教育。她跟我们说，一个还未有学科兴趣判断能力的孩子，往往会因为喜欢他的老师而喜欢他所教的学科，时间久了，孩子就自然而然地走进了学科的世界，看到知识的风景，体会到情感的芬芳，我们的各个环节都可打造由一堆细节组成的教育。还有就是让学生参与管理，使人人都能成为班级的管理者，或者是合作者，大家成果的分享者；鼓励各个班级全面的特色化，每一个班级都有自己的班级特色，有的班主任善于在德育的领域里抓孩子的健康成长，有的班主任可能在心理健康方面能够捕捉到一些典型的事例进行引导，每个老师、每个班主任都有他最优势的一面，希望他能用最优势的一面去引导孩子，引导这个班级。记得，当时学校在推行等级制学业评定研究时，胡校长一再要求我们要给孩子创造自主活动、自由创造的条件，要给孩子实践的机会，要千方百计想办法提供机会使孩子的个性得到发展，创造精神和创造能力得到培养和提高，让每个孩子都"抬起头来做人"，感受更高层次的成功，让全体孩子获得生命的意义。在胡校长的领导下，短短的一学年时间，我们学生处大队部开展了人人参与的"诵经典"读书活动、人人展示的艺术节活动、人人有项目的运动会、人人有作品的科技节活动，开展了 30 多个兴趣小组活动，孩子参与率 100%。一手抓普及，面向全体孩子；一手抓提高，培养尖子。在活动中提高，在活动中锻炼。于是，秋季田径运动会的团体操、演讲比赛、讲故事比赛、现场作文比赛、孩子珠心算通信赛、国庆汇演、"人人唱好歌，班班有歌声"的歌咏比赛、首届"十佳"歌手大赛、元旦书画展等，成了孩子施展才华、施展特长的大舞台。就这样，在淳安县首届艺术节上，学校几乎抱回了各个比赛项目的一等奖奖杯，全校师生满脸洋溢的都是激动与幸福。

"100 种好的思路与方法，不如一次脚踏实地地去做。"这是胡校长经常在教师会议上说的一句话，也正是有了这种求真求实的教育思想的传播与渗透，学校老师的自主性，个性化才得到了发展。工作中遇到难题，会主动寻求帮助，在最短的时间内解决，大家集思广益想尽办法让学校发展。学校人大代表提案操场的扩建得以实现，总务会计想办法开源节流，任课教师辅导孩子，家长委员会的成立，少年消防警校的成立，陈经纶教学楼的落成，操场的改造……无论是课堂教学的管理还是学生活动的开展，无论是学校硬件设施的改造还是软件的提升，一桩桩、一件件无不倾注着胡校长的心血，学校在短短的几年时间里发生了太大的变化，老师们都用心在感受着。"本立而道生"，不仅说在口上，更是行在路上。多年后，当我读到"道法自然"这四个字时，就不自觉地想到了胡校长那"天然去雕饰"的美丽。就像胡校长所说的那样，教育要内化成一种自觉，所有的美言嘉行，不是着意为之，而是一种情怀，一份沁入骨髓的热爱，是"行为表意"。是啊，大凡有所成，皆离不开热爱与执着的相伴。

断想

胡校长离开实验小学后，我和老师们继续坚守在这片土地上，继续演绎着胡校长的大教育理念，用整个"人"来做教师。"每个孩子都是学校的100％"，"人人都是德育工作者"，"当你开始惩罚指责时，其实我们的教育方法已经黔驴技穷了，当孩子意识到我们在教育他时，我们已经失败了"，"润在课堂里的德育，浸在学科中的德育""我们要建立这样的理念：于整体着眼，从学科着手，紧扣课程，联系生活，多维渗透，细节滋润，不是挖一个个坑，而是打一口有着甘泉的井，要内化，要生命化。"……十几年过去了，这些话还萦绕在耳，不知不觉教书育人逐渐成为我和老师们生活中的自然。

2004 年，我走上学校副校长岗位后，与胡校长的接触日渐频繁。有一次胡校长告诉我，当校长后，她觉得自己的责任重，一个校长与一所学校、一群老师、一个个孩子的发展是紧紧联系在一起的。作为一个校长，应是一个好人、一个好老师、一个好领导的统一体。所谓好人，就是善良和有责任心的人，一个能主动替别人着想的人。季羡林说：考虑别人比考虑自己稍多一点就是好人。而教育，是度人的事业，时时处处要做的就是帮助他者，是教师和孩子共同成长、发展的事业，没有好人的底子，校长不会真正地做到时时处处想着如何致力于师生的发展；只有想法还不行，校长要有策略，能引导、组织、调动教育资源，为师生们的发展做出切实的、努力的成效。还要有正能量。即校长要一身正气，要有责任感，要有担当意识，要有用人之长，避人之短的用人智慧，特别是要有团结一切可以团结的人共同谋事的胸襟。在我的理解中，胡校长抵达了大我的境界，善良感恩的心，坚定不移的信念，百折不挠的韧性，雷厉风行的习惯成就了她的风范……

"思者先行，行者无疆"，在追求幸福教育之路上，胡校长就是这样一位永不止步的行者。每一次与她见面我都有新的收获，每一次都能发现她以超越的姿态在前行。她告诉我说，一个人能自己改变自己，意味着理智的胜利；能自己感动自己，意味着心灵的升华；能自己征服自己，意味着人生的成熟。能够改变自己、感动自己、征服自己的人，便有力量战胜一切挫折、痛苦和不幸……智者的智慧往往在于，善于通过他人的镜子、现实的镜子和历史的镜子来剖析自己、调整自己、完善自己。坦坦荡荡，平平实实……

是的，在路上，她始终以最美丽的姿态微笑。

淳安县文昌镇中心小学校长
徐爱莲
2013 年 2 月 28 日

每天到校后迎接学生下楼的校长妈妈
提倡学生质疑身边的所有事物

青年时报 2012 年 8 月 11 日讯(记者　陈丽丽)见到胡爱玉的时候,学生已经放假,校园里显得很安静,她却比平时更忙,师德培训、教育教学考核、评优推优、学科教学专题讨论、育才第三所学校的接管事宜等,一大堆事情需要她去做。

聊天中一说起学生,她立马笑了,疲惫感似乎一下子消失了:"好想他们。"胡爱玉说,7 月 3 日中午 11 点开始,她就守候在校门口,跟每一位孩子和家长说"再见","我希望每个孩子都能开心地度过假期的每一天,所以每个学期的最后一天,我总要在校门口送走每一位孩子。"

孩子们喜欢叫她"校长妈妈"

"每天早上 6:50,我就会在学校。到学校第一件事就是去看孩子们。"胡爱玉说,一般孩子一早起来第一眼见到的就是爸爸妈妈,学校是寄宿制的,她想给孩子们一个心理寄托。

"'校长妈妈',是孩子们对我的称呼,"说起学生对她的称呼,她扑哧地笑出了声,"一年级孩子还亲切地叫我'校长奶奶',有些孩子一冲出寝室楼就会拉着我亲昵地亲一下脸。"

她很享受这一切,所以每天早上,只要不出差、开会,她一到学校后第一件事就是来到学生寝室楼下,等着孩子下楼。

常常说当校长很忙,胡爱玉也是。但是,她觉得要让孩子们感受在校的存在感和亲切感,校长一定要"搜"时间尽量多地走进教室见学生。

除了这两个时间,每周一早上,她都会在校门口迎接每个孩子入校,开始新一周的学习和生活。

小学课堂不能只有热闹

小学生学习,最讲究的是兴趣。如果没有兴趣,怎么吸引他喜欢上课,更不用说学好了。胡爱玉教数学课，她觉得小学阶段的数学首先要培养的就是孩子的兴趣。

"低年级的孩子，从培养孩子的动手能力开始，用最原始的材料，让孩子在亲手触摸中感受其中的数学问题。"胡爱玉举例说，观察正方体、长方体和圆柱体等物体，让孩子在观察中，感受物体与数之间内在的必然的联系，构建数与形之间的对应关系。"比如正方体，有几个面，有几个顶点，又有几条棱。"

只有热闹不行，还得有"背后的故事"。胡爱玉认为，小学课堂需要热闹一点，但是不能没有思维的提升，尤其到了小学高段，"比如四年级的数学课，就要不断联系实际，用数学方法解决现实生活中的问题"。

其中有一个很有意思的教学内容——植树问题。一定让孩子从生活实际中充分感知植树的三种情况：两头都种，只种一头，两头都不种。但是，"植树问题"只是一个教学内容，一个数学建构的载体，并非就是"植树"。所以从植树问题，还能引出其他生活化的问题。

又如每天都在经历的"爬楼梯"的问题："小明从 1 楼到 2 楼需走 18 级台阶，小明从 1 楼到 6 楼需走多少级台阶？"公交车站点的问题："5 路公共汽车行驶路线全长 12 千米，相邻两站的距离是 1 千米。一共有几个车站？"闹钟的问题："广场上的大钟 5 时敲响 5 下，8 秒敲完。12 时敲 12 下，需要多长时间？"等。

"只有这样，孩子才会觉得学数学很有用，能够解决生活中的实际问题，激发孩子学好数学的信心。"胡爱玉很认真地说。

提倡学生养成预习习惯

要做胡爱玉的学生，有一项工作必须做好，那就是课前预习。这是她最重视的一个学习习惯。

以数学为例，低年级孩子在预习的时候，一定要看一看、读一读、做一做、问一问。但到了中高年级，学生预习工作也在不断加深。"比如方程式 $x-8=19$、$x=19+8$ 这么简单的一道题，也可以想好几个问题，并在书上例题旁作注解：或者"被减数＝差＋减数"；或者批注"等号两边同时加上 8，等式成立"，或者"移动等式两边的数字，要改变加减乘除符号。"胡爱玉说，如果遇到复杂一点的题目，还可以考虑是不是还有其他解题方法呢？"如果要再增加一点思考，就是再问问自己，这样的题目，能跟生活相联系吗？"

胡爱玉指导学生一般的预习包括两方面的内容：一是认知线——个性化

阅读、个性化理解、个性化表达。主要表达读懂什么，会做什么，自己独特的思考与解题方法；二是情感书——体验成功、抒发困惑。主要是表达思考过程以及解决问题的策略产生的过程，克服困惑之后的成长体验之类的数学日记。

鼓励学生多思考多质疑

胡爱玉很提倡孩子要学会质疑，不要以为自己是学生，讲的东西就不对。曾经有个学生，就质疑课本上的一个说法。课本上说：一个最简分数，分母分解质因数只含有 2 和 5 为质因数的分数，可以化成有限小数。

但是学生通过举一反三的举例，质疑书上这个说法不够严明。"我认为'最简'两字是多余的，只要是含有 2 和 5 为质因数的分数，无论是否最简，都是可以化成有限小数的。"胡爱玉刚听到学生的质疑后也疑惑了一下：一直以来认为书上的内容就是对的，难道书上内容也有错？

正当她疑惑时，这个学生就很认真地把他预习时得到的论据告诉了她。

一个学生说"我们发现分数化成有限小数与分子分母都有关，这个分数必须是一个最简分数，才能判断分母里含有的 2 或含有 5。比如：3/15 分母中含有 3 和 5，除了 5 还有 3，但分母中的 3 与分子中的 3 同时约去，就成了 1/5，能化成有限小数。"

"不一定。"另一个学生说。

"如果这个分数的分母分解质因数后只含 2 和 5，无须最简。"

"是吗？"学生们也非常感兴趣。

"比如，8/16、3/16。"

"但如果这个分数的分母分解质因数后含有其他因数，那就一定得看是否最简，如 3/15。"

"我建议删除'最简'两字。"学生提议。

经过验证，胡爱玉把这个情况反馈给了出教材的浙江省教育厅教研室教研员，最终得到了肯定：孩子的质疑是有一定道理的，"教材下次调整时，我们会考虑学生们的意见"。

"成长档案袋"

实时记录孩子成长点滴，不要把成绩作为对孩子的唯一评价。胡爱玉觉得，像这样的质疑精神就应该得到加分。

两年前，她推出了一套特殊的考核方式，通过每周、每月的记录，看到孩子每一点的成长。"要允许孩子偶尔犯错，难道一次考试没得'优'，就把他挡在'优秀'的大门外吗？"在孩子的成长档案袋里包括很多内容：我的发现、我的作品、我的研究、我的传记、我的感受、我的反思、我的文件等，每一项都有具体的评定标准。如"我的作品"中，就希望孩子把数学知识转化成图文并茂的东西展示出来；又如在"我的研究"中，学生可以做一些自己感兴趣的小课题研究，比如马路上的行车路上，几分钟内开过几辆车、车速是多少等。

坚持两年下来，胡爱玉觉得最大的改变是孩子们的学习习惯。可能刚开始，有的孩子不习惯预习，不喜欢记录自己的思维过程以及思维困惑，但是看到其他同学都在做，他也慢慢在改变。

●我眼中的校长

我们的校长，白皙的脸庞，鼻子上有一位"不速之客"——眼镜，眼镜的后边好像流露出严肃深沉的目光，实际上她是我们育才大家庭中一位和蔼可亲的妈妈。

每周一早上，当我们背着书包走进校门时，不管天气是多么恶劣，她总是早早站在校门口等待着我们的来到，给我们一个甜甜的微笑；天一冷，她准会来到教室，提醒我们多穿衣服不要着凉……

牛通社记者　朱佳颖

育才外国语学校　五(3)班

●育才教育集团的 2012

新学期里，学校将开展以经典诵读为主题的儿童阅读研讨会，让学生参与并感受学会体验阅读带给我们的幸福。

9 月份，通过层层海选而组团的 6 名老师和 30 名学生到美国加州访问，进行为期近半个月的住家入校游学生活。

参考文献

著作类：

[1]孙云晓.让人幸福的教育.安徽:安徽教育出版社,2009

[2]陶行知.陶行知教育全集.四川:四川教育出版社,2006

[3]黄全愈.素质教育在美国.广东:广东教育出版社,2000

[4]杰伊·瑞芬博瑞.没有任何借口.任月园,译.北京:中国青年出版社,2008

[5]石钟英.教育哲学导论.北京:北京师范大学出版社,2004

[6]泰勒·本-沙哈尔.幸福的方法.汪冰,刘骏杰,译.北京:当代中国出版社,2009

[7]刘次林.幸福教育论.北京:人民教育出版社,2003

[8]雅斯贝尔斯.什么是教育.邹进,译.北京:三联书店,1991

[9]苏霍姆林斯基.苏霍姆林斯基选集(第二卷).北京:教育科学出版社,2001

[10]陶行知.陶行知文集(修订本).江苏:江苏教育出版社,2008

[11]陈妙峰,王奇珍.赢在中层.北京:人民出版社,2010

[12]吴甘霖,邓小兰.做最好的中层.北京:北京大学出版社,2007

[13]凌志军.成长比成功更重要.陕西:陕西师范大学出版社,2012

[14]胡爱玉主编."阳光体育"——学校体育新概念.北京:龙门书局,2008

[15]安·谢·马卡连柯.父母必读.北京:人民教育出版社,1980

[16]奥修.当鞋合脚时——奥修人生箴言系列.王国伟,译.北京:东方出版社,1996

[17]胡爱玉,黄崇龙主编.为每一位孩子的幸福人生奠基——学校教育的一个理念.北京:北京教育出版社,2005

[18]安东·布赫尔.那些让孩子感到幸福的事儿.宁宵宵,李莉,译.北京:中国青年出版社,2010

[19]钱志清.论教师成长——基于内隐提升区域教师专业水准.杭州:浙江大学出版社,2012

[20]毕淑敏.破解幸福密码.南京:江苏人民出版社,2010

期刊论文类:

[1]张文华,谷峪.解读"五大解放"理论,反思我国基础教育.教学与管理,2002(5):3-5
[2]杨黎明.对"全面教育"与"素质教育"关系的几点认识.乌鲁木齐职业大学学报,2001(10):3
[3]张之品.努力打造学校文化,提升学校竞争力.中小学教育,2012(18)
[4]刘良华.家庭教育的一百个信条.中国德育,2009(2):66-72
[5]胡爱玉.校长之首责:观念引导.中小学管理,2008
[6]胡爱玉.有效管理:成就有效管理者.中小学管理,2010

报纸文章类:

[1]却咏梅.把阅读还给儿童 把幸福还给教育.中国教育报,2011-12-08(5)
[2]杨明方.开学第一课讲"幸福".人民日报,2011-09-01(4)
[3]郭华,段立珠,杨莉曼.以幸福的教育培养幸福的人.中国教育报,2011-11-26(4)

电子文献类:

[1]石城客.开学第一课中的"幸福"是什么.中国教育新闻网,2011-09-01
http://www.jyb.cn/opinion/jcjy/201109/t20110901_451572.html
[2]陈晓宇."让每个孩子都拥有幸福的童年"——记胡锦涛总书记"六一"前夕在湖北省十堰市看望幼儿园小朋友和幼儿教师.新华网,2011-06-01
http://news.xinhuanet.com/politics/2011-06/01/c_121480141.htm.
[3]龚萍.《中国少年儿童幸福成长宣言》首次向社会发布.中国教育新闻网,2011-09-01. http://www.jyb.cn/china/gnxw/201109/t20110901_451507.html
[4]朱永新.阅读,让孩子成为天使——《中国幼儿基础阅读书目导赏手册》代序2012-05-27. http://blog.people.com.cn/open/articleFine.do? articleId=1338091617370&sT=7

后 记

幸福是什么？

这个问题好像已经成为当今时代的一个热门话题。当然关于这个问题的回答也是仁者见仁智者见智。我的答案是，幸福是一种感觉，是一种灵魂的成就，而不是任何物质的东西。

为什么要追求幸福？

生命的所有意义，就是谋求一种人生的幸福。德国大哲学家费尔巴哈说："你的第一责任是使你自己幸福。你自己幸福，你也就能使别人幸福。幸福的人，但愿在自己周围只看到幸福的人。"每个人的一生都应该是争取幸福的一生，都应该是让自己的幸福最大化的一生。

你认为自己幸福吗？

我认为自己很幸福！当清晨的一缕阳光照射到校园，当孩子们一窝蜂似地跑过来握我的手，抱我的腿，亲我的脸，亲昵地喊"校长妈妈""校长奶奶"的时候，我觉得我是世界上最幸福的人！其实幸福并不是爬到山顶的那一刻，而是贯穿于攀登整个过程，我享受这个攀登的过程；幸福并不是从天上落下来的，而是奋斗与挑战来的，如果因为害怕失败，就拒绝奋斗与挑战，那也就从根本上拒绝了幸福。我享受这个奋斗与挑战的过程。世界上最有力的东西，就是"此时此刻"做一个幸福的人，就是要学会欣赏生命进行时的风景。我不仅自己欣赏生命进行时的风景，而且希望我周围的人，尤其是学生与教师也与我一道"每时每刻"欣赏生命进行时中"此时此刻"美丽动人的风景。

我认为所有的人在获取幸福的道路上，都是平等的。我们追求幸福的能力，一定是我们所有能力中最重要的。于是，我渐渐地、朦胧地思考与践行着"幸福教育"。但是要把朦胧的"幸福教育"雏形成书，还是一件难以尽言的事，毕竟"幸福教育"之路是漫长而艰巨的。然而，"此时此刻"是世界上最有力的东西，我们就抓住"此时此刻"，与同行们一起，慢慢地触及"幸福教育"更深层次的内涵，为学生、为教师、为教育、为国家、为人类贡献我们教育工作者的微智慧与微力量！

本书共六章,第一章我的幸福成长故事;第二章幸福教育——我的思考我的追求;第三章幸福学校——指向幸福教育的办学之路;第四章幸福教师——让教师发现幸福、播种幸福、创造幸福、品味幸福;第五章幸福成长——让孩子每时每刻沉浸在幸福之中;第六章幸福陪伴——让家庭与学校共同见证孩子的成长。

之所以分六章,是因为我试图想表达幸福教育的形成及践行是一个自然而久远的历程。第一章描述的是幸福教育培土期的点滴,第二章阐释的是幸福教育处于萌芽期的求索,第三章呈现的是幸福教育发芽期的蓝图,第四、五、六章展现的是幸福教育生长期的喜悦……因为"幸福教育"刚刚生长,她需要经历足够时间的"蹲苗期"。所以,我只能说"幸福教育"正蹒跚而行……在近十年践行幸福教育的"蹒跚而行"中,我得到了许政频、陶洁、俞国建、郭立勇、汪卓如等校级领导的真诚合作,得到了叶萌、傅筱娟等中层干部的全力支持,得到了王雪华、张新宇、陈炜等全体家长的积极配合,得到了浙江外国语学院鲁林岳院长、吴卫东、刘力、李更生、汪潮、王春晖、李涛等专家教授的全面指导,得到了杭州市西湖区教育局主管部门领导的充分肯定,尤其是得到了全体育才人对幸福教育的深刻理解与完美执行,才使得幸福教育的雏形呈现出良好的发展态势……

在成书的过程中,我得到了浙大教授博士生导师刘力、浙江省教育行政干部培训中心李更生教授、浙江省儿童阅读研究推广中心宋旭等专家的指导,得到了樊香萍、李雪颖、管静、叶静姿、金敏星、刘理明、夏乐婷、陈丽等教师的帮助以及资料的分享。在这里,有一位重要人物我不得不提,那就是《中小学管理》杂志主编沙培宁女士,她给了我许多指导与鼓励。在此,一并表示感谢!感谢他们给我力量,给我智慧,感谢他们为书稿成书付出的努力。

因写作水平所限,本书一定还存在着一些不足,敬请读者朋友们谅解、指正。愿本书能为学校校长、教师、家长以及其他教育工作者提供可借鉴的经验,也愿本书能给读者朋友们带来一点点幸福的气息。衷心感谢读者朋友与我一起分享追求幸福教育的"此时此刻"!

胡爱玉

2013 年 2 月